Die Etrusker

Mario Torelli

DIE ETRUSKER

Geschichte, Kultur, Gesellschaft

Mit 48 vierfarbigen und 82 Schwarzweiß-Abbildungen

Campus Verlag
Frankfurt/New York

Die italienische Originalausgabe »Storia degli Etruschi«
erschien in zweiter Auflage 1984 bei Editori Laterza

Aus dem Italienischen von Andreas Wittenburg
Redaktion: Petra Reinfelder

CIP-Titelaufnahme der Deutschen Bibliothek

Torelli, Mario: Die Etrusker : Geschichte, Kultur, Gesellschaft / Mario
Torelli. [Aus d. Ital. von Andreas Wittenburg]. –
Frankfurt/Main ; New York : Campus Verlag, 1988
Einheitssacht.: Storia degli Etruschi <dt.>
ISBN 3-593-33928-5

Umschlagentwurf: Eckard Warminski, Büdingen
Umschlagmotiv: Kantharos mit dem Kopf des Herakles und einer Amazone (?)
aus dem 4. Jh. v. Chr. (Rom, Museum der Villa Giulia)
Satz: Typo Forum Gröger, Büdingen
Druck und Bindung: Interdruck, Leipzig
Printed in Germany

Inhalt

Vorwort

Wer sich heute anschickt, eine Geschichte der Etrusker zu schreiben, für den ist ein Blick auf die neuzeitliche Geschichtsschreibung gewiß nicht ermutigend. Dort nämlich haben zwei sehr unterschiedliche Traditionen ihren Einfluß aufrechterhalten, wobei die eine die Probleme isoliert und bruchstückhaft angegangen ist und die andere auf unhistorische oder metahistorische Weise. Im ersten Fall wurden die Etrusker ausschließlich aus römischer Perspektive betrachtet: Die Etrusker haben die Geschichte Roms, das nur 17 Kilometer von Veii, einer ihrer wichtigsten Städte, entfernt ist, entscheidend beeinflußt. In archaischer Zeit haben sie der *urbs* nicht weniger als drei Könige gestellt und viele religiöse und politische Bräuche vermittelt, in der Zeit der frühen und mittleren Republik sind sie des öfteren in kriegerische Auseinandersetzung mit dem aufsteigenden Stern Rom getreten, und in spätrepublikanischer Zeit haben sie sich in besonderer Weise und zu kritischen Zeitpunkten am Bundesgenossenkrieg und an den Bürgerkriegen beteiligt. Doch nur wenige dieser Umstände und Ereignisse haben der historischen Kritik des 19. und 20. Jahrhunderts standgehalten, so daß es schließlich zu einem lükkenhaften Korpus gesicherter Einzelergebnisse in einem Meer von Unsicherheiten, Problemen und eindeutigen Erfindungen kam. Dieses Korpus kann nur sehr schwer in eine organische Erzählung von Ereignissen und historischen Abläufen übersetzt werden. Die moderne historische Kritik hat alle von den literarischen Quellen der Antike überlieferten Einzelheiten überprüft und so, häufig zu Recht, aber manchmal auch mit übertrieben kritischer Einstellung, die hier vorhandenen Fehler erkannt, seien es die Doppelung von Namen oder Ereignissen oder die propagandistischen Erfindungen einer parteiischen antiken Geschichtsschreibung. Die kritische Einstellung, die diesen Untersuchungen zugrundeliegt, hat nicht nur zu einer Neueinschätzung der römischen Geschichte geführt, wie sie uns die Quellen insbesondere für die Königszeit überliefern, sondern auch in Hinsicht auf die Geschichte Etruriens tiefgreifende Auswirkungen gehabt. Da letztere noch weiter zurückliegt, war sie bereits in der literarischen Tradition der Antike nur fragmentarisch beschrieben und wurde infolgedessen noch stärker auf das Bild einer fernen und entrückten Vergangenheit reduziert. Die Zusammenhänge etruskischer und römischer Geschichte erschienen um so zufälliger, je mehr man den Gedanken daran aufgab, die historische Wirklichkeit zu erfassen.

Die antiquarisch-sammelnde Tradition wiederum, die heute dazu neigt, sich mit den mehr oder weniger neuen Strömungen strukturalistischer Geschichtsschreibung zu verbinden, hat sich ebenso wie die historische Kritik zweifellos beachtliche Verdienste erworben: Ohne die mühseligen Untersuchungen Dutzender von Gelehrten von der Renaissance bis in unsere Tage, die sich mit den etruskischen Altertümern beschäftigt haben, besäßen wir praktisch keine Kenntnisse über öffentliche und private Sitten und Gebräuche, über die Inschriften und die Sprache, über die öffentlichen Ämter und die Religion der Etrusker, besonders da diese Zivilisation bereits vor dem eigentlichen Ende der Antike fast ganz untergegangen war. Aber die Grenzen einer solchen Überlieferung – deren Studium weitgehend mit der modernen Etruskologie gleichzusetzen ist – sind ebenso augenfällig, wie das bei der anderen Tradition der Geschichtsschreibung der Fall ist, von der gerade zuvor die Rede war. Aufgrund der antiquarischen Untersuchungen erscheint uns die Welt der Etrusker fast wie aus einem Guß und ohne (oder zumindest fast ohne) Differenzierung in Zeit und Raum sich immer gleichbleibend. Nehmen wir die Religion als Beispiel. Die Altertumsstudien stellen uns die etruskische Religion als ein einheitliches Ganzes von Riten, Mythen und Götter- und Heroengestalten griechischen oder lokalen Ursprungs dar, das aus dem Dunkel der Frühgeschichte aufsteigt und sich unversehrt und geordnet von Fiesole bis Cerveteri, von Vulci bis Perugia und von den Anfängen bis an die Schwelle der Kaiserzeit oder sogar noch länger erhält. Wenn wir indes die literarischen und archäologischen Zeugnisse genauer betrachten, so stellen wir fest, daß die Dinge sich ganz anders verhalten: Es gibt tiefgreifende regionale Unterschiede der religiösen Traditionen, die Entwicklung der kultischen Einrichtungen führt im Lauf der Zeit zu höchst unterschiedlichen Formen, und der einheitliche Anstrich der etruskischen Religion, der von den uns vorliegenden Belegen zweifellos des öfteren bestätigt wird, ist zugleich Ausdruck des politischen Willens der etruskischen (und römischen) herrschenden Klasse und des Widerhalls, den dieser Wille in der antiken und modernen Geschichtsschreibung gefunden hat.

Beide Forschungstraditionen, die philologisch-kritische und die antiquarisch-sammelnde, sind also kaum geeignet, uns die historische Wirklichkeit der Etrusker in ihrer Vielfalt vor Augen zu führen. Doch darf man diese Traditionen nicht einfach beiseiteschieben. Sie sind nämlich nicht allein die Erben zweier antiker Formen geschichtlicher Überlieferung, der annalistisch-erzählenden und der antiquarisch-ethnographischen, die uns beide leider nur fragmentarisch erhalten sind, sondern sie stellen auch das Ergebnis von Auseinandersetzung und Kritik dar, der man eben diese antike Geschichtsschreibung unterzogen hat. Doch genauso scheint diese große Arbeit historischer Reflexion auch bemerkenswerte Fehlentwicklungen produziert zu haben. Deren offensichtliche Folge für die ›volkstümliche‹ Vorstellungswelt (aber auch für einen großen Teil der sogenannten gebildeten Schichten) ist es, daß die Sage vom ›Geheimnis der Etrusker‹ in den verschiedensten Arten von Veröffentlichungen immer wieder auftaucht. Dem entgehen irrationale oder provinzielle Strömungen weder in der Renaissance noch in der Moderne bis hin in unsere Tage. Genährt werden sie von den antiken Quellen selbst, die – beeinflußt durch die etruskische Aristokratie und der bei den Griechen und Römern herangewachsenen Überzeugung von der ›Verschiedenheit‹ der Etrusker – Etrurien als einen ›Sonderfall‹ in Geschichte, Religion und Sozialstruktur darstellen wollen.

Es ist also angezeigt, den toten Punkt zu überwinden, zu dem diese zwei eingefahrenen Wege der Geschichtsschreibung geführt haben: Das eine Mal erscheint uns Etrurien als eine riesige, sich immer gleichbleibende historische Monade, die sich jenseits des Tiber ausbreitet, und das andere Mal als ein flüchtiges Gespenst, das aus einer Vielzahl von Städten besteht und von Fall zu Fall in – niemals eindeutig definierter – Beziehung zu Rom oder Griechenland steht, ein Gebilde ohne jede Folgerichtigkeit und vor allem unstet und zufällig. Es geht mithin darum, alle historischen Quellen als Material zu nutzen, ohne sich allein auf sie oder, wie es häufiger vorkommt, auf einen Teil von ihnen zu beschränken: man muß sie vielmehr mit dem anderen grundlegenden Datenmaterial zusammenführen, das die Archäologie bietet. Wie man weiß, wohnen viele Seelen in der Brust des Archäologen: Einerseits besteht die Archäologie im Sammeln und Einordnen von Überresten der materiellen Kultur, also Gegenständen, die auf die Art und Weise der Produktion, des Handelns und des Konsums verweisen können; andererseits bedeutet Archäologie auch das Studium der Zeugnisse und Belege für die Ideologie, deren Veränderungen und Ziele; und schließlich ist Achäologie die Rekonstruktion der kunstgeschichtlichen Entwicklung, wie sie sich an den Produkten künstlerischen Schaffens zeigt, bedingt durch die Produktionsweise und den ideologischen Hintergrund. All diese Aspekte der Archäologie sind ebenso wie die Hinweise der literarischen Quellen von direktem Nutzen für die historische Rekonstruktion, wenn auch unter der Voraussetzung, daß jeder Beleg zunächst im Rahmen der eigenen Entwicklungsreihe untersucht wird und man daraus begrenzte Schlüsse zieht, die man dann mit allen anderen Arten von Belegen (einschließlich der literarischen) und ihren Entwicklungsreihen in Beziehung setzen kann. Nur auf diese Weise, aus der Gegenüberstellung verschiedener Gattungen von Dokumenten, die jede für sich untersucht wurden, kann ein neues Gesamtbild des historischen Ablaufs heranreifen, das gerade im Falle Etruriens ganz besonders vom archäologischen Material abhängig ist. Nun mag dieses Material auf den ersten Blick stumm, widersprüchlich oder wenig aussagekräftig erscheinen, und nicht zufällig wird es von vielen der heutigen Historiker, auch wenn sie zu den besseren gehören, in Bausch und Bogen beiseite geschoben, weil sie – als Ergebnis einer jahrhundertelangen Arbeitsteilung in der Forschung – unfähig sind, diese Belege zum Sprechen zu bringen. Zweifellos sprechen sie eine schwer verständliche Sprache, aber wie R. Bianchi Bandinelli gesagt hat, ist es vielleicht auch die direkteste, die uns aus der Antike erreicht. Ein strengen Regeln gehorchender Vergleich von Entwicklungsreihen also tut not und nicht etwa zufällige Vermischung: Es ist wohl kaum nötig, daran zu erinnern, daß es gerade infolge der traditionellen Unterteilung in Einzeldisziplinen und verschiedene Zeitepochen sehr häufig dazu kommt, daß der Archäologe willkürlich auf beliebige Daten des historischen Ablaufs zurückgreift, um die von ihm für die jeweilige Reihe archäologischer Dokumente vorgeschlagenen Rekonstruktion zu stützen; umgekehrt geht der Historiker ebenso mit den archäologischen Daten vor, und aus beiden Verfahren ergeben sich stets die gewünschten, voreingenommenen und fragmentarischen Resultate.

Die folgenden Seiten sind in der Hoffnung geschrieben, den dargelegten Ansprüchen Genüge leisten zu können, auch wenn objektive Grenzen bestehen, die ein Wissen auferlegt, das auch heute noch in hohem Maß auf teilweise leidenschaftlich abgegrenzte Wissenschaftsdisziplinen mit unterschiedlichen Entwicklungsniveaus und Methodenlehren verteilt ist. Zu diesen Grenzen kommt eine weitere, noch bedeutsamere Einschränkung hinzu, die jede auf archäologischem Material beruhende Darstellung betrifft, nämlich die Lückenhaftigkeit unserer Quellen. Nicht alles ist entdeckt und ausgegraben – davon sind wir weit entfernt –, und noch schlimmer ist, daß das, was entdeckt wurde, nicht immer richtig bewertet wurde. Man sollte nicht vergessen, daß ganze Bestände archäologischer Funde aus bereits durchgeführten Ausgrabungen, die in Museen und Magazinen lagern, nur darauf warten, ausgewertet oder nach modernen und organischen Gesichtspunkten neu interpretiert zu werden. Jeder Etruskologe weiß, was eine wissenschaftliche Bearbeitung von Nekropolen wie der von Vetulonia, Populonia, Marsiliana d'Albegna oder Cerveteri für die Geschichte Etruriens bedeuten würde. Diese Editionen werden häufig durch absurde Vorbehalte oder durch die Unfähigkeit unserer Museums- und Forschungseinrichtungen verhindert. Trotz all dieser begrenzten Möglichkeiten scheinen die grundlegenden Linien der Geschichte der Etrusker doch mit ausreichender Klarheit aus dem Mosaik der Daten hervor. Es ist eine sehr uneinheitliche Geschichte: Man hat sie gelegentlich mit der der Toskana im Mittelalter verglichen, die von städtischen Einzelinteressen durchzogen ist, von lokalen Entwicklungen, die stärker sind als jede Tendenz zur Einheit, wenn es sie denn je gegeben haben sollte. Aber dieser Mangel an Einheitlichkeit ist meiner Auffassung nach in gewisser Hinsicht nur äußerlich und im wesentlichen ein kulturelles und politisches (zu einem guten Teil aber auch wirtschaftliches) Phänomen, dem indes eine starke strukturelle Einheitlichkeit gegenübersteht, ein roter Faden, der alle etruskischen Städte im gesamten Verlauf ihrer langen Geschichte miteinander verbindet. Diesen roten Faden stellt die soziale Struktur dar, die sich, wenn auch in verschiedenen Epochen und mit unterschiedlichen inneren Folgen und Ausprägungen, in ganz Etrurien durchgesetzt hat. Sie wird von Aristokratien beherrscht, die auf einer schmaleren oder einer breiteren Basis ruhen, doch stets über ein ausgeprägtes Selbstbewußtsein verfügen, eine strenge Ideologie, in der sich der Ruhm des Stammes, die politischen und religiösen Überzeugungen und der griechische Einfluß unentwirrbar miteinander verbinden. *Principes* sagen die Quellen dafür, und die Städte und Nekropolen Etruriens mit ihren öffentlichen und privaten Monumenten, ihren Luxusgegenständen und Kunstwerken sprechen uns von einer herrschaftlichen Führungsschicht. Die schwache Stimme der unteren Klassen hingegen, sofern sie nicht einfach den von der führenden Klasse geprägten Linien der herrschenden Ideologie folgt, scheint – wenn auch nur bruchstückhaft – lediglich aus dem archäologischen Material hervor, aus der handwerklichen Produktion, den Arbeitswerkzeugen, den lebensnahen Darstellungen nackter Diener oder von Jongleuren und Gladiatoren, die an Hochzeiten, Banketten und Begräbnisfeierlichkeiten der *principes* beteiligt sind.

Wir wollen also diesem roten Faden folgen, vom Beginn der Herausbildung sozialer Unterschiede in den dunklen Jahrhunderten der Frühgeschichte an bis hin zu den gewaltsamen Auseinandersetzungen zwischen *domini* und *servi* in klassischer und hellenistischer Zeit und bis zu den grundlegenden Veränderungen, die die *pax Romana* auferlegt. Die Geschichte Etruriens wird, wie ich hoffe, dann nicht als jenes geheimnisvolle Dunkel erscheinen, das so viele moderne Menschen aus ihr machen wollen.

Kapitel I

Die Umwelt

1. Landschaft und Landwirtschaft

Wer heute die lieblichen Hügel der Toskana durchstreift oder die immer gleichen Ebenen der Maremmen, in denen einst die Macchia und Sümpfe das Bild bestimmten und die heute durch abstoßende moderne Bauten ruiniert sind, wer die Tuffsteinschluchten des nördlichen Latium (Abb. 1) sieht oder die großartige Berglandschaft der Amiata, der hat Mühe, in so verschiedenartigen Landschaften jene alte territoriale Einheit ethnischer und kultureller Gemeinsamkeiten wiederzuerkennen, die in der Antike *Tyrrhenia* oder *Etruria* hieß. In der Tat ist diese Einheit, wie wir sehen können, zum großen Teil ein Ergebnis der Geschichte, und das zeigt die moderne Agrarlandschaft genauso unmißverständlich wie wir es für die antike Agrarlandschaft annehmen können.

In einer geographisch so zersplitterten Landschaft kann man allerdings einige Gegenden relativ einheitlichen Charakters ausmachen. Die geschichtlichen Grenzen Etruriens markieren die zwei wichtigsten Flußläufe der italienischen Halbinsel, nämlich der Arno, der Etrurien nach Norden hin begrenzt, und der Tiber, der seine Grenze nach Osten und Süden hin bildet. Zwischen diesen beiden Grenzlinien – die indes in gewisser Hinsicht eher einigend als trennend gewirkt haben, wie wir sehen werden – erstreckt sich das antike etruskische Gebiet; das Meer, das nach den Etruskern Tyrrhenisches Meer genannt wird, bildet die vierte Begrenzung dieser ausgedehnten Region, in der wenigstens drei verschiedene Landschaftstypen nebeneinanderstehen (Abb. 2).

Im Süden ist eine erste Zone zu erkennen, die in geologischer Hinsicht von der früheren Vulkantätigkeit in der sabatinischen und ciminischen Gegend sowie dem Gebiet von Volsinii gekennzeichnet ist. Auf-

grund vorgeschichtlicher Vulkanausbrüche besteht der Boden aus Tuffgestein, und diese Bodenbeschaffenheit findet sich in einiger Breite ziemlich einheitlich entlang des gesamten Flußlaufs des Tiber bis auf die Höhe von Orvieto und reicht im Bereich der Tolfaberge, den antiken Montes Caeriti, bis ans Meer; nördlich davon weicht das vulkanische Gebiet deutlich in das Landesinnere zurück. Dieser ganze Landstrich, der später das Territorium der wichtigsten etruskischen Städte im Süden – Veii, Caere, Tarquinii, Vulci und Volsinii – sowie die ethnische Enklave der Falisker umfassen wird, ist von Kratern früherer Vulkane durchzogen, die zumeist zu größeren und kleineren Seen geworden sind: die Seen von Bracciano, Bolsena, Martignano, Monterosi, Vico und Mezzano. In einigen anderen Fällen sind aus den Kratern breite und fruchtbare Täler geworden, wie das von Baccano im Norden Veiis. Diese Landschaft, in der sich die Vulkankegel oft bis in eine Höhe von 500 m über dem Meer erheben, bietet zwar weite Ebenen, wie die zwischen den Seen von Bolsena und Vico, häufiger jedoch ist sie tief von Tälern oder Flüssen und Sturzbächen durchschnitten – Nebenflüssen des Tiber, Zu- oder Abflüssen der Seen –, die die charakteristische Landschaft des nördlichen Latium ausmachen. Es gibt einen ständigen Wechsel von sanften Hügeln, Ebenen unterschiedlicher Gestalt und Größe und steilen, bewaldeten Hängen, an deren Fuß das Wasser fließt. Die Breite der Täler und der Hochebenen und die Verfügbarkeit von Wasser aus Quellen, Seen oder Flüssen schafft unterschiedlich günstige Bedingungen für die Landwirtschaft und für menschliche Siedlungen an den Hängen, meist jedoch auf den Höhen der Hügel aus Tuffgestein. In diesem Bereich Etruriens befinden sich Städte und Dörfer häufig auf gut zu verteidigenden Anhöhen, auf Inseln aus Tuffgestein, wo der Zusammenfluß zweier Wasserläufe auf allen Seiten steile Abhänge entstehen ließ (häufig ist höchstens eine Seite durch Gräben und künstliche Bastionen gesichert). Veii, Caere, Falerii, Tuscana, Orvieto (Volsinii), um die größten Städte zu nennen, liegen auf solchen Anhöhen und nutzen geschickt die Vorteile der natürlichen Gegebenheiten. Aber auch die bunte Menge der kleineren Siedlungen, Dutzende und Aberdutzende von Orten auf dem in historischer Zeit von den großen *poleis* (Städten) beherrschten Territorium, ist entsprechend angelegt, wenn auch weniger entwickelt. Neben

*

Abbildung 1: Eine Ansicht der Tuffsteinlandschaft.

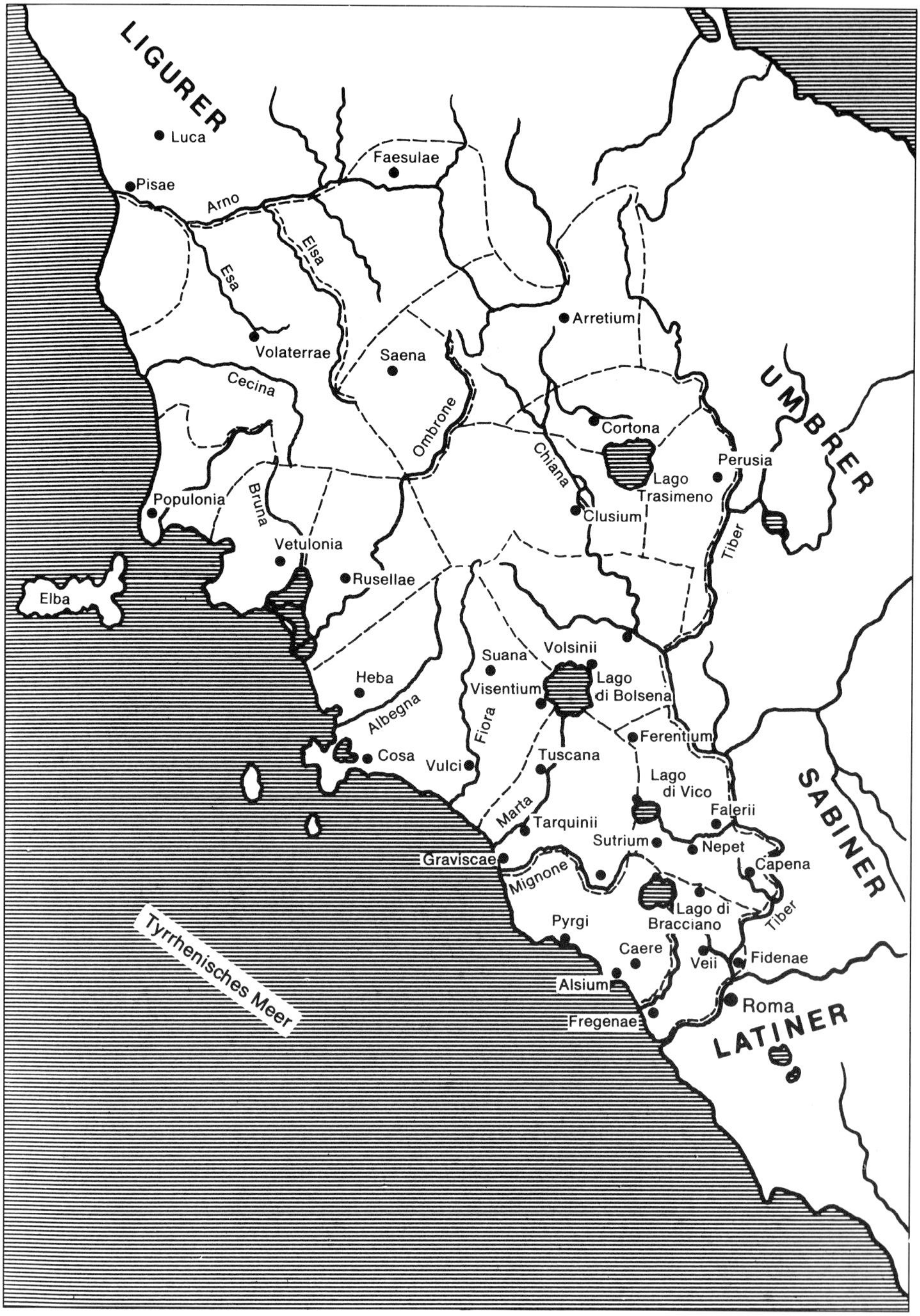

Abbildung 2: Etrurien (aus Weeber).

den unleugbaren Vorteilen bei der landwirtschaftlichen Nutzung bietet der Tuffsteinboden eine weitere günstige Bedingung für die menschliche Ansiedlung: Das Gestein vulkanischen Ursprungs kann als Baumaterial dienen. Tuffstein (je nach Herkunft von unterschiedlicher Qualität), Peperin (Pfefferstein) und Nenfro (rotgrauer Tuff) sind Gesteinsarten, mit denen man leicht auch große Bauten errichten kann und die sich aufgrund ihrer Farbkontraste als polychrome Dekorationselemente einsetzen lassen; davon abgesehen bietet sich die Möglichkeit, den Tuffsteinfelsen auszuhöhlen, um unterirdische Gewölbe und Felsgruften anzulegen. Noch heute ist die Landschaft des nördlichen Latium durch diese natürlichen Gegebenheiten charakterisiert, aber auch durch das menschliche Eingreifen – von den Siedlungen über den Ackerbau bis zu den Bauten –, das darauf gerichtet ist, die gebotenen Möglichkeiten zu nutzen.

Westlich dieses Gebiets, wo die Höhenzüge aus Tuffgestein wie bei Caere nicht unmittelbar bis ans Meer reichen, steht gegen die ›Tuffsteinlandschaft‹ die Landschaft der Maremmen. Sie besteht aus Ebenen unterschiedlicher Ausdehnung, die häufig durch Erhebungen unklaren Ursprungs und unterschiedlicher Größe unterbrochen werden – von dem Kalkfelsen, auf dem Tarquinii steht, bis zu dem Block der Tolfaberge, von den Höhenzügen von Cosa und dem Monte Argentario bis zu der kleinen Bergkette der Uccellina und dem Monte Massoncello, Sitz des antiken Populonia und des heutigen Piombino. Die Einheitlichkeit dieser Landschaft verdankt sich der Küstenlage, den klimatischen Bedingungen, der Tier- und Pflanzenwelt sowie dem Vorhandensein von Schwemmlandebenen, die sich an den Mündungen größerer und kleinerer Flüsse gebildet hatten. Schon in sehr früher Zeit muß diese Gegend sumpfig und ungesund gewesen sein: Es gibt Nachrichten wie jene Pseudo-Etymologie, die Cato im 2. Jahrhundert v. Chr. überliefert, nach der der Name der römischen Kolonie Graviscae sich herleite von »quia gravis aer«, »weil die Luft schwer (ist)«. Solche Notizen zeigen, daß die Küstenstriche Etruriens – ähnlich wie die Küste Latiums zwischen Antium und Gaeta – schon vor dem spätantiken Niedergang ausgeprägte Züge einer sumpfigen und ungesunden Landschaft aufweisen. Dies ist vielleicht neben der höheren Sicherheit und dem Schutz vor Piratenüberfällen der Grund dafür, daß alle großen Küstenstädte Etruriens bis auf Populonia recht weit vom Meer entfernt liegen – zwischen sechs und zehn Kilometern – und die Rolle des Hafens kleineren Siedlungsplätzen zugewiesen ist: Pyrgi und Alsium für Caere, Graviscae für Tarquinii, Regisvilla für Vulci. Und doch zeigen einige archäologische Funde, daß das Gebiet in frühgeschichtlicher und geschichtlicher Zeit abwechselnd besiedelt und wieder aufgegeben wurde. Ältere und neuere Untersuchungen an der Küste zwischen S. Marinella und Civitavecchia z.B. belegen ausgedehnte Versuche einer Besiedlung der Küste: Mindestens drei Küstendörfer, die ähnlich wie die gleichzeitig entstandenen Dörfer im Landesinneren nicht weit voneinander entfernt liegen, zeigen Spuren intensiver Besiedlung zwischen dem 9. und dem 8. Jahrhundert v. Chr., auf die eine plötzliche Aufgabe der Siedlungen folgt, die offenbar in Zusammenhang mit einer Art von Synoikismus (»Zusammensiedlung«) in dem Hauptort der Gegend steht, dem sogenannten Castellina, drei Kilometer vom Meer entfernt. Ebenso scheint die Dichte von Siedlungsspuren an der Küste des Territoriums von Caere und Tarquinii in der Zeit des 6. und 5. Jahrhunderts v. Chr. darauf hinzudeuten, daß man nach einem Stillstand von mehr als einem Jahrhundert daranging, die Küste von neuem zu besiedeln – wohl im Zusammenhang mit der anwachsenden Bedeutung der Häfen und der Handelstätigkeit. Dies erhärtet die Vermutung, daß Klima, Flora und Fauna in der frühen Antike nicht nur sehr viel günstigere Bedingungen für die Anlage großer und wichtiger Siedlungen geboten haben müssen, als es nach der frühen Kaiserzeit der Fall war. Übrigens schildern die Quellen die pontinische Ebene, deren geographische Charakeristika denen der Maremmen nicht unähnlich sind, als eine in archaischer Zeit dicht bevölkerte Gegend, aus der Rom im 5. Jahrhundert v. Chr. Getreide bezogen habe, um seinen Bedarf zu decken. Man kommt also zu dem Schluß, daß jene Gegend zwar ungünstige Bedingungen für die Nutzung durch den Menschen bietet, zugleich aber im 7. und 6. Jahrhundert v. Chr. durch intensive Melioration und Kolonisation bewohnbar gemacht wurde. Dennoch entstanden keine bedeutenderen städtischen Siedlungen, wie sie sich anderswo schon früher entwickelt hatten. Der Vergleich mit der pontinischen Ebene schließlich läßt die Vermutung zu, daß die Maremmen – zusammen mit den großen Ebenen des Binnenlandes – als große Kornkammer der wichtigsten Städte (*poleis*) an der Küste fungierte.

Die dritte Region deckt sich mit dem restlichen Gebiet der heutigen Toskana und schließt die Gegend um Perugia im heutigen Umbrien ein. Die Landschaft zeigt sich auch hier in weiten Teilen hügelig mit einem großen See tektonischen Ursprungs, dem Lago Trasimeno, und breiten

Flußläufen – den Tälern des Tiber, des Arno, des Chiana, und der Flüsse Elsa, Era, Cecina (um nur die wichtigsten zu nennen) –, die das ganze Gebiet durchziehen. Die geologische Beschaffenheit und Morphologie der Hügel ist indes sehr unterschiedlich, und wegen der zerklüfteten Gestalt weiter Landstriche sowie beachtlichen klimatischen Schwankungen eignen sie sich nicht immer zur landwirtschaftlichen Nutzung. Die Region ist auch durch die Bergmassive der Colline Metallifere, des Monte Amiata, der Berge des Chianti und des Pratomagno sehr viel unwegsamer und rauher, und die Verkehrswege, die den Flußläufen folgen, sind sehr häufig sehr schlecht. Selbst die Täler der größeren Flüsse, wie Tiber und Arno, sind weniger weiträumig und schwerer zu passieren als das untere Tibertal, das das südliche Etrurien charakterisiert. Im Rücken dieser Region erheben sich sogleich die unwegsamen Berge des Apennin. Für den Getreideanbau größeren Ausmaßes eignen sich also neben dem Chianatal die Küstenebenen am besten, während die engräumigen und zersplitterten Ebenen im Landesinnern nur eine begrenzte Nutzung für diesen lokalen Bedarf zulassen. Die eingeschränkten Möglichkeiten für die Landwirtschaft haben die Siedlungsstruktur beeinflußt: Es entstanden nur wenige Städte – Perusia (Perugia), Cortona, Arretium (Arezzo), Faesulae (Fiesole), Volaterrae (Volterra), Clusium (Chiusi), Populonia, Vetulonia und Russellae (Roselle) –, ungefähr ebensoviele wie im südlichen Etrurien, das nicht einmal halb so groß wie das nördliche ist. Zweifellos hat indes die Ausbreitung des Anbaus von Bäumen und Sträuchern vom 6. Jahrhundert v. Chr. an zu einem weiteren Ausgleich der Ausgangsposition geführt: Die Kapitel Plinius des Älteren über Wein und Oliven geben uns wertvolle Hinweise auf die Bedeutung der Wein- und Ölerzeugung in der Kaiserzeit, die sicher auf jahrhundertelange Erfahrung zurückging und die noch heute in der Toskana fortlebt. Der etrurische Muskatwein (Plin. *N.H.* XIV, 24), das besondere Verfahren der Mischung verschiedener Rebsorten, das die Etrusker im Norden praktizierten (XIV, 36), die Rebsorte von Clusium (XIV, 38), die der von Pompeji verwandt ist und die Einführung einer Rebsorte von der Insel Paros in Pisae (Pisa) (XIV, 39) zeugen von der starken Spezialisierung im Weinanbau des nördlichen Etruskergebiets, obwohl die Qualität des Weines vom römischen Verbraucher offenbar weniger geschätzt wurde (XIV, 67–68).

Zweifellos sind in den drei Teilgebieten, in denen sich die etruskische Zivilisation entfaltet hat, bereits verschiedene Elemente und Möglichkeiten der Entwicklung angelegt. Ohne deshalb die Geschichte Etruriens in deterministischer Weise von der Bodenbeschaffenheit ableiten zu wollen – und wir werden sehen, daß das in der Tat nicht möglich ist –, läßt sich doch ein Zusammenhang zwischen Ressourcen und Entwicklung feststellen, der das Schicksal der tyrrhenischen Nation beeinflußt hat.

2. Sonstige Ressourcen

Den drei großen Teilgebieten eignen, wie wir gesehen haben, unterschiedliche Entwicklungsmöglichkeiten, die sich aus der natürlichen Beschaffenheit und der Eignung des Bodens für die landwirtschaftliche Nutzung ergeben. Doch neben diesen tragen andere Ressourcen dazu bei, die ohnehin schon komplexe wirtschaftliche Ausgangssituation noch bunter und verwickelter zu gestalten. Zunächst bot die etruskische Landschaft in der Antike, sehr viel mehr als heute oder in der jüngeren Geschichte, ausgiebige Möglichkeiten zur Holzgewinnung. Riesige Wälder bedeckten die Bergmassive und Hügelketten des mittleren und nördlichen Etrurien, deren Holz für Tischlerarbeiten, Haus- und Schiffsbau verwendet werden konnte. Wir erinnern hier daran, daß der Beitrag von Perusia, Volaterrae, Clusium und Rusellae zur Expedition Scipios nach Afrika im Jahre 205 v. Chr. in erster Linie aus dem Kiefernholz für den Schiffsbau bestand (Liv. XXVIII, 45, 14 f.) und an Strabons (V, 2, 5) Feststellung, daß das Holz aus dem Apennin (Kastanien- und vor allem Kiefernholz) für die Versorgung Roms große Bedeutung hatte. Dorthin gelangte es auf dem Wasserwege, und die Flößerei auf dem Tiber war noch in der Neuzeit im Bereich Perugias üblich, wie der Name des Ortes Ponte Valleceppi (*ceppo*, ital. = der Baumstamm, *Anm. d. Übers.*) zeigt.

In diesen Wäldern fehlte es nicht an Wild; berühmt waren die Wildschweine Etruriens und Umbriens (Martial. VII, 27; XII, 14, 9; Stat. *Silv.* IV, 6, 10), aber auch die etruskischen Rennpferde (Oppian. *Cyneg.* I, 170). Die Viehzucht, die vor allem im Süden verbreitet war, war besonders auf Schweine spezialisiert (Pol. XII, 4, 8) und auf bekannte Arten der Fleischverarbeitung, wie die Herstellung von Schinken in Caere und von Schwartenmagen in Falerii. Seen, Flüsse und das an Thunfisch reiche Meer (Strab. V, 2, 6) ermöglichten intensiven Fischfang.

Doch neben der Nutzung durch Ackerbau und Viehzucht bot der Boden als reichste Ausbeute Mineralien zur Metallgewinnung. Kupfer, Silber, Blei und vor allem Eisen lieferte Etrurien in der Antike, und diese Metalle vor allem machten den Reichtum der Etrusker aus. In erster Linie wurden die Erze in den großen, unerschöpflichen Bergwerken auf der Insel Elba gefördert, die die Griechen Aithalia, ›die Rauchende‹, nannten wegen des Rauchs, der während der ersten Verarbeitung des Erzes aus Tausenden von Schornsteinen aufstieg. Aus sehr vielen literarischen und archäologischen Quellen wissen wir, daß die Weiterverarbeitung des Erzes mindestens ab dem 6. Jahrhundert v. Chr. auf dem Festland in Populonia stattfand. Bei der schon erwähnten etruskischen Hilfeleistung für die afrikanische Expedition des Scipio trug Populonia durch die Lieferung von Eisen bei. Die jahrhundertelang währende Verarbeitung auf dem Festland hinterließ eine mehrere Meter hohe Schicht von Schlackeabfällen, und angesichts der unzureichenden Verwertungstechnik in der Antike ist es bis vor wenigen Jahren anscheinend noch lohnend gewesen, diese Schlacken zu bergen und wiederzuverwenden, da sie noch einen beachtlichen Anteil an Metall enthielten.

Aber Elba war nicht die einzige Region, die Metalle lieferte. Auch die silberhaltigen Pyrite des Monte Argentario müssen Eisen, Silber und Blei gebracht haben, während weitere Metallvorkommen im Campigliese, am Monte Amiata und in den Tolfabergen zu vermuten sind. In letzterem Falle könnten neben dem Eisenerz auch Vorkommen an Alaun von Bedeutung gewesen sein, das in der Antike beim Gerben der Häute und bei den Reduktionsprozessen im Schmelzverfahren Verwendung fand.

Schwieriger auszumachen sind die Vorkommen an Erz für die Gewinnung von Kupfer, das als Grundelement zur Herstellung von Bronze benötigt wurde, dem neben Eisen in der Antike verbreitetsten Metall. Etruskische Bronzen waren äußerst begehrt. Kritias, einer der Dreißig Tyrannen in Athen am Ende des 5. Jahrhunderts v. Chr., soll sich angeblich ein ganzes Service aus tyrrhenischer Bronze gewünscht haben, und fast ein Jahrhundert früher hat ein unbekannter frommer Mann, ebenfalls in Athen, in einem der wichtigsten Heiligtümer der Akropolis der Göttin Athene eine bronzenen Dreifuß geweiht, der in Vulci hergestellt war. Der Ruhm der etruskischen Bronzen reicht bis in römische Zeit, als man die *Tyrrhena sigilla* rühmte, jene etruskischen Bronzestatuetten, die schon damals als kostbare Antiquitäten gesucht waren. Unsere Quellen schweigen sich jedoch über die Herkunft des Rohmaterials aus. Eine äußerst interessante pseudo-aristotelische Schrift, *De mirabilibus auscultationibus*, die vielleicht aus dem westgriechischen Bereich stammt, deutet an, auf Elba sei in alter Zeit auch Kupfer abgebaut worden, doch die geologischen Erkenntnisse bestätigen dies nicht. Möglicherweise handelt es sich um eine Erfindung des Autors. Für die archaische Zeit sicher nachzuweisende Bronzewerkstätten befanden sich vor allem in Vulci, aber auch in Caere, Populonia und anderen Städten Etruriens, während sich in klassischer und hellenistischer Zeit das Zentrum der Herstellung von Rohbronze und Bronzeblechen allmählich von Süden nach Norden zu verlagern scheint. Von den etruskischen Beiträgen zur Expedition Scipios ist nun Arretium zu nennen. Im Gegensatz zu den *poleis* Südetruriens, die landwirtschaftliche Produkte zur Verfügung stellten (Getreide und Lebensmittel aus Caere, Leinen für die Segel aus Tarquinii), und anders als Populonia mit seinem Eisen oder die übrigen Städte des Nordens mit Holz und Getreide, lieferte Arretium – neben 120 000 Scheffeln Getreide, das ist mehr als eine Million Liter! – eine riesige Zahl von Waffen, zumeist aus Bronze: 3000 Schilde und Helme, 50 000 Wurfgeschosse (*pilae, gaesa, hastae longae*) und Äxte, Spaten, Sicheln, Schanzkörbe und Handmühlen, die 40 Schiffsladungen ausmachten. Die Lokalisierung der Bronzewerkstätten ist beim gegenwärtigen Kenntnisstand nicht ohne weiteres möglich, auch weil die Archäologie sich bisher wenig darum bemüht hat, durch typologische Studien und vor allem mit Hilfe chemisch-physikalischer Analysen mögliche Herstellungszentren und verschiedene Qualitäten der Metallegierungen zu identifizieren.

3. Außenbeziehungen und Ausbreitung

Es wäre ein schwerer historischer Irrtum anzunehmen, Etrurien sei eine geographisch abgeschlossene, zur Autonomie tendierende Einheit. Auch wenn die etrurische Küste weniger Häfen besaß als die Küsten des Tyrrhenischen Meeres im Süden und des Jonischen Meeres, so bot sie mit ihren vielen Lagunen und den Mündungen großer und kleiner Flüsse doch für Schiffe mit geringem Tiefgang, wie sie in archaischer und klassischer Zeit verwendet wurden, hinreichende Landemöglichkeiten.

Wo die Häfen archaischer Zeit nicht von besonders geschützten, natürlichen Buchten gebildet wurden (man denke nur an Piräus, die Häfen von Tarent oder Syrakus), befanden sie sich ja häufig an Küstenseen, Lagunen oder Flußläufen.

Wie das Meer Etrurien nicht von den weiter entfernten Ländern des Mittelmeerraums abschnitt, so schienen auch die beiden großen Flüsse, die die historischen Grenzen des Landes bildeten, das etruskische Gebiet mit dem der benachbarten Latiner im Süden, der Sabiner und Umbrer im Osten und der Ligurer im Norden eher zu vereinen, als es davon zu trennen.

Die Überlieferung, auf die wir zurückkommen werden, betont engste Verbindungen zwischen Etrurien und Latium – und besonders Rom – von ältester Zeit an. Die trojanischen Gründungssagen, in denen Äneas mit den Etruskern im Bunde gegen die Latiner und Mezentius, den sie unterstützenden Tyrannen von Caere, steht, zeigen, wie wenig die Entstehung von Volk (*ethnos*) und Städten (*poleis*) in Latium von der parallelen Entwicklung in Etrurien getrennt werden kann. Etruskische Dynastien sind für das Rom des 7. und 6. Jahrhunderts v. Chr. belegt, und im etruskischen Caere empfing nach Livius (IX, 36, 3) noch im 4. Jahrhundert v. Chr. die vornehmste römische Aristokratie ihre Bildung, während Veii, nur 17 km von Rom entfernt, im Frieden wie im Krieg der wichtigste Kontrahent der großen latinischen Nachbarstadt war. Wenn Veii und Caere die hauptsächlichen – aber nicht die einzigen – Mittler zwischen Latium und Etrurien waren, so tendierten die Sabiner über Capena und Lucus Feroniae im Süden nach Veii und im Norden zum faliskischen und volsinischen Gebiet hin. Die Übernahme der Schrift durch die Sabiner in archaischer Zeit, die entlang des Tiberlaufs von Poggio Sommavilla bis Colle del Forno belegt ist, steht in Zusammenhang mit der unmittelbaren Nachbarschaft zum etruskischen Gebiet. Hieraus entwickelten sich viele Züge der archaischen Kultur dieser Gegend, wie sich in den Nekropolen von Terni und des Val Nerina zeigt.

Vom Paß von Colfiorito bis zur fruchtbaren Ebene Umbriens, von den Gebieten um Gubbio und Assisi bis zum mittleren und oberen Lauf des Tibers zog es die Umbrer zum etruskischen Gebiet hin. Dort fanden sie im Süden Volsinii, das Todi fast genau gegenüberlag, im zentralen Bereich Perusia, um das sich gleichsam als Satelliten die Zentren von Trevi, Foligno, Bevagna, Bettona, Gubbio und Assisi scharten, und im Norden Cortona und Arezzo, die in engem Kontakt mit Tifernum Tiberinum (Città di Castello), Urbino und Sestino standen. Die Abhängigkeit der umbrischen Kultur von der etruskischen ist eine bekannte Tatsache und braucht hier nicht weiter untersucht zu werden, – doch sollte man erwähnen, daß der geographische und wirtschaftliche Zusammenhang gerade hier deutlicher sichtbar ist als anderswo. Während die umbrischen Talzonen vielversprechende Entwicklungsbedingungen boten, waren die Berggegenden hauptsächlich zur Viehzucht geeignet, und die klassischen Quellen bestätigen dies, indem sie die Schweine und den Käse aus Umbrien rühmen. In die Täler des Tiber und des Chiana führt traditionellerweise der Viehabtrieb von den Höhen des umbro-sabinischen Apennin, und die benachbarten etruskischen Städte waren sicher nahe liegende Märkte für die apenninischen Viehzüchter, die so eine wirtschaftliche, politische und kulturelle Vormachtstellung über eher unterentwickelte Gebiete ausüben konnten.

Über das Zusammenspiel der ligurischen Stämme, deren Ausbreitung über die Toskana, die Emilia und Ligurien nachgewiesen ist, mit den Etruskern, die längs des Arno angesiedelt waren, wissen wir wesentlich weniger. Die Belege sind nicht sehr zahlreich und über den gesamten Lauf des Arno verstreut. Die Archäologie befindet sich für dieses Gebiet in besonderem Rückstand. Sie neigt eher dazu, die lohnenderen etruskischen Zentren mit ›reichem‹ Material auszugraben, als sich mit modernen Methoden den Problemen der Wechselbeziehung zwischen entwickelten etruskischen Gebieten und ›barbarischen‹, höchstens von ärmlichen Dörfern besiedelten Territorien zu widmen. Die wenigen literarischen und archäologischen Quellen erweisen jedoch, daß auch dies eine ›offene Grenze‹ war. Der ligurische Küstenbereich war durch lebhaften Schiffsverkehr frequentiert, und die frühgeschichtliche Nekropole von Chiavari belegt intensive Verbindungen mit etruskischer Kultur. Die Funde faliskischer Keramik von höchst beachtlicher Qualität in Genua und Savona zeigen zudem, daß der vom südlichen Etrurien ausgehende Schiffsverkehr im 4. Jahrhundert v. Chr. in den Häfen Liguriens sichere Stützpunkte gefunden hatte; um dieser Verkehrsverbindungen willen war man seit ältester Zeit – in Konkurrenz mit den Griechen in Marseille – daran interessiert, das keltisch-ligurische Gebiet zu kontrollieren. Hingegen scheint das Verhältnis zwischen Etruskern und Ligurern an der Gebirgsgrenze konfliktreicher gewesen zu sein. Es kommt nicht von ungefähr, daß Pisa im Jahre 180 v. Chr. den Römern das Land für die Gründung der Kolonie von Luni zur Verfügung stellte, daß dieses Terri-

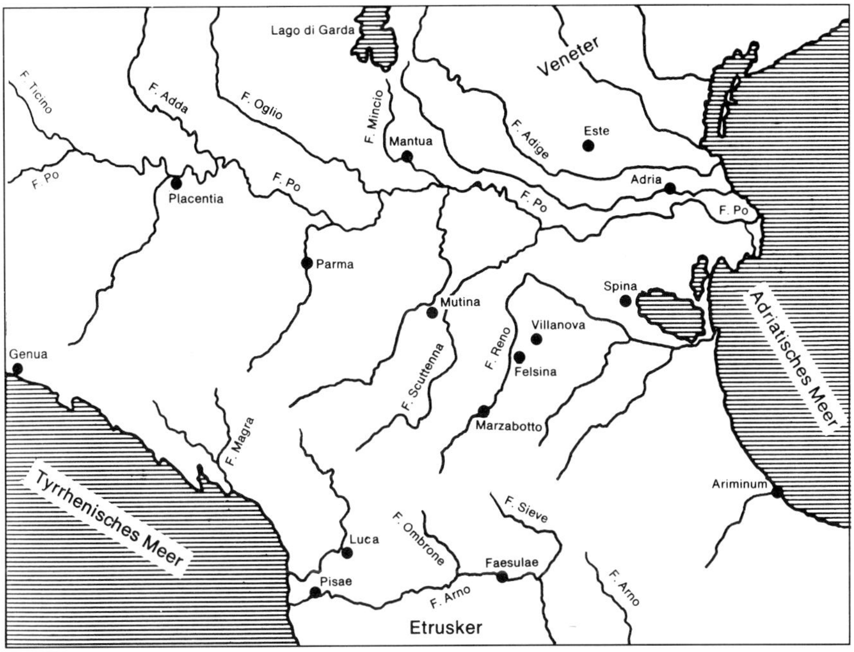

Abbildung 3: Die etruskische Poebene (aus Weeber).

torium in einigen Quellen als ligurisch bezeichnet wird und daß Rom es für nötig erachtete, den Grenzbereich der Kolonie von Luni von Truppen bewachen zu lassen (177 v. Chr.) sowie (180 v. Chr.) ligurische Stämme dieses Bereichs in großer Zahl in ein weit entferntes und kaum bewohntes Gebiet zwischen Benevent und Samnium umzusiedeln. Pisa selbst wird in einigen Quellen (Iustin. X, 1, 11; Lykophr. *Alex.* 1359) für ligurisch angesehen. Sicher ist, daß der Arno keine unüberwindliche Grenze war: Quinto Fiorentino mit seinen großartigen etruskischen Fürstengräbern des 6. Jahrhunderts v. Chr. und Faesulae (Fiesole), nach dem 5. Jahrhundert v. Chr. eine etruskische Stadt von erstrangiger Bedeutung, liegen beide auf dem rechten, dem ligurischen Ufer des Arno.

Diese Siedlungen jenseits des Arno ermöglichten es, die Flußebene zu nutzen und von dort aus die den Apennin überschreitenden Verkehrswege in Richtung auf die Poebene zu kontrollieren. Und in der Tat erstreckt sich der etruskische Herrschaftsbereich in die Poebene hinein und erreicht im Westen die Gegend von Piacenza und Mailand und im Osten das venetische Gebiet (Abb. 3). Während die Gebirgszone des

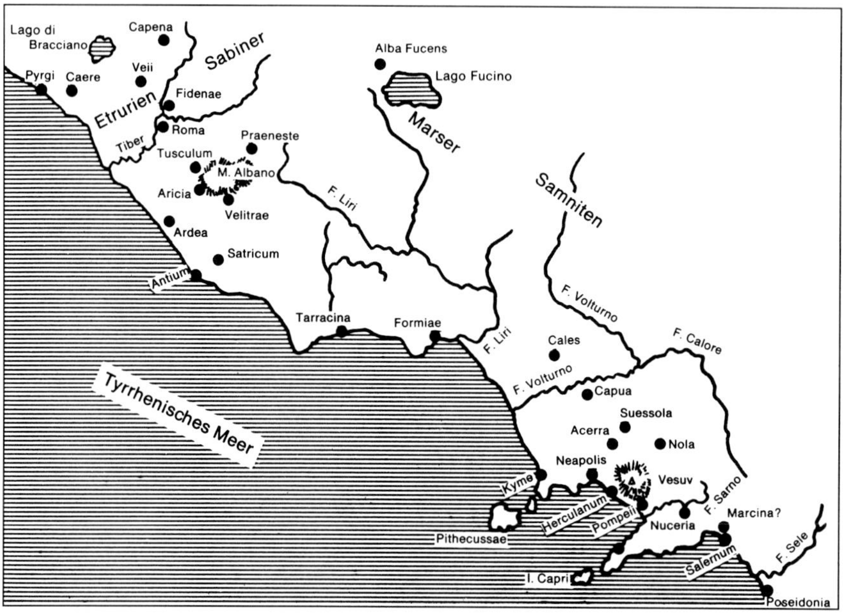

Abbildung 4: Latium und Kampanien (aus Weeber).

umbro-sabinischen Apennin von relativ geringem wirtschaftlichen Interesse war, war hier der Weg über die Berge, die das eigentliche Etrurien von der Poebene trennen, von lebenswichtiger Bedeutung. Dies galt vor allem für die Etrusker im Norden, denen, wie schon erwähnt, nur wenig Ackerland zur Verfügung stand. Doch auch im Süden, jenseits von Latium, stellte die äußerst fruchtbare kampanische Ebene eine mindestens ebenso große Versuchung dar. Und tatsächlich findet man in historischer Zeit in den weiten Landstrichen zwischen Capua und Nola, in den Küstengebieten zwischen Salerno und der Mündung des Sele und bis zum Tal des Tanagro hin eine etruskische Bevölkerung vor (Abb. 4). Die etruskische Vorherrschaft bleibt jedoch sowohl in Kampanien als auch in der Poebene eine Episode, der die Samniten und die Gallier im 5. und 4. Jahrhundert v. Chr. ein Ende bereiten. Ursprung und Verlauf dieser Herrschaftsphasen unterliegen einer präzisen Logik der wirtschaftlichen und sozialen Entwicklung der Etrusker, von der im folgenden noch die Rede sein wird. Hier soll der Hinweis auf die Tendenz genügen, sich über das eigentlich etruskische Gebiet hinaus auszubreiten. Ursache hierfür waren die geographisch-klimatischen Bedingungen in der Toskana und in Latium, wo das in der Antike wichtigste Produktionsmittel, der Boden, für eine gezielte wirtschaftliche Entwicklung einerseits günstige, andererseits jedoch beschränkende Charakteristika zeigt.

Gerade die Brüchigkeit dieser jeweiligen Vorherrschaft zeigt ihre untergeordnete Bedeutung im Vergleich zum historischen und ökonomischen Epizentrum der Entwicklung, dem Gebiet des eigentlichen Etrurien. Doch sollte man diesen ergänzenden Aspekt auch nicht zu stark hervorkehren und aus dem Etrurien der Poebene und Kampaniens ein einfaches Anhängsel des Epizentrums machen. Wie alle Episoden antiker Kolonisation folgt auch die etruskische wechselnden Bedürfnissen, die nur verständlich werden, wenn man die Entwicklung der wirtschaftlichen und sozialen Verhältnisse über die gesamte Epoche verfolgt. Doch davon soll an späterer Stelle die Rede sein.

4. Agrarlandschaft und Geschichte

Unseren Betrachtungen zur physischen Gestalt der Umwelt, innerhalb derer sich die etruskische Zivilisation entwickelt hat, liegt die Absicht zugrunde, auf den wechselseitigen Zusammenhang zwischen Umwelt und Menschen, zwischen Natur und Geschichte hinzuweisen. Dabei soll grundsätzlich festgehalten werden, daß sich diese gegenseitige Beeinflußung, die durch die Produktionsverhältnisse bedingt ist, nicht in mechanischer und einheitlicher Weise vollzieht. Die Geschichte der etruskischen Agrarlandschaft macht in dieser Hinsicht sicher keine Ausnahme. Wir haben z.B. gesehen, wie die weniger günstigen Umweltbedingungen des Nordens durch die Einführung des Weinbaus einen Ausgleich finden; ebenso werden im südlichen Tuffsteingebiet die schwierigen Probleme des Wasserhaushalts teilweise dadurch gelöst, daß man eine Reihe von Entwässerungskanälen durch den gewachsenen Felsen treibt, ein Netz unterirdischer Stollen unterschiedlichen Durchmessers, das den Abfluß oder auch die Kanalisierung und Speicherung des Wassers erlaubt. Diese beiden Eingriffe sind, wie viele andere auch, zugleich Folge und Ursache struktureller Veränderungen, die unterschiedliche Arten gesellschaftlichen Zusammenwirkens sowohl voraussetzen als auch fördern.

Leider sind in diesem Bereich unsere Kenntnisse sehr gering, da die archäologische Forschung eine ganze Reihe von Untersuchungen vernachlässigt hat, die für die Rekonstruktion der materiellen Umwelt und deren Veränderungen wesentlich wären, z.B. die Klassifizierung der Funde aus dem Bereich von Flora und Fauna, das Studium der menschlichen Knochenfunde, die Analyse der Siedlungsstruktur usw. Wir müssen uns daher mit fragmentarischen Daten zufriedengeben, mit den wenigen Angaben in der geographischen und historiographischen Literatur der Griechen und Römer und den noch spärlicheren Einzelheiten, die man den etruskischen Inschriften und dem archäologischen Material entnehmen kann, um aus all dem die groben Linien der Geschichte der Umwelt in ihrer Verbindung mit der kulturellen Entwicklung nachzuzeichnen. Es gibt jedoch einige klar erkennbare Elemente, die wir im unmittelbaren Zusammenhang mit der diachronischen Betrachtung der historischen Ereignisse aufzeigen werden: Die Beschaffenheit der Ressourcen und der Umwelt, die Arten der Nutzung und die Präsenz des Menschen stehen in einem deutlichen Dialog mit den historischen und gesellschaftlichen Abläufen, die die etruskische Agrarlandschaft getreulich widerspiegelt. Wir werden z.B. den ›Verfall der Umwelt‹ in den Maremmen nur verstehen, wenn wir den Niedergang des ›etruskischen Volkes‹ als das Scheitern einer Organisationsform von landwirtschaftlicher Produktion und Handel begreifen, das von der etruskischen Aristokratie entscheidend beeinflußt worden war, in dem sie die Bestellung des Bodens und die Ausübung des Handels in den Häfen erzwungen hatte. In vergleichbarer Weise zeigt die heutige Agrarlandschaft der Toskana noch eindeutige, wenn auch schwache Zeichen einer fernen Hinterlassenschaft, die durch Feudalismus und Halbpacht (Mezzadria) stark verändert wurde und ihren Ursprung in Eingriffen aus etruskischer Zeit im 4.–3. Jahrhundert v. Chr. hat. Mit anderen Worten: auch die Landschaft hilft uns bei der Lösung einiger Probleme auf unserem Weg durch die Geschichte.

Kapitel II

Die Formation

1. Das Problem der Herkunft

Kein anderes Volk der Antike hat in der neuzeitlichen Geschichtsforschung eine so lebhafte Debatte in Hinblick auf seine Herkunft ausgelöst wie die Etrusker. Dafür gibt es viele Gründe, die wir kurz umreißen wollen.

Das Interesse für diese so stark hellenisierte und doch so ›andere‹ Nation fern des eigentlichen Zentrums der zivilisierten Welt, das in archaischer und klassischer Zeit eher im Bereich des Vorderen Orients und der Ägäis zu suchen ist, entstand mit der griechischen Geschichtsschreibung, die der Herkunft der Tyrrhener so viel Aufmerksamkeit geschenkt hat und dadurch nicht wenig dazu beigetragen hat, daß daraus eine ›Frage‹ wurde. Des weiteren ist da jene nicht zu leugnende ethnische, sprachliche und kulturellle ›Andersartigkeit‹ im Vergleich mit den übrigen Völkern des frühen italischen Bereichs mit indoeuropäischem Hintergrund. Dies hat die Aufmerksamkeit der Geschichtsschreibung des 19. Jahrhunderts geweckt, die ein starkes Interesse an den ethnischen und sprachlichen Verhältnissen der Antike hatte und darin Parallelen zur politischen, kulturellen und sozialen Problematik suchte, die sich damals aus den europäischen Einigungsprozessen ergab. Dieses Zusammentreffen des Interesses griechischer und moderner Geschichtsschreibung (die römischen Historiker beschäftigen sich fast gar nicht mit dem Problem und wiederholen im allgemeinen nur, was die Griechen schreiben), an der ›Andersartigkeit‹ der Etrusker – um so mehr, als sie sich von einem angeblich ›wohlbekannten‹ Indogermanentum allseits umgeben zeigten – hat dem Problem ihrer Herkunft ein so großes Gewicht verliehen, obwohl sich diese Frage eigentlich von der Herkunft anderer nicht indogermanischer Völker des Mittelmeerraums nicht unterscheidet. Schließlich hat auch jene mythische Aura, mit der man die Herkunft der Etrusker umgeben hat, indem man sie mit den Namen sagenhafter Wandervölker der griechischen Legende – der Pelasger und Tyrrhener – in Verbindung brachte, dazu beigetragen, die Herkunftsfrage überzubewerten. Sie wird zudem häufig und unmotiviert mit dem Problem der Klassifizierung und Auslegung der etruskischen Sprache vermischt, so daß die Frage nach der Herkunft am Ende ein Feld für alle Arten historiographischer Irrationalität und der zentrale Punkt im – nicht vorhandenen – ›Geheimnis der Etrusker‹ geworden ist.

Nachdem wir diese Mißverständnisse ausgeräumt haben, wollen wir kurz umreißen, wie sich das Problem in Wahrheit darstellt. Nach griechischer Auffassung erklärte sich der Ursprung einer *polis* aus der *ktisis*, der Gründung durch eine mythische Gestalt wir Theseus für Athen oder Kadmos für Theben. Dementsprechend wurde die Etablierung eines Volkes häufig als Ergebnis einer Wanderung unter einem mythischen Führer oder *archegetes* hingestellt. Nach Herodot (I, 94) sind die Etrusker unter Führung des Königs Tyrrhenos, nach dem sie sich benannten, anläßlich einer Hungersnot kurz vor dem Trojanischen Krieg (13. Jahrhundert v. Chr.) aus Lydien eingewandert; nach Hellanikos (bei Dion. Hal. I, 28) sind die Tyrrhener Etruriens identisch mit den Pelasgern, dem geheimnisvollen Wandervolk, das nach Italien gelangt sein soll, nachdem es im ägäischen Raum umhergeirrt war; für Antiklides (Strab. V, 2, 4) war das unter der Führung des Tyrrhenos nach Italien gelangte Volks pelasgisch, doch vom selben Stamm wie die Bevölkerung der Inseln Lemnos und Imbros in der Ägäis. Die gängige Auffassung der Alten stimmte also darin überein, daß die Etrusker in heroischer oder zumindest vorgeschichtlicher Zeit aus dem Osten gekommen seien, und unterschied sich allein darin, daß man sie hier mit den Lydern und dort mit den Pelasgern in Verbindung brachte. Die einzige Ausnahme bildet Dionys von Halikarnassos, der aus den vorhergehenden Meinungen einen neuen Schluß zieht (I, 25–30): Die Etrusker seien autochthon, und dies habe er von ihnen selbst, die sich Rasenna und nicht Tyrrhener genannt hätten, gehört.

Die Ansichten der Alten haben, wie man gesehen hat, die der neuzeitlichen Autoren beeinflußt, und letztere haben versucht, daraus Bestätigung für ihre eigenen Theorien zu ziehen, indem sie sich auf angebliche Wanderungsbewegungen oder die ebenfalls unbewiesene autochthone

Herkunft stützten und dabei die archäologischen Quellen jeweils in ihrem Sinne interpretierten. Diejenigen, die von einer Herkunft aus dem Osten ausgingen, nahmen an, daß die Etrusker während der Orientalisierenden Phase der Kultur (7. Jahrhundert v. Chr.) angekommen seien. Diese Hypothese entbehrt in archäologischer Hinsicht jeder Grundlage, da der kulturelle Einfluß aus dem Osten im 7. Jahrhundert v. Chr. sowohl Griechenland als auch Etrurien betrifft. Zudem ist in Etrurien ein schrittweiser und lokal differenzierter Übergang von der Eisenzeit zur orientalisierenden Periode festzustellen und keine sprunghafte Entwicklung, wie man sie bei einer Einwanderung erwarten würde. Dazu kommt noch, daß die antike Überlieferung einstimmig eine Anwesenheit der Etrusker in Italien in vorgeschichtlicher Zeit bezeugt. Die andere Wanderungstheorie, die annimmt, die Etrusker seien aus dem Norden gekommen, basiert hauptsächlich auf archäologischen Daten. Der einzige literarische Beleg hierfür wäre die Notiz bei Livius (V, 33, 11), wonach die Räter, ein Volk der mittleren östlichen Alpen, ein Rest etruskischer Bevölkerung seien. Aber Livius spricht nicht von dem nach einer Wanderung zurückgebliebenen Rest, sondern von einer Ansiedlung nach den Einfällen der Kelten, und auch die archäologischen Quellen, die zwar zweifelsfrei Verbindungen zwischen der eisenzeitlichen Kultur Etruriens und Mitteleuropas belegen, rechtfertigen die Theorie von der Einwanderung aus dem Norden nicht, da auch die übrigen italischen und mediterranen Kulturen der Eisenzeit enge Verbindungen nach Mitteleuropa zeigen. Die Theorie des Dionys vom autochthonen Ursprung schließlich wird von jenen Historikern der Neuzeit wiederaufgenommen, die aus den Etruskern ein mediterranes Relikt aus neolithischer Zeit gemacht haben, das die ganze Bronzezeit hindurch ungestört fortgelebt hat, während die indoeuropäischen Italiker in der Zeit der Protovillanova- und Villanovakultur die Feuerbestattung mitgebracht hätten. Dies ist weder methodisch noch faktisch haltbar: Das Gebiet der Villanovakultur stimmt fast völlig mit dem in historischer Zeit von den Etruskern eingenommenen überein und keineswegs mit dem der Italiker (Abb. 5).

Anders als die Theorien sind die uns vorliegenden Fakten sehr spärlich. Die archäologischen Daten belegen eine klare kulturelle Kontinuität von der Bronze- zur Eisenzeit ohne auffällige und unvermittelte Brüche, wie sie die Einwanderung neuer Völker oder Einfälle bewirkt haben müßten. Die ältesten literarischen Quellen andererseits, die weniger

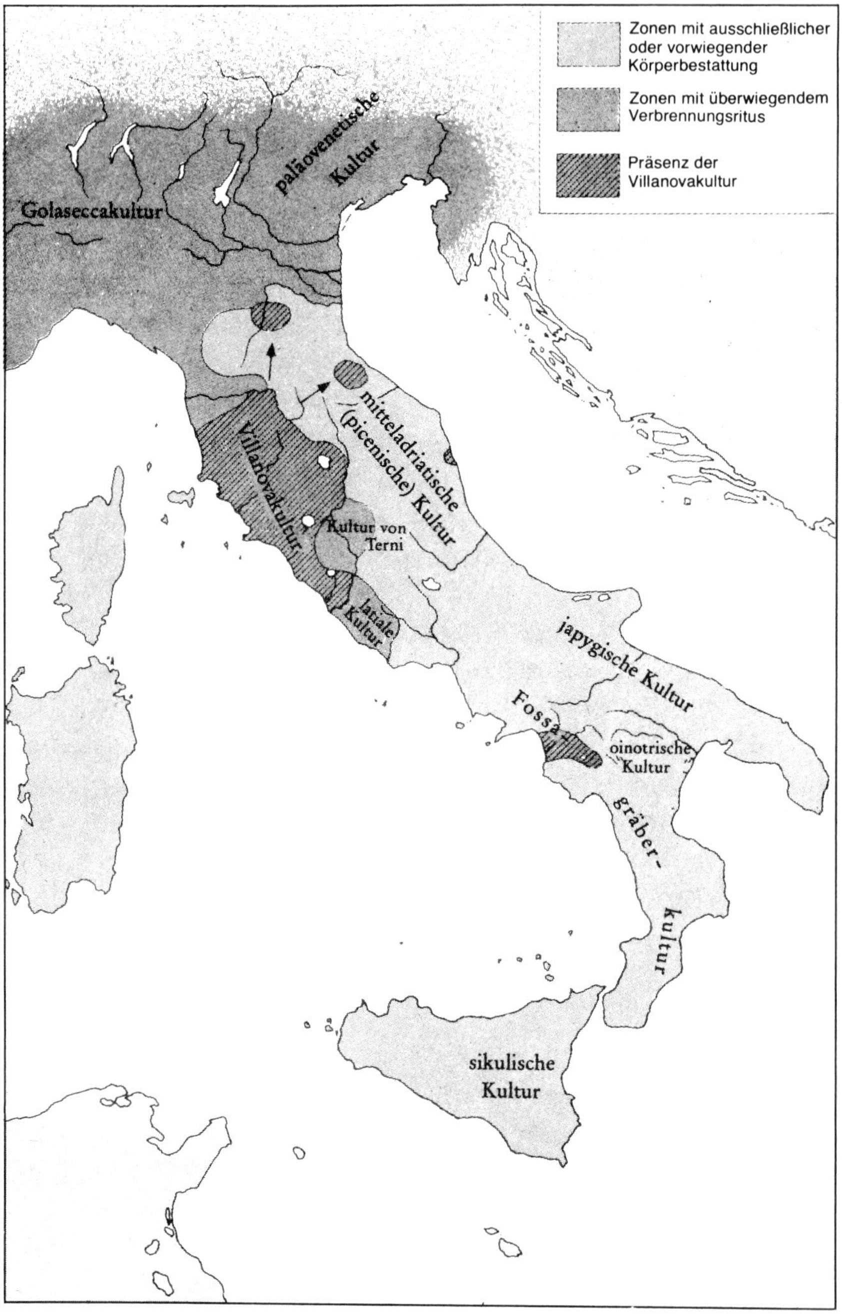

Abbildung 5: Verbreitungsgebiete eisenzeitlicher Kulturen (aus Pallotino).

dem Verdacht unbefangener politischer und ideologischer Manipulation unterliegen als Dionys von Halikarnassos (der ein starkes Interesse daran hatte, die Etrusker zu Autochthonen und die Römer, die für ihn griechischen Ursprungs waren, zu Einwanderern zu machen), diese ältesten Quellen bringen die Etrusker in enge Verbindung mit ägäischen und anatolischen Bevölkerungsgruppen (Pelasger bzw. Lyder) und betonen die besondere Beziehung zu den vorgriechischen Bewohnern von Lemnos und Imbros. Einige Inschriften von Lemnos aus der Zeit vor der Eroberung durch Athen im Jahre 510 v. Chr. bestätigen eindeutig diese Verbindung: die vorgriechische Sprache von Lemnos scheint in der Tat eng mit dem Etruskischen verwandt, das sonst nicht nur unter den Sprachen des antiken Italien, sondern im gesamten Mittelmeerraum einzig dasteht.

Diesen Einzelheiten hat sich noch ein weiteres, den ägyptischen Quellen zu entnehmendes Element hinzugesellt. Berichte der Pharaonen von Amenophis III. bis Meneptah (1413–1220 v. Chr.) sprechen von den verschiedensten Völkern, mit denen die Ägypter in Verbindung stehen und deren Angehörige ihnen als Söldner dienen; zur Regierungszeit Ramses III. (1197–1165 v. Chr.) ziehen diese Völker und dazu weitere, bisher unbekannte, die man als ›Seevölker‹ bezeichnet, zu Wasser und zu Lande gegen Ägypten, zum Teil sogar mitsamt Frauen und Kindern. Die Frage nach der Zusammensetzung dieser gemischten Gruppe von Barbarenstämmen ist schwer zu beantworten. Einige Völker sind ohne weiteres und mit Sicherheit zu identifizieren, wie z.B. die Achaier (*Jqjwš.w*), die Philister (*Prst.w*) und die Lyriker (*Rk.w*); für andere wie die *Šqřs.w* als Sikuler und die *Šrdn.w* als Sarden ist die Identifizierung wahrscheinlich, aber nicht sicher. Unter den Namen dieser Völker taucht auch der der *Trš.w* auf, die von einigen Gelehrten mit den Tyrsenoi, den Tyrrhenern oder Etruskern gleichgesetzt werden. Auch diese Identifizierung ist keineswegs sicher, doch läßt sich eine auffallend übereinstimmende Chronologie der Ereignisse feststellen: Es handelt sich um denselben Zeitraum, den Herodot für die Einwanderung der Lyder nach Italien angibt, und es gibt sogar eine Übereinstimmung mit dem historischen Ablauf, wie ihn die Etrusker selbst sahen. Sie teilten nämlich das Leben ihres *ethnos* in neun große *saecula* von jeweils ungefähr 120 Jahren ein, deren letztes im Jahre 88 v. Chr. begann, so daß ihre Zeitrechnung etwa 1000 v. Chr. einsetzt.

Ob die *Trš.w* der ägyptischen Quellen nun die Vorfahren der Etrusker der italischen Halbinsel gewesen sind oder nicht: Umfassende Völkerwanderungen sind im antiken Italien des 2. Jahrtausends v. Chr. zu keinem Zeitpunkt vorstellbar. Denkbar ist die Einwanderung zahlenmäßig beschränkter Kerngruppen, die jedoch kulturell homogen sowie technisch und militärisch überlegen waren und sich so sprachlich durchsetzen konnten, ohne dabei die allmähliche kulturelle Entwicklung der Halbinsel zu stören, da sie sich ebenso schnell wie unmerklich einfügten. Mit anderen Worten, die ›Einwanderung der Etrusker‹, wenn sie denn je stattgefunden hat, geht aus den uns zur Verfügung stehenden Quellen nicht eindeutig hervor und ist für die Geschichte im Grunde nebensächlich. Die antiken und modernen Vorstellungen von Wanderung und Invasion sollten sich also stärker an der historischen Realität orientieren: Es ist nicht richtig, von der ›Einwanderung‹ der Etrusker zu sprechen, denn die Etrusker als Volk sind das Produkt historischer Entwicklungen, die sich auf der italischen Halbinsel abgespielt haben. Zutreffender ist es, wie Massimo Pallottino uns gelehrt hat, sich die langsame Herausbildung einer Kultur vorzustellen, eines *ethnos* und einer entwickelten wirtschaftlichen und sozialen Struktur; das zu verfolgen erlauben die archäologischen Daten in den historischen Siedlungsplätzen der Etrusker von der Bronze- bis weit in die Eisenzeit.

2. Die Bronzezeit

Die Bronzezeit auf der italienischen Halbinsel zeigt eine bemerkenswerte kulturelle Homogenität. Von den Berghängen der Emilia bis zum südlichen Kalabrien entwickelt sich während des größten Teils des 2. Jahrtausends (ungefähr 1800–1050 v. Chr.) eine Kultur mit ganz speziellen, klaren Merkmalen, die wegen ihrer eindeutigen geographischen Bezogenheit auf die die Halbinsel durchziehende Bergkette Apenninische Kultur genannt wird. Die Ansiedlung in Dörfern auf den Höhen oder an den Berghängen, die aus wenigen – manchmal sehr großen – Hütten bestehen, in Grotten oder anderen geschützten Plätzen charakterisiert das spärliche *habitat* dieser Bevölkerung, deren Nekropolen man fast überhaupt nicht kennt. Die dünnwandige Keramik, die die Völker des Apenninkreises herstellen, besteht aus einem braunschwärzlichen, mit dem Spachtel vollkommen geglätteten Material (ungereinigte Tonerde), das mit geritzten oder punktierten Linien dekoriert ist, die fortlaufende Mäander- und Spiralenmotive bilden und weiß oder ockerfarben ausgefüllt sind. Der Vorrat an Gefäßformen scheint auf schrittweise Veränderung der in der kurzen, aber wichtigen Steinkupferzeit der Rinaldone-Gaudo-Kultur belegten Gefäße unter ägäischem Einfluß zurückzugehen; ebenso kann man in der Ritz- und Punktiermethode vielleicht eine Weiterentwicklung der Dekorationstechnik des glockenfömrigen Bechers sehen, der für eine besondere Variante der kupfersteinzeitlichen Kultur eigentümlich ist, die jetzt erstmals auch im Herzen Etruriens, in Fosso Conicchio bei Viterbo, nachgewiesen ist. Auch die im übrigen bis gegen Ende der Bronzezeit nicht sehr zahlreichen Arten von Metallwerkzeug orientieren sich an Vorbildern der Kupfersteinzeit.

Die Lage vieler Siedlungsplätze auf Hochebenen oder gar in der Nähe von Pässen über den Apennin wie bei Ariano Irpino, der offensichtlich temporäre Charakter anderer Siedlungen wie der an den Abhängen von Narce, besondere Gefäßformen wie z.B. die Milchtöpfe für die Zubereitung von Käse – all diese Einzelheiten haben den italienischen Prähistoriker S. Puglisi zu der Annahme veranlaßt, die wirtschaftliche Basis der Kultur des Apenninkreises beruhe weitgehend auf Weidewirtschaft, der Aufzucht von Schaf- und Ziegenherden mit ausgedehntem Viehtrieb, was die Berglage und den unsteten Charakter vieler Siedlungen erklären würde.

Doch hat der schwedische Archäologe C.E. Oestenberg in den 60er Jahren ein ausgedehntes und gut befestigtes, kontinuierlich besiedeltes Dorf des Apenninkreises in Luni sul Mignone in den Tolfabergen entdeckt. Dieser Fund hat einen lebhaften Streit um die Ansichten Puglisis entstehen lassen, dem man Beobachtungen zur Kontinuität der Besiedlung und die hauptsächlich auf Ackerbau ausgerichtete Wirtschaft entgegengehalten hat. Die Verteilung der Knochenfunde von Zuchttieren scheint die Ansicht der Gegner Puglisis zu bestätigen: In Luni beträgt der Anteil an Rinderknochen 45–53%, an Schafs- und Ziegenknochen 22–26% und an Schweineknochen 20–25%, ähnlich wie in Narce, während das Alter der Tiere auf ein Überwiegen der Aufzucht von Arbeitstieren (Rindern), der Milchwirtschaft und der Wollerzeugung (Rinder und Schafe) gegenüber der Fleischproduktion (Schweine) hinzuweisen scheint.

Die Diskussion um den wirtschaftlichen Charakter des Apenninkreises hat jedoch Puglisis These nicht wirklich Rechnung getragen, die darauf abzielte, in der Viehzucht – und dem damit verbundenen Viehtrieb – nicht die alleinige, sondern eine der vorherrschenden Grundlagen der Wirtschaft zu sehen und in den Schaf- und Rinderherden das überwiegende Mittel zur primitiven Akkumulation. Dadurch konnte man die Stufe der reinen Subsistenz überwinden, die der Ackerbau in der Jungkupfersteinzeit erreicht hatte und über die hinaus er in die Bronzezeit keine großen Fortschritte gemacht zu haben scheint. Mit anderen Worten ist also der Ackerbau immer die wesentliche Quelle der Nahrungsbeschaffung geblieben (und das ist nicht anders denkbar); aber daneben hat die Aufzucht von Schafen und Ziegen zur Erzeugung von Wolle und Käse eine bisher nicht gekannte wirtschaftliche Bedeutung erlangt und größere Teile der Bevölkerung dazu veranlaßt, sich als Hirten zu betätigen, während die ortsfeste Schweinezucht die Proteinnahrung der Menschen, die bis dahin sicher nicht sehr reichhaltig war, wesentlich aufbesserte.

Aus diesen wirtschaftlichen Tatsachen und den archäologischen Quellen ist es schwer möglich, die Einzelheiten der Sozialstruktur zu rekonstruieren. Zweifellos handelt es sich um eine stammesmäßige Organisation, aber die Größe dieser Stämme und der von ihnen jeweils besetzten geographischen Gebiete ist uns völlig unbekannt. Es ist durchaus möglich, daß die von Puglisi aufgrund des lokalen Stils der Keramik erkannten Kulturkreise jenseits des Apennin – ein nördlicher, ein mittlerer und ein südlicher – ausgedehnten Stammeseinheiten entsprechen, doch derartige Vermutungen können schwerlich in präzise soziale Definitionen umgesetzt werden. In der Tat sind ebensogut kleinere Zusammenschlüsse denkbar, eine stammesmäßige Mikrostruktur mit vielen gegenseitigen Kontakten. Das Fehlen der Daten aus Nekropolen ist in dieser Hinsicht besonders hinderlich. Auch die neuerdings intensive Forschung über Erzeugung und Austausch von Metallgegenständen (die Keramikproduktion ist sicher lokal beschränkt und findet außerhalb des Dorfes in den seltensten Fällen Verbreitung) kann uns noch wenig über die Produktionsverhältnisse dieses aufkommenden Handwerks sagen.

Von großer historischer Bedeutung sind die mykenischen Importe zwischen dem 15. und 12. Jahrhundert v. Chr. in zahlreichen Siedlungsplätzen des Apenninkreises in Apulien, Lukanien und Kampanien, neben der noch intensiveren Einfuhr, die man auf Sizilien und den Aeolischen Inseln antrifft. Die Bedeutung der mykenischen Präsenz an den

Küsten und auf den Inseln, zu denen nach heutigen Erkenntnissen auch Sardinien gehörte, hat vor allem in den letzten Jahren volle Anerkennung gefunden, sei es um der Einflüsse auf die geschichtliche Entwicklung innerhalb der italischen Halbinsel willen oder aus Interesse an der Geschichte des ägäischen Raumes selbst. Diese mykenische Präsenz verbindet sich mit den ›mythischen‹ Erinnerungen an die Anwesenheit griechischer Heroen an den Küsten Süditaliens und Siziliens vor dem Beginn der griechischen Kolonisation in historischer Zeit. Deutliche mykenische Spuren sind in der Tat aus Zonen bekannt, wo nach den griechischen Mythen Helden wie Diomedes, Nestor oder Odysseus gelandet sind, denen die vorgeschichtliche Gründung von Städten und Ansiedlung von Völkern zugeschrieben wird. Aber neben der mykenischen Präsenz in Gebieten, die später von der griechischen Kolonisation berührt wurden, werfen einige mykenische Fragmente in Luni sul Mignone und Allumiere im Bereich der Tolfaberge Fragen ganz anderer Art auf. Wenn auch die bisher wahrscheinlichste Antwort auf die Frage nach Bedeutung und Herkunft dieser Funde vornehmlich in indirektem Warenaustausch zu suchen ist (d.h. in der Weitergabe von Gegenständen aus dem Süden unter den Gruppen einheimischer Bevölkerung), so kann man doch nicht umhin, diese Belege mit anderen Einzelheiten der Überlieferung in Verbindung zu sehen. Zunächst einmal erwähnen die mykenischen Linear-B-Täfelchen das Alaun, das gerade in den Tolfabergen sehr reichlich vorkommt, und das, wie bereits erwähnt, wesentlich für das Gerben der Tierhäute und für die Reduktionsprozesse bei der Metallgewinnung war. Des weiteren können wir unter die verschiedenen Motive, die Mykener veranlaßt haben könnten, an den Küsten Italiens zu landen, den Sklavenhandel einreihen und den Austausch verschiedener Waren wie Getreide oder Purpurschnecken zur Gewinnung von Farbstoff, vor allem aber das Interesse an den reichen Metallerzvorkommen. Die bereits erwähnte neuere Entdeckung von mykenischer Keramik am Golf von Cagliari gibt nicht allein der mythischen Überlieferung der Griechen (Herakles, Iolaos, Daidalos) in Hinblick auf Sardinien recht und erklärt die unbezweifelbaren Beziehungen der nuragischen Bautechnik und der Produkte des sardischen Bronzehandwerks mit dem zyprisch-mykenischen Bereich, sondern die Funde bestätigen auch, daß eines der Hauptmotive dieses Handelsverkehrs die Deckung des wachsenden Bedarfs der östlichen Mittelmeerwelt an Metallen war. Die mykenische Präsenz auf der italischen Halbinsel konzentrierte sich

Abbildung 6: Typische Aschenurne der Protovillanovakultur aus der Nekropole von Allumiere in den Tolfabergen. Man beachte die charakteristische Form, die an die bikonischen Urnen erinnert, sowie die Ritzdekorationen und die aufgesetzten Verzierungen. 10. Jahrhundert v. Chr. (Allumiere, Museum).

auf die Küste Apuliens und den Golf von Tarent sowie auf die Inseln des Golfs von Neapel. Dies setzt einen Handelsverkehr zwischen den vor allem im mittelitalischen Bereich gelegenen Orten der Metallgewinnung und den von den mykenischen Schiffen angelaufenen, viel weiter südlich gelegenen Häfen voraus. Diese Besonderheit wird, wie wir noch sehen werden, auch in den späteren Verhältnissen der frühen Eisenzeit wieder eine Rolle spielen.

Schwieriger ist es, die in den Tolfabergen gefundene mykenische Keramik mit dem Komplex von Mythen und Überlieferungen in Beziehung zu setzen, die wir im vorangehenden Abschnitt im Zusammenhang mit der Frage nach der ›Herkunft der Etrusker‹ untersucht haben. An Hinweisen fehlt es gewiß nicht: die Tatsache des Wohnsitzes der östlichen ›Tyrrhener‹ in historischer Zeit auf Lemnos, der Insel ›des Hephaistos‹, der einige Quellen den Namen Aithalia (= Elba) geben (Pol. XXXIV, 11, 4); die Tradition dieser Tyrrhener als Piraten (Hom. h. *Hymn. Dion.* VII, 6); die Anwesenheit von *Trš.w* zusammen mit Mykenern (*Jqjws.w = Achaioi*) im 13.–12. Jahrhundert v. Chr., also zu der Zeit, aus der die mykenischen Importe in Italien stammen; das bereits erwähnte Datum ihrer ›Geburt‹, das die Etrusker selbst für ihr *ethnos* nannten (Cens. *de d. nat.* 17, 5–6; Serv. *Ecl.* IX, 46) und das demnach in das 11. Jahrhundert v. Chr. fällt. Man könnte diese Liste mit mehr oder weniger suggestiven Zusammenhängen noch weiter fortsetzen. Doch man muß in dieser Hinsicht äußerste Vorsicht walten lassen. Der Beginn der Metallerzeugung im Gebiet der Toskana ist sicher unabhängig von Einflüssen aus dem Osten (die hingegen am Ende der Bronzezeit sehr deutlich sind) und reicht in die Kupfersteinzeit zurück, und es ist bezeichnend, daß sie gerade im Hinterland der metallführenden Gebirge so deutlich belegt ist. Welches auch immer der Zeitpunkt, das Ausmaß und die Motive für vermutete Einwanderungen aus dem Osten gewesen sein mögen – die wirtschaftlichen und sozialen Strukturen, die durch die archäologischen Funde belegt werden, weisen Merkmale der Kontinuität und inneren Entwicklung auf, die die Bedeutung solcher angeblicher Einwanderungen sekundär erscheinen lassen gegenüber den Faktoren der Veränderung, die aus innerem Antrieb entstehen.

3. Das Ende der Bronzezeit

Das Bild, das hier in groben Umrissen entworfen wurde, ist das Ergebnis einer Entwicklung, die viele Jahrhunderte gedauert hat. Die Veränderungen zeichnen sich schon in der späten Bronzezeit (13. Jahrhundert v. Chr.) ab, als die charakteristische Ritzdekoration des Apenninkreises, vielleicht unter Einfluß der damaligen Kultur Süditalien, rasch verschwindet. Die Endphase der Bronzezeit erlebt noch radikalere Veränderungen mit den beiden aufeinanderfolgenden und sich zum Teil überschneidenden Kulturformen, die die Archäologen als subapenninisch (d.h. der Kultur des Apenninkreises folgend) bzw. protovillanovianisch (d.h. der Villanovakultur vorausgehend) bezeichnen. In der Tat zeigt die subapenninische Stufe im allgemeinen Siedlungskontinuität und einen Formenvorrat der häufig dickwandigen Keramik, der sich aus dem des Apenninkreises ableitet; neu ist an dieser Keramik im wesentlichen neben dem Fehlen der Ritzdekoration das Auftauchen von Henkeln und plastischer Dekoration.

Die Siedlungen finden sich jetzt überwiegend auf Hügeln in gut zu verteidigenden Positionen, während das Bronzehandwerk die Herstellung von bisher unbekannten Waffentypen (Langschwert, geflügelte Lanze) und persönlichen Gebrauchsgegenständen (die einfache gebogene Fibel und die Fibel in Form eines Violinbogens, das Rasiermesser) aufnimmt, die zum Teil auf Vorbilder aus Mitteleuropa und der Ägäis zurückgehen. Die Protovillanovakultur indes führt nur gelegentlich bereits bestehende Siedlungen fort, während die Keramik eine starke Erneuerung erfährt – sowohl im Formenvorrat der Gefäße, die aus gröberem Material hergestellt und sehr viel weniger ausgearbeitet werden, als auch in der Dekoration, wo den verzierten Oberflächen der subapenninischen Gestaltung grobe Ritzungen im Zickzackmuster oder in Schlangenlinien gegenüberstehen. Aber die auffallendste Neuerung vollzieht sich wohl im religiösen Bereich mit der Einführung der Feuerbestattung. So findet man nun ausgedehnte Nekropolen von der Art der Urnenfelder Mitteleuropas und Bestattungen in doppelt kegelförmigen Vasen (in einem Falle ist eine Urne in Form einer Hütte erhalten), die wenige persönliche Gegenstände als Beigaben enthalten, sowie Gefäße in Miniaturformat oder von eindeutig ritueller Bedeutung (Abb. 6).

Die Interpretation dieser Phänomene ist eine sehr komplexe Angelegenheit, und nur selten gibt es sichere Antworten auf die zahlreiche Fragen, die die archäologischen Quellen aufwerfen. Ein mitteleuropäischer Einfluß ist im Bronzehandwerk wie bei den Bestattungsriten nicht zu leugnen, aber ebensowenig zweifelhaft erscheinen die Beziehungen zur Ägäis und der östlichen Mittelmeerwelt, die vor allem an einigen Importgütern sichtbar werden. Der erst kürzlich in Frattesina im südöstlichen Venetien entdeckte ausgedehnte Siedlungsplatz mit offensichtlichen Spuren örtlicher Verarbeitung von Glasperlen, Knochen und Elfenbein stellt einen völlig neuen Beitrag zum Problem der Importe dar. Die alten Erklärungen derartiger Veränderungen durch Invasionen oder Einwanderung anderer Völker sind leider nicht sehr überzeugend, während jene traditionellen Ansichten, die die Veränderungen mit nicht näher bestimmten ›Einflüssen‹ erklären, lediglich an der Oberfläche bleiben und die Wirkungen – wenn es sich denn um solche handelt – zur Ursache erklären.

Das grundlegende Datum für diese dunkle Phase sind ihre befestigten Siedlungen: Die Errichtung von imposanten, steinernen Ringmauern zur Verteidigung, wie man sie aus Monte Rovello im Bergmassiv von Tolfa und aus Crostoletto di Lamone im oberen Tal der Fiora nordöstlich von Vulci kennt, an die sich auch große protovillanovianische Nekropolen mit Urnenbestattungen anschließen, charakterisiert die neuen Lebensbedingungen. In Luni sul Mignone – um weiter im Bereich des späteren Etrurien zu bleiben – ist unter anderem ein großes Gebäude aus protovillanovianischer Zeit erkennbar, das zum Teil in den Tuffsteinfelsen gehauen und zum Teil aus Blöcken errichtet ist. Dieses Gebäude war in historischer Zeit kontinuierlich Gegenstand eines Kultes bis hin zum Mittelalter, als dort eine kleine Kirche stand, und seine Funktion als *anaktoron*, als Residenz des Herrschers des Dorfes, findet in Crostoletto di Lamone eine Parallele in beachtlichen Grabtumuli zur Bestattung von Persönlichkeiten hohen Ranges, die in der benachbarten Siedlung gelebt hatten.

Die alten Stammesgemeinschaften sind also zerfallen, ohne daß es vorerst gelingt, sich in neuer Form zusammenzufinden. Die Stabilität der Siedlungen ist einerseits der Lohn dafür, daß man sich bei der neuen Siedlungsweise von der früheren Hirtentätigkeit und damit von dem Großteil der Herden getrennt hat, andererseits wird dadurch ein im Vergleich zu früheren Zeiten sehr viel höherer Ertrag der Ackerbautätigkeit vorausgesetzt. Von letzterem zeugt die sich gleichzeitig auffällig verstärkende Verbreitung von Arbeitsinstrumenten aus dauerhafter und widerstandsfähiger Bronze. Die auf diese Weise erreichte Akkumulation scheint erstmals in Statussymbole der ›Anführer‹ wie große Wohnstätten oder Gräber umgesetzt zu werden. Die Wohnstätten werden von nun an nicht mehr die gewaltige, langgestreckte Form wie die der Hütten von Luni sul Mignone aus der Bronzezeit haben (42 x 4 m; 30 x 4 m), sondern werden bescheidenere Dimensionen annehmen (höchstens 13 x 7 m wie in Tarquinii in der Eisenzeit) und geeignet sein, eine erweiterte Kernfamilie aufzunehmen. Dies ist ein Beleg für das Aufkommen eines neuen Stils gesellschaftlicher Arbeitsteilung. In dieser Phase also muß sich die Entwicklung der Gentilgesellschaft angebahnt haben, die auf dem sich ständig erweiternden Familienverband und dem privaten Grundeigentum beruhte, wie wir es in historischer Zeit kennen. Die Unsicherheit der Zeit, die durch die Lage und die Befestigung der Siedlungen bezeugt wird, findet ihre Erklärung gerade in diesem Prozeß der privaten Aneignung des Bodens, der in der späten Bronzezeit zwischen dem 12. und 11. Jahrhundert v. Chr. einsetzt. Hierin liegt auch der Grund für das Aufkommen einer kriegerischen Ideologie, deren Etablierung im 10. Jahrhundert vor allem in Latium daran abzulesen ist, daß Ausstattungen bronzener Miniaturwaffen als Beigaben für individuelle Gräber männlicher Erwachsener eingeführt wurden.

Zweifellos sind also in der Endphase der Bronzezeit die Wurzeln für die soziale und wirtschaftliche Entwicklung des folgenden Jahrtausends zu finden, aber die Verbreitung der Protovillanova-Zeugnisse ist zwischen Kalabrien und Venetien so groß, daß man darin zwar wesentliche, aber sehr heterogene Entwicklungskeime sehen sollte, die in mindestens zwei Jahrhunderten heranreifen müssen, um die Folgen der Veränderung wirklich sichtbar werden zu lassen.

4. Der Beginn der Eisenzeit

Die Dichte der Protovillanovakultur in der Toskana und in Latium beeindruckt vor allem im Gebiet des späteren südlichen Etrurien. Überall sonst auf der Halbinsel sind die Zeugnisse spärlicher gesät. Eine der Folgen dieser ungleichen Verteilung ist, daß das kulturelle Erbe der ausgehenden Bronzezeit und insbesondere der Protovillanovakultur vor allem im etruskischen Bereich aufgenommen und entwickelt wird. Der Vergleich mit dem angrenzenden Gebiet Latiums, das zwar eine der Protovillanovakultur entsprechende und von dieser stark beeinflußte, aber eben doch unterschiedliche kulturelle Entwicklung durchläuft, verdeutlicht dies. Ebenso bezeichnend erscheint das nur sporadische Auftreten wichtiger Zwischenerscheinungen der Protovillanovakultur in anderen Zonen, wie z.B. die ausgedehnten Urnenfelder von Pianello della Genga im Gebiet der Marchen oder von Timmari im Gebiet von Matera, ganz zu schweigen von der völlig isoliert dastehenden Nekropole von Milazzo auf Sizilien. Auf diese Zwischenspiele folgen eisenzeitliche Kulturen, die sich von der Protovillanovakultur völlig unterscheiden und denen der Ritus der Feuerbestattung gänzlich unbekannt ist. Im Gebiet

Etruriens hingegen werden die charakteristischsten Elemente der Protovillanovakultur von der Feuerbestattung bis zum Bronzehandwerk völlig kohärent aufgenommen und weiterentwickelt.

Zwischen dem 10. und dem 9. Jahrhundert v. Chr. ist auf der gesamten italischen Halbinsel eine äußerst bedeutsame Erscheinung zu beobachten: die Herausbildung lokaler Kulturen, die ziemlich genau die ethnische Unterteilung des antiken Italien in historischer Zeit vorwegnehmen. Am archäologischen Material der frühen Eisenzeit erkennt man deutlich viele Gebiete der *ethne* in historischer Zeit, wie das der Picenter, der Daunier, der Peuketier, der Enotrier, der Latiner. Einige wenige wie die umbro-sabellischen Volksstämme zeigen nur spärliche Belege oder sind tatsächlich kulturell wenig entwickelt. Die Wurzeln für deren geringe kulturelle Bedeutung, die sich in der historischen Zeit klar abzeichnet, reichen in die Endphase der Bronzezeit zurück, als sich die bereits angedeuteten qualitativen Veränderungen ergaben. All diese italischen Kulturen scheinen durch jeweils spezifische Charakteristika und vor allem einen jeweils abgegrenzten geographischen Bereich, innerhalb dessen sie sich entwickeln, gekennzeichnet.

Im Gesamtbild dieser nun hervortretenden lokalen Kulturen nimmt die Villanovakultur eine besondere Stellung ein. Wir finden diese Kultur im gesamten Gebiet des eigentlichen Etrurien fest verankert, mit der wichtigen Ausnahme des Treiatals, das von einer eigenen, wenngleich stark von der Villanovakultur beeinflußten Entwicklung bestimmt ist – ein Hinweis auf die künftige Existenz der Falisker, deren Sprache verwandt mit dem Latinischen ist. Nicht allein das eigentliche Etrurien zeigt diese einheitliche und verbreitete Präsenz der Villanovakultur, sondern auch die östliche Poebene um Bologna und Rimini sowie zwei Zonen Kampaniens, nämlich die Umgebung von Capua und das Gebiet zwischen dem Fluß Sele und dem Golf von Salerno, für die wiederum die Präsenz der Etrusker in historischer Zeit belegt ist.

Es soll nicht von neuem der Irrtum begangen werden, Kultur im archäologischen Sinne und *ethnos* miteinander gleichzusetzen. Beide sind Ausdruck einer tieferen historischen Wirklichkeit, nämlich der gesellschaftlichen Produktionsverhältnisse, innerhalb derer sich Herrschaft oft in einheitlicher kultureller, sprachlicher, religiöser und politischer Form manifestiert, obgleich sie doch verschiedene ethnische Elemente in sich vereint. Wir wollen vielmehr festhalten, daß der geographische

Bereich, in dem sich in historischer Zeit die Etruskerherrschaft etabliert, schon im 9. Jahrhundert v. Chr. definiert und kulturell einheitlich charakterisiert ist.

Unser Wissen gründet sich fast ausschließlich auf die Nekropolen, ausgedehnte Urnenfelder mit Bestattungen in Schachtgräbern, die in den Felsen getrieben oder ins Erdreich gegraben und teilweise durch Steinwände oder große Tongefäße gesichert sind. Die Gräber enthalten meist die sich oben und unten kegelförmig verjüngende Urne, die mit eingeritzten Mäandern, Metopen oder Linienbündeln dekoriert ist, den Urnendeckel in Form eines Helmes für männliche Bestattungen oder in Form einer Schüssel für Frauen und einige Kultgefäße und persönliche Gegenstände wie Fibeln, Rasiermesser, Broschen und Glasperlen. (Abb. 7). Die Dörfer scheinen aus Hütten verschiedener, aber stets maßvoller Größe und eher beschränkter Zahl zu bestehen, was im übrigen der geringeren Ausdehnung der ältesten Begräbnisplätze entspricht. Was auffällt, ist die Besiedlungsdichte des Landes: In den am besten erkundeten Gebieten beträgt die Entfernung der Siedlungen im allgemeinen fünf bis 15 Kilometer voneinander – eine Verteilung, die offenbar auf eine rationale Nutzung der landwirtschaftlichen Möglichkeiten abzielt. Wir kennen eine Reihe von Siedlungen auf gut zu verteidigenden Anhöhen, in der Nähe von Wasserläufen und ebenem Ackerland gelegen, doch gibt es auch Dörfer aus Pfahlbauten (Gran Carro am Lago di Bolsena) oder am Meer (z.B. Torre Valdaliga und La Frasca bei Civitavecchia).

Von der Siedlungsdichte und der weitgehend mit dem 9. Jahrhundert v. Chr. zusammenfallenden kulturellen Einheitlichkeit der ersten Phase der Villanova-Kultur läßt sich auf einen gewaltigen Kolonisationsprozeß schließen, der im 9. Jahrhundert v. Chr. beginnt und im kurzen Verlauf von nur zwei bis drei Generationen den oben beschriebenen Bereich von der Emilia bis Kampanien ausgefüllt haben muß. An einigen Orten sieht man sich deutlich ›nicht produktiven‹ Zwischenerscheinungen gegenüber, die in ganz unterschiedlicher kultureller Umgebung isoliert und

*

Abbildung 7: Typische Aschenurne der Villanovazeit mit Helmdeckel aus Vulci. An der Helmspitze befindet sich die Nachformung eines Hausdaches, was offensichtlich eine Reminiszenz an die Hausurnen ist, die in dieser Zeit zu den Attributen des Grabes einer herausragenden Persönlichkeit gehören. 1. Hälfte des 8. Jahrhunderts v. Chr. (Rom, Museum der Villa Giulia).

Abbildung 8: Bronzene Hüttenurne, vermutlich aus Vulci. Die Hütte ist detailgetreu wiedergegeben einschließlich der Tür, die man öffnen kann, der angedeuteten gekreuzten Querbalken sowie des Rauchfangs und der Dachbalken; die Gänseköpfe als Schmuck der Dachbalken und das alte Motiv des ›Sonnenschiffes‹ auf den Seitenwänden sind ein präziser Hinweis auf die religiöse Ideologie und den Grabkult. Mitte des 8. Jahrhunderts v. Chr. (Rom, Museum der Villa Giulia).

bar jeder historischen Kontinuität auftreten – z.B. die kleine Villanova-Nekropole bei Fermo in den Marchen, die in einem einheitlichen Gebiet picentischer Kultur geradezu untergeht (die nächsten Zeugnisse der Villanovakultur liegen über 150 km entfernt) und nach einer Blütezeit zwischen Ende des 9. und Mitte des 8. Jahrhunderts v. Chr. spurlos verschwindet. Auch die große Siedlung von Sala Consilina im fruchtbaren Tal des Tanagro im westlichen Lukanien zeigt zwar Villanovacharakteristika, aber das große Zentrum der Villanovakultur im Bereich von Salerno ist in diesem Fall fast 100 km entfernt; solche Siedlungen werden von den sie umgebenden stärkeren und geschlosseneren kulturellen Formationen überwältigt und schnell ›barbarisiert‹.

Diese weitausgreifende und extrem kolonisatorisch erscheinende Bewegung war gewiß weder zeitlich oder räumlich koordiniert, noch ging sie von einem einzigen Zentrum aus. Die Untersuchung der gebietsspezifischen Unterschiede in den ersten Phasen der Villanovakultur steckt erst in den Anfängen, und es ist heute noch nicht möglich, hieraus allgemeine Schlußfolgerungen zu ziehen. Dennoch geben einige schon seit langem bekannte Daten sehr wertvolle Hinweise.

Wir haben bereits weiter oben die typische, sich an beiden Enden konisch verjüngende Urne der Villanovazeit geschildet. Doch in einem bestimmten Gebiet treten neben diesen bikonischen Urnen auch solche in Form einer Hütte auf; sie finden sich im Bereich der lazialen Kultur, des südetruskischen Territoriums von Caere, Veii, Tarquinii und Vulci sowie vereinzelt weiter nördlich bis in die Gegend von Vetulonia (Abb. 8). Die Besonderheit dieser Urnenform weist zweifellos auf die privilegierte soziale Stellung des Bestatteten hin. Die Untersuchung A.M. Bietti Sestieris am Begräbnisplatz von Osteria dell'Osa in Latium (im Gebiet des antiken Gabii) zeigt, daß zumindest in der späteren Phase die Hausurne einem männlichen Verstorbenen zugeordnet werden kann, dem aufgrund seines Status als Krieger und Familienoberhaupt ein besonderer Grabkult zuteil wurde. In der großen Villanova-Nekropole von Pontecagnano bei Salerno enthält ein Grab von großer kultureller und gesellschaftlicher Bedeutung eine Urne in Hüttenform, die den Beispielen aus dem südlichen Etrurien und Latium völlig gleicht. Dieser vereinzelte Fund könnte ein wertvoller Hinweis auf den Ursprung der Villanovakultur im Gebiet von Salerno darstellen.

Hingegen scheinen viele kulturelle Elemente der Villanovakultur im Bereich von Capua für einen anderen Ursprung der dortigen Erscheinungen zu sprechen. Seit Beginn der ersten Ausgrabungen schon in den späten 50er Jahren wiesen die mit den Nekropolen von Capua befaßten Archäologen auf enge Verbindungen zwischen diesem Gebiet und dem Binnenland des südlichen Etrurien hin, die sich im Wechsel von der bikonischen Urne zu Krügen, in der Typologie der Keramik, den Bronzearbeiten und einigen Besonderheiten der Dekoration manifestieren. Es ist daher nicht unwahrscheinlich, daß das Gebiet um Salerno von der südetrurischen Küste aus »kolonisiert« wurde, während die Gegend von Capua in Abhängigkeit vom südetrurischen Binnenland stand.

Die immer exakter werdenden Untersuchungen der Grabausstattung und anderer Merkmale der Villanovakultur werden sicher ein genaueres Bild der regionalen Unterteilungen und der Beziehungen zwischen den einzelnen Gebieten des ausgedehnten Territoriums ›Großetrurien‹ erbringen und die näheren Umstände dieses uns heute als planmäßige Kolonisation erscheinenden Vorgangs aufdecken.

5. Die Geschichtsschreibung der Antike

Auch die antiken Quellen berichten neben der Erzählung von der Ankunft der Pelasger-Tyrrhener in heroischer Zeit von mythischen Kolonisationen innerhalb des Gebiets, das ich ›Großetrurien‹ genannt habe und das das eigentliche Etrurien und seine Ausläufer in der Poebene und in Kampanien umfaßt. Es handelt sich um mehrere fragmentarische Notizen unterschiedlicher Qualität, die meist von römischen, seltener von griechischen Autoren, zwischen der ersten Hälfte des 2. Jahrhunderts v. Chr. und der frühen Kaiserzeit gesammelt wurden. Hauptvertreter dieser Geschichtsschreibung sind Varro, ein Gelehrter mit schier unbegrenzten Interessen und Kenntnissen, sowie Verrius Flaccus, Lehrer und Enkel des Kaisers Augustus, der ein Werk mit dem Titel ›Etruscarum rerum libri‹ verfaßt hat. Seine im Vergleich mit anderen antiken Historikern besonders guten Kenntnisse der Etrusker scheinen aus dem Studium religions- und heimatgeschichtlicher Werke wie dem des Aulus Caecina aus Volaterrae zu stammen.

Im folgenden wollen wir, ohne Anspruch auf Vollständigkeit, versuchen, die Hauptlinien dieser verschiedenen Überlieferungen nachzuzeichnen.

Die Gründung der traditionellen zwölf Städte des etrurischen Kernlandes hielt man (Verr. Flacc. *Etr. rer.* Frg. 1 P; Strab. V, 2, 2) für das Werk des lydischen Prinzen Tarchon, nach dem Tarquinii benannt sein soll. Cortona wird auf die Gründer Korythos und Nanos-Odysseus zurückgeführt, Pisa auf Teutamis und Pelops, Falerii auf Halesos. Die hervorgehobene Stellung Tarquiniis zeigt sich vor allem im frühen Ruhm des Gründers Tarchon, der bereits bei Lykophron (*Alex.* V, 1240) erwähnt wird, und im Mythos von der Begründung des Haruspizium, der Eingeweideschau an Opfertieren, durch den Götterknaben Tages.

Ein anderer Überlieferungsstrang (Scholien zu Vergil bei Serv. *Aen.* X, 198) schreibt die Gründung von Bologna und Mantua dem Ocnus zu, Sohn des Aulestes, des Königs von Perusia. Für das kampanische Etrurien gibt es wesentlich weniger zusammenhängende Quellen als für den Bereich der Poebene. Dies läßt sich damit erklären, daß die Etruskerherrschaft in der Poebene länger andauerte als in Kampanien und daß die mythischen und historischen Traditionen der Etrusker für die Kultur der römischen Gallia Cisalpina von so großer Bedeutung waren. So hebt etwa Vergil, der für sich selbst etruskische Herkunft beanspruchte (*vita Verg.* 5, 22), diese mythische Tradition besonders hervor, und Livius scheint sehr gut über die etruskische Herrschaft in der Poebene informiert gewesen zu sein, wie seine Berichte über den Zwölfstädtebund der Poebene und den etruskischen Ursprung der Räter (V, 33) zeigen.

Unsere Kenntnisse über die Anfänge des etruskischen Kampanien sind äußerst lückenhaft. Die meisten Zeugnisse beziehen sich auf Capua, die wichtigste etruskische *polis* dieser Region. Der etruskische Name der Stadt lautete nach Livius (IV, 37, 1) Volturnum wie der des nahen Flusses; er entsprach so vielleicht auch dem etruskischen Namen des Tiber, der nach dem Fragment der Grabinschrift des Tarquiniers Aulus Spurinna auch der Name einer Stadt des etruskischen Kernlandes gewesen zu sein scheint. Der Name Capua, den man schon bei Hekataios (*ap.* Steph. Byz.) findet, soll sich hingegen von einem trojanischen Helden Capys herleiten, was in etruskischer Sprache ›Falke‹ bedeuten soll (Serv. *Aen.* X, 145; Paul. Fest. p. 38 L). Cato setzte die Gründung der Stadt auf das Jahr 470 v. Chr. fest, doch Velleius Paterculus (I, 7) weist das Datum als unmöglich zurück. Von großem Interesse sind die Angaben über die Herkunft der Etrusker Kampaniens: Verrius Flaccus (*epit. Fest.* p. 464 L) berichtet, im etruskischen Kampanien habe es ein *campus Stellatis* gegeben, das genauso geheißen habe wie ein Gebiet bei Capena, und von diesem letzteren *campus Stellatis* aus seien die Etrusker nach Kampanien aufgebrochen. Cato wiederum berichtet (Frg. 48 P), Capena sei als Kolonie Veiis von dem veiischen König Propertius gegründet worden. Zudem könnte man eine sprachliche Verwandtschaft zwischen »Capua« und »Capena« vermuten.

Das Gebiet von Tarquinii scheint das Zentrum der mythischen Ausbreitung zu sein, die sich zunächst auf das eigentliche Etrurien und später – Livius (V, 33, 9) spricht eindeutig von dieser zeitlichen Abfolge – auf die Poebene richtet. Die etruskische Kolonisation Kampaniens hingegen ist Folge einer Ausbreitungsbewegung, die vom Inneren Etruriens ausgeht, wobei vermutlich Veii eine zentrale Rolle spielt. Doch die Quellen deuten auch unterschiedliche Ausgangspunkte und vor allem mehrere ›Wellen‹ der Expansion an, wodurch vielleicht Catos außerordentlich späte Datierung der Gründung Capuas und die doppelte Namensgebung der kampanischen Hauptstadt (Volturnum–Capua) erklärbar wird.

Die Angaben der literarischen Überlieferung zeigen erstaunliche Übereinstimmungen mit den archäologischen Befunden. Die Vorrangstellung des Gebiets von Tarquinii manifestiert sich zum einen in den bedeutenden Zeugnissen der Protovillanovakultur in den Tolfabergen (man denke etwa an die mykenischen Belege, an das gewaltige Gebäude in Luni sul Mignone oder die ausgedehnten Siedlungen und Nekropolen im Gebiet von Tolfa); zum anderen im Reichtum und einheitlichen Charakter der ältesten Villanovakultur in Tarquinii. Die historische Tragweite dieser formativen Phase im Bereich von Tarquinii zwischen ausgehender Bronzezeit und beginnender Eisenzeit wird auf der mythischen Ebene von Tarchon verkörpert, dem Gründer der Stadt und Kolonisten des Kernlandes Etrurien und der etruskischen Poebene. Aus dieser von Tarquinii ausgehenden Expansionsbewegung erklärt sich die frühe Existenz einer einheitlichen und eng mit den Formen des etrurischen Kernlandes verbundenen Villanovakultur in Bologna, wo die meisten etruskischen Zeugnisse in der Poebene zu finden sind, sowie in Rimini (Verucchio). Aber auch diese dichtbesiedelte Zone wurde auf Grund bestimmter sozioökonomischer und kultureller Gesetzmäßigkeiten innerhalb von wenigen Generationen barbarisiert, wie am Beispiel von Sala Consilina schon zu sehen war. Zwar wurde das recht unvermittelte Auftreten einer etruskisch anmutenden Zivilisation in der Poebene im Laufe des 6. Jahrhunderts v. Chr. bisher beharrlich als ›erste Einwanderung‹ von Etruskern in diesen Bereich interpretiert, wobei als Beweise die Gründung der großen etruskischen Stadt bei Marzabotto Ende des 6. Jahrhunderts v. Chr. und die gleichzeitige Übernahme eines Stelentypus, der auf die Gegend von Volterra und Fiesole zurückweist, herangezogen wurden. Doch sollte man dieses augenfällige Zusammentreffen wohl besser damit erklären, daß sich hier zwei völlig verschiedene Prozesse überschneiden. Einerseits ist das interne wirtschaftliche Wachstum der Gegend um Bologna zwischen dem 7. und 6. Jahrhundert v. Chr. (im starken Gegensatz zum Niedergang und der endgültigen ›Barbarisierung‹ des Gebiets von Rimini) wirksam, andererseits macht sich der neue Einfluß des Kernlandes Etrurien bemerkbar, eine ›zweite Kolonisation‹, die sich auf Bologna, Marzabotto und Spina konzentriert. Hierauf könnte man vielleicht den Mythos von der Gründung Bolognas durch den Heroen Ocnus beziehen; Ocnus stammt bezeichnenderweise aus Perusia, also aus jener östlichen Spitze des eigentlichen Etrurien, die in steter und enger Beziehung mit Volaterrae steht, von dem wiederum die kulturelle Prägung dieser erneuten etruskischen Einflußnahme auf die Poebene ausgeht. Die kürzlich von G. Colonna in Bologna entdeckte etruskische Inschrift auf einer Vase aus der Zeit von Villanova IV, d.h. aus der Mitte des 7. Jahrhunderts v. Chr., weist deutlich auf einen kontinuierlichen Zusammenhang mit den Phasen Villanova I, II und III der vorangehenden zwei Jahrhunderte hin. Dieser Befund bestätigt die Vermutung, daß auch die ›erste Kolonisation‹ der Poebene, also jene in der Zeit der Villanovakultur, mit der wir uns hier wohlgemerkt beschäftigen, von etruskischen Bevölkerungsgruppen getragen wurde.

Die Kolonisation Kampaniens muß regional differenziert betrachtet werden. Betroffene Gebiete sind die fruchtbare Ebene des Volturno um Capua, das Küstengebiet zwischen Sorrent und dem Fluß Sele (Plin. *N.H.* III, 70) mit dem Zentrum Pontecagnano und das Tanagrotal um Sala Consilina. Von letzterem mit den wichtigen Belegen von Capodifiume (Roccadaspide) war schon die Rede: Sehr bald wurden hier die Einflüsse der Kolonisation von der dominanten Kultur der Enotrier überdeckt und haben schließlich keine historischen Spuren hinterlassen. Die Villanovakultur von Pontecagnano scheint ein genaues Vorbild im südetrurischen Küstenbereich zu haben und bewahrt sich lange Zeit gewisse Merkmale der ursprünglichen Kultur wie die bikonischen Urnen mit Helmen oder Schüsseln als Deckel und die Typologie der Bronzearbeiten (und zwar bis in historische Zeit, wie die dann übernommene Form des südetruskischen Alphabets zeigt), ohne dem bald einsetzenden und stetigen Druck der nicht-villanovianischen Umgebung nachzugeben. Vermutlich bestand aufgrund der Küstenlage ständiger Kontakt mit den seefahrenden Etruskern sowie mit den griechischen Kolonien und Kaufleuten. Nach den Einfällen und den Kriegen des 5. und 4. Jahrhunderts v. Chr. war dieser Landstrich so entvölkert, daß Rom dort 268

v. Chr. die Picenter ansiedeln konnte, nach denen die Region *ager Picentinus* genannt wurde. An die frühere etruskische Zeit erinnerte bald nichts mehr. Nur für das nördliche Kampanien und Capua ist das etruskische Eindringen noch nachvollziehbar. Ein eindeutiger Überlieferungsstrang verbindet die dortigen Etrusker mit dem Bereich des Tiber, genauer noch mit der Gegend von Capena, das zwar eine Kolonie Veiis ist, aber kulturell sowohl an das faliskische Territorium als auch an das etruskische Kerngebiet von Volsinii gebunden ist. Die bereits erwähnten Merkmale der Villanovakultur in Capua und die enge Verbindung zur Kultur des südlichen etruskischen Kernlandes bestätigen die Authentizität dieser Überlieferung. Aber auch andere Umstände weisen auf dieselbe Gegend zurück: Der Name der kampanischen Etruskerstadt Velsu ist dem etruskischen Namen Volsiniis verwandt; es bestehen Beziehungen zwischen der Figur des faliskischen Heroen Halesos und der des Veiierkönigs Morrius (Serv. *Aen.* VIII, 285); die Bezeichnung Falerii ist wahrscheinlich von *ager Falernus* angeleitet; und schließlich führt in Vergils Schilderung der Verbündeten des Turnus der Heros von Falerii das Kommando gerade über die Truppen, die aus dem nördlichen Kampanien kommen (Serv. *Aen.* VII, 723 ff). Jedoch könnten die von Cato berichtete Gründung Capuas und die Doppelbezeichnung der Stadt an eine ›zweite Kolonisation‹ denken lassen, die vielleicht von demselben Gebiet ausging; andernfalls müßte man annehmen, daß damit auf die Aufnahme von Kampanern sabellischer Abstammung in die Bürgerschaft von Capua angespielt wird, was, wie wir sehen werden, den Anfang vom Ende der Etruskerherrschaft in diesem Gebiet bedeuten sollte.

Aus diesen sehr summarischen Hinweisen läßt sich die Kompliziertheit der Verhältnisse ahnen. Die Villanovakultur birgt in ihren kolonisatorischen Aspekten einen etruskischen »Keim«, der sich in historischer Zeit klar entwickelt. Diese Ausbreitung geht nicht von einer zentralen Ausgangsbasis aus, auch wenn das prähistorische Kerngebiet im südetruskischen Bereich liegt, der bereits in der ausgehenden Bronzezeit wirtschaftlich und kulturell bedeutsam ist. Ebensowenig kann man von einem einheitlichen Ausgang der Entwicklungsprozesse sprechen. Im eigentlichen Etrurien und im etruskischen Bereich der Poebene und Kampaniens breitet sich die Villanovakultur in Gebiete fruchtbaren Akkerlandes aus: Bedeutende Ansiedlungen finden sich in der *Campania felix* oder in dem am leichtesten zugänglichen und fruchtbarsten Teil der Poebene sowie in entlegeneren Gebieten wie dem Tal des Tanagro. Hunger nach Land scheint also die hauptsächliche Triebkraft dieser Bewegung gewesen zu sein. Doch liegt ihnen auch die Absicht zugrunde, sich den großen, schon in der Bronzezeit etablierten Verkehrswegen zwischen dem Podelta und südlichen Häfen anzunähern.

Diese Betrachtungen führen uns zu dem zurück, was im vorangegangenen Kapitel über die Grundlagen der etruskischen Wirtschaft gesagt wurde. Die moderne Geschichtsschreibung wollte einmal die Landwirtschaft, ein andermal den Handel als bestimmenden Faktor für das Schicksal der etruskischen Zivilisation herausstellen. In Wahrheit besteht, wie wir gesehen haben, zwischen diesen beiden wirtschaftlichen Aktivitäten seit ältester Zeit nur ein scheinbarer Gegensatz. Sie haben sich allmählich völlig miteinander verflochten und bedingen sich gegenseitig. Sie abstrakt und getrennt voneinander zu betrachten, würde bedeuten, ganze Teile der literarischen Überlieferung zu ignorieren oder historische Phänomene von größter Wichtigkeit wie die gerade erörterte Frage der Ausbreitung der Villanovakultur falsch auszulegen.

Kapitel III

Die Expansion

1. Soziale Unterschiede und wirtschaftliche Grundlagen der Gesellschaft

Die Villanovakultur zeigt in ihrer frühen Phase, also während des 9. Jahrhunderts v. Chr., eine starke und weitausgreifende Bewegung kolonisatorischer Art. Auch auf die in der ausgehenden Bronzezeit einsetzende ökonomische Veränderung wurde bereits hingewiesen. Erkennbar ist eine klare Trennung der wirtschaftlichen Aktivitäten: einerseits der Ackerbau als Lebensgrundlage der seßhaften Kulturen in der Ebene und im Hügelland, andererseits Viehzucht und Viehtrieb, der auf die Berge zurückgedrängt wird und sozioökonomisch von zweitrangiger Bedeutung ist. Ein weiterer Keim der Veränderung liegt in der Privatisierung des grundlegenden Produktionsmittels, des Bodens.

Diese neue wirtschaftliche Realität, die im Zusammenhang der Villanovakultur noch deutlicher hervortritt, setzt entsprechende soziale Verhältnisse voraus: Die Basiseinheit der Gesellschaft ist nunmehr die erweiterte Kernfamilie, in der der *paterfamilias* Oberhaupt einer patriarchalisch organisierten gesellschaftlichen Gruppe mittlerer Größe ist und zugleich Krieger sowie Priester der Familienkulte, die den ideologischen Zusammenhalt garantieren. Das Dorf stellt den Zusammenschluß einiger weniger solcher Basiseinheiten dar, oft besteht es vielleicht nur aus einer solchen Einheit. Aber wie wir sehen werden, zeigen einige Zonen eine stärkere Bevölkerungskonzentration als andere, und diese Erscheinung ist von großer Bedeutung für die Herausbildung städtischer Strukturen.

Während die frühen Zeugnisse der Villanovakultur noch kulturelle Einheitlichkeit und im sozialen Bereich geringe Differenzierung erkennen ließen, hat sich gegen Ende des 9. und zu Beginn des 8. Jahrhunderts v. Chr. die Situation anscheinend bereits wesentlich verändert. Nicht allein zwischen den Kulturen der Halbinsel ergeben sich Abstufungen, die die Unterschiede zwischen der Villanovakultur mit ihrem starken wirtschaftlichen Aufschwung und den weniger prosperierenden Zonen klar hervortreten lassen, sondern auch innerhalb des Gebiets der Villanovakultur selbst beginnen sich Unterschiede herauszubilden, die im Laufe der Zeit immer größer und deutlicher werden.

Diese Unterschiede lassen sich allein an dem in Gräbern gefundenen archäologischen Material und an der Typologie der Bestattungen ablesen. Leider stellen die Nekropolen fast unsere einzige Informationsquelle dar, auch wenn die sehr wenigen archäologischen Daten aus den Wohnbereichen eine Kontinuität der Hüttenformen zwischen dem 9. und dem beginnenden 8. Jahrhundert v. Ch. andeuten. Um Sinn und vor allem Grenzen dieser Kontinuität auszuloten, wären weitere Ausgrabungen der Wohnbereiche wünschenswert. Es ist nämlich sehr wahrscheinlich, daß der qualitative Sprung, der an der materiellen Ausstattung und Gestaltung der Gräber sichtbar wird, eine Entsprechung findet in der Vergrößerung der Dörfer, in steigender Produktion von Gebrauchskeramik und anderen Verbesserungen der Lebensqualität. Wenn wir auch neue Forschungen abwarten müssen, um diese möglichen Veränderungen im Bereich des täglichen Lebens zu verifizieren, so reichen die aus den Nekropolen gewonnenen Daten doch bereits dazu aus, ein Bild der sich vollziehenden wirtschaftlichen und sozialen Veränderungen zu skizzieren.

Dabei zeigen sich große Unterschiede zwischen den verschiedenen Zonen ›Großetruriens‹, nämlich dem südetruskischen Gebiet der späteren Städte Veii, Caere, Tarquinii und Vulci mit dem faliskischen ›Anhängsel‹, einem Bereich im Norden zwischen Tiber und Arno sowie jeweils einer Zone in der Poebene und in Kampanien. Das südetruskische und das kampanische Gebiet scheinen die am weitesten entwickelten zu sein, was sich an der reichen Ausstattung der Gräber mit persönlichen Schmuckgegenständen, Bronzewaffen und Gefäßen ablesen läßt. Außerdem verändert sich in Südetrurien die Bestattungsweise von der Feuerbestattung (bis ungefähr 780 v. Chr.) nach einer Übergangsperiode mit gemischter Praxis (zwischen 780 und 740 v. Chr.) zur reinen Erdbestattung (von 740 v. Chr. an). Die zentralen und nördlichen Gebiete sowie die Ausläufer in der Poebene weisen spärlicheres und weniger reiches

Fundmaterial auf, was auf geringere kulturelle Vitalität schließen läßt, und halten an der Feuerbestattung fest, die hier im allgemeinen bis in die frühgeschichtliche Phase nachweisbar ist.

Die kulturellen Unterschiede dieser vier geographischen Bereiche wiederholen ziemlich genau die Unterteilung, die wir anhand der verschiedenen Typen der Agrarlandschaft festgestellt haben. Die abweichenden Grundbedingungen haben zweifellos das Hervortreten dieser Unterschiede begünstigt, doch neben der ökonomischen Basis müssen wir noch andere Faktoren in Rechnung stellen, wie etwa die Nähe der stärker entwickelten Zonen zu den ältesten Zentren des Warenaustauschs oder die Herausbildung komplexer Formen handwerklicher Produktion. Auf diese Themen werden wir später noch zurückkommen.

2. Die Entstehung der Aristokratie

Im 8. Jahrhundert v. Chr. kommt es nicht nur zu regional unterschiedlichen Entwicklungen innerhalb der Villanovakultur, sondern es vollzieht sich auch ein Prozeß der sozioökonomischen und kulturellen Differenzierung in der scheinbar einheitlichen und egalitären Gesellschaft der frühen Villanovazeit. Die Villanovagräber, die im 9. Jahrhundert v. Chr. mit quantitativer und qualitativer Bescheidenheit ausgestattet sind, zeigen in den ersten Jahrzehnten des 8. Jahrhunderts v. Chr. eine allmähliche Zunahme an Beigaben bei einigen Gräbern im Vergleich zu den anderen und spiegeln damit die Entwicklung des sozialen Gefüges wider. Man kann, mit anderen Worten, die Geburt der etruskischen Aristokratie auf diese Zeit datieren. Es ist natürlich schwer zu beurteilen, inwieweit die ›egalitäre‹ Struktur des vorangehenden Jahrhunderts tatsächlich Ausdruck undifferenzierter sozialer Verhältnisse ist oder ob sich nicht vielmehr eine ideologische Absicht dahinter verbirgt, die allen Mitgliedern der Gesellschaft im Tode den gleichen Status zuschreibt, auch wenn sie unter verschiedenen wirtschaftlichen und sozialen Bedingungen gelebt haben. Unsere Belege scheinen eher für die erstere Annahme zu sprechen, was auch mit der langsamen Akkumulation von Reichtum in primitiven Gesellschaften in Einklang stehen würde. Denn wenn der Privatbesitz und das Privateigentum an Grund und Boden Erscheinun-

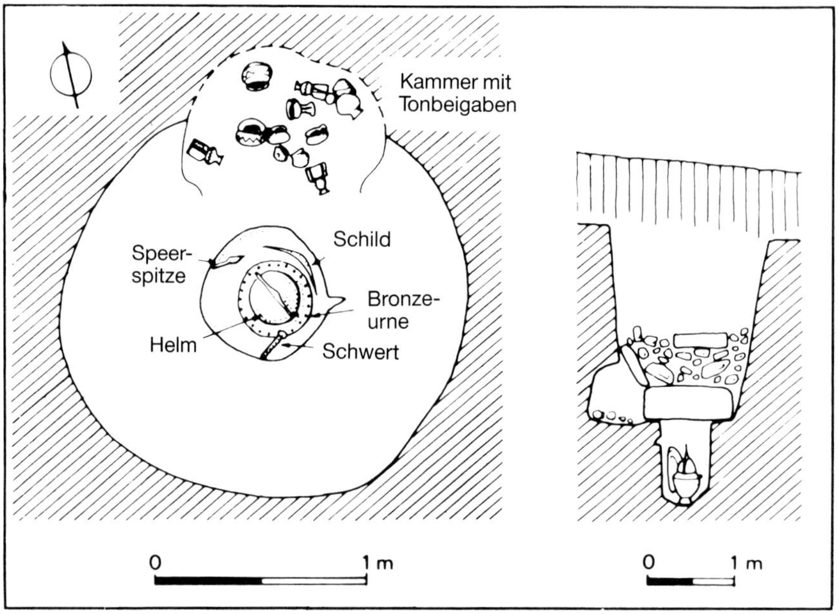

Abbildung 9: Grundriß und Querschnitt des Pozzo-Grabes AA1 aus der Nekropole von Quattro Fontanili in Veii. Der Schacht (ital. *pozzo*), der (mit schrägen Wänden) tief in den Tuffstein getrieben ist, besaß zwei kleine Kammern, die von großen Decksteinen und Füllmaterial verschlossen war. Bei ersterer handelt es sich um eine regelrechte Grabnische auf der Nordseite, die ein Dutzend Tongefäße enthielt (eine Schale, acht kleine Töpfe, vier ›Wärmgefäße‹ und vier Schöpfgefäße). Die zweite Kammer befand sich am Boden des Schachts, und dort war die bronzene Aschenurne beigesetzt; neben der mit einem Bronzehelm bedeckten Urne fanden sich ein bronzener Rundschild, ein Eisenschwert, eine verzierte Axt und eine bronzene Speerspitze; in der Urne waren zwei Pferdetrensen, ein Rasiermesser, eine bronzene Armspange, geschwungene Fibeln aus Bronze und Eisen sowie ein ägyptischer Skarabäus. Andere persönliche Gegenstände befanden sich auf dem Boden des Schachts. Mitte des 8. Jahrhunderts v. Chr.
(aus Potter; Rom, Museum der Villa Giulia).

gen sind, die bis in das 11. Jahrhundert v. Chr. zurückreichen, so sind die Möglichkeiten der Anhäufung von Reichtum über die im wesentlichen noch primitive Landwirtschaft der ausgehenden Bronze- und der beginnenden Eisenzeit mit ihren im Rahmen der Familienstrukturen geringen Möglichkeiten der Kooperation noch einigermaßen begrenzt. Daher scheint es nicht erstaunlich, wenn noch mindestens zwei Jahrhunderte vergehen müssen, um die soziale Differenzierung und entsprechende Zurschaustellung des Reichtums zu ermöglichen.

Diese Entwicklung der wirtschaftlichen Ungleichgewichte verlang-

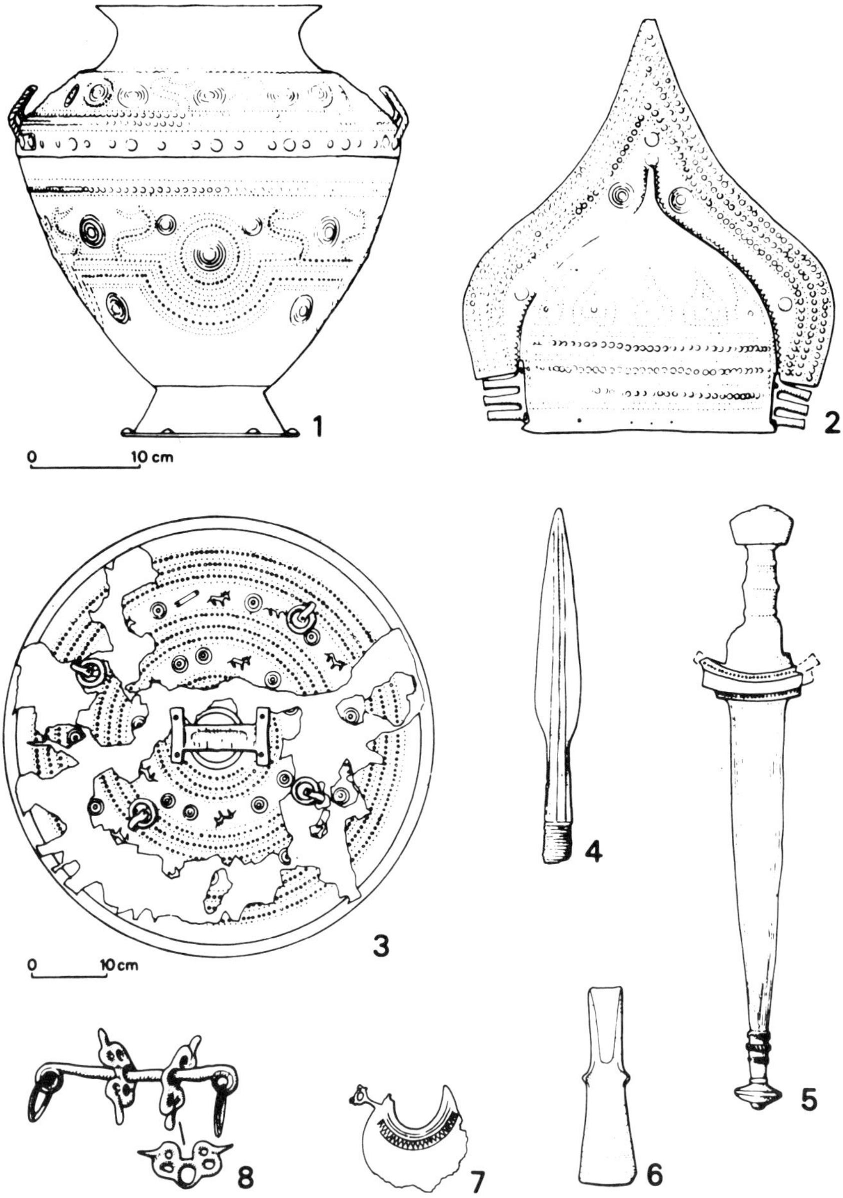

Abbildung 10: Die Aschenurne (1), der Helm (2), der Schild (3), die Speerspitze (4), das Schwert (5), die Axt (6), das Rasiermesser (7) und eine Pferdetrense (8) aus dem Grab AA1 der Nekropole von Quattro Fontanili in Veii (aus Potter).

samt sich nicht, als zu Beginn des 8. Jahrhunderts v. Chr. die Differenzierung einen ersten, schwachen Ausdruck findet, sondern sie setzt sich selbstverständlich im gesamten Verlauf des Jahrhunderts und darüberhinaus fort. Zunächst ist eine Zunahme der Keramik festzustellen, die jetzt nicht mehr in Miniaturform, sondern in Originalgröße beigegeben wird; danach nehmen die metallenen Fundstücke zu – persönliche Schmuckstücke und Bronzegefäße –, bis schließlich um die Mitte des Jahrhunderts die Zahl der Beigaben gewaltigen Umfang annimmt und bisweilen 50 Objekte in einem Grab zu finden sind. Die Importwaren beschränken sich anfangs zumeist auf griechische geometrische Schalen aus euböischer Poduktion, doch in der Folgezeit nehmen die importierten Objekte stetig zu und umfassen auch persönliche Schmuckgegenstände östlicher Provenienz wie die Skarabäen oder Fayenceanhänger aus ägyptischer oder ägyptisierender Produktion, die auf die orientalisierenden Perioden am Ausgang des 8. und während des 7. Jahrhunderts v. Chr. vorausdeuten. Die quantitative Entwicklung entspricht der qualitativen: Die Gräber mit zahlreichen Beigaben sind auch die, in denen sich die kostbaren Keramik- oder Metallobjekte finden (Abb. 9 und 10).

Im südlichen Etrurien prägt sich das Phänomen zunehmend aus und scheint vor allem im Verlauf der ersten Hälfte des 7. Jahrhunderts v. Chr. stetig fortzuschreiten. In der frühesten Phase von Villanova I, die ungefähr mit dem 9. Jahrhundert v. Chr. zusammenfällt, sind die am weitesten fortgeschrittenen Zonen zweifellos die von Tarquinii und Veii, wo sich die Villanovakultur von besonderer Üppigkeit und Einheitlichkeit zeigt. Es ist kein Zufall, daß die bereits erwähnte Überlieferung gerade diesen beiden Zonen eine wichtige Rolle bei der Kolonisation des eigentlichen Etrurien und der etruskischen Gebiete der Poebene und Kampaniens zuspricht. Unter den Zentren im Süden spielt Caere eine deutlich untergeordnete Rolle und steht damit im Gegensatz zu Vulci, bei dem man die ersten Anzeichen für eine bald klar erkennbare Blüte feststellen kann. Die entsprechenden Zeugnisse für Volsinii (Orvieto) sind indes außerordentlich spärlich und wenig aussagekräftig.

Die nachfolgende Phase Villanova II, die ungefähr mit den ersten sechs bis acht Jahrzehnten des 8. Jahrhunderts v. Chr. zusammenfällt, zeigt deutlich den Aufstieg von Vulci, in dessen Gebiet die Nekropolen reicher werden (aus Pescia Romana bei Vulci stammt eine der bemerkenswertesten aus Griechenland importierten geometrischen Vasen) und das Metallhandwerk raffinierter. Veii und Tarquinii behalten ihre

Vorrangstellung, und Caere bleibt weiterhin vergleichsweise zurück, bis die orientalisierende Periode einsetzt und eine allgemeine Umstellung erfolgt. Vom Ende des 8. Jahrhunderts v. Chr. an ist es nämlich Caere, das im südlichen Bereich eine Vorrangstellung entwickelt. Innerhalb der villanovianischen ›Provinz‹ bilden sich neue Zonen des Aufstiegs heraus: Im späten 8. und im 7. Jahrhundert v. Chr. dominiert im südlichen Küstengebiet Vetulonia mit seinen materialreichen kreisförmigen Begräbnisplätzen, während im Landesinneren die ersten Anzeichen der künftigen Metropolen Volsinii und Clusium (Chiusi) zu entdecken sind.

3. Die soziale Gliederung

Der Zerfall der ursprünglichen Einheitlichkeit der Villanovakultur führt nicht nur zu der erwähnten Aufsplitterung der früheren stammesmäßigen Einheit und der regionalen Differenzierung des Entwicklungsniveaus, sondern er ist auch von einem entsprechenden sozioökonomischen Differenzierungsprozeß begleitet. Wie vorher schon bemerkt wurde, stehen beide Prozesse in engem Zusammenhang mit den verschiedenen wirtschaftlichen Möglichkeiten der einzelnen Zonen und innerhalb derer mit der wahrscheinlich unterschiedlichen Ausdehnung und Fruchtbarkeit des Bodenanteils der einzelnen Gruppen oder Familien.

Die Daten der Nekropole von Quattro Fontanili in Veii, die als einzige Begräbnisstätte der Villanovakultur nach modernen Kriterien ausgegraben wurde, tragen – auch wenn sie nicht vollständig ausgewertet sind – zum Verständnis dieser Entwicklung einiges bei. In den ersten Jahrzehnten des 8. Jahrhunderts v. Chr. sind die besonders reich ausgestatteten Gräber seltener als in der darauffolgenden Phase und können etwa 15 Einzelpersonen zugeordnet werden, die als Krieger oder als Frauen von Rang erkennbar werden. Man hat also den Eindruck, daß zumindest zu Beginn die Hervorhebung durch reiche Grabbeigaben einen Status von Kontrolle und Befehlsgewalt bezeichnet und daß die solcherart bestatteten Persönlichkeiten innerhalb einer Gruppe als ›Oberhaupt‹, als Paterfamilias (und Materfamilias) anerkannt waren. Bezeichnend sind in diesem Zusammenhang die vielen schlichteren Bestattungen in Urnen mit Helmdeckel, die weiterhin den Mann und Krieger anzeigen. Der Reichtum der Gemeinschaft konzentriert sich also tendenziell in Händen des Paterfamilias und seiner Frau, die das offen zur Schau stellen.

Die Kohärenz der Struktur wird durch die Einförmigkeit der Bestattungen bestätigt, die am ehesten noch eine Differenzierung nach Altersklassen erkennen läßt. Die grundsätzliche Arbeitsteilung der Geschlechter indes – den Männern sind der Krieg und die Beziehungen nach außen vorbehalten, den Frauen die häuslichen Arbeiten – wird durch die Grabbeigaben stets betont: Waffen für die Männer, Spindeln und Spulen für die Frauen. Mit anderen Worten wird die »Egalität«, obwohl sie im Grunde durch wirtschaftliche Ungleichheit bereits durchbrochen ist, ideologisch aufrechterhalten: Die Realität der Klassengesellschaft tritt nur zögernd zutage.

Kurze Zeit später jedoch, um die Mitte des Jahrhunderts, stellt sich der Gegensatz Armut–Reichtum nicht mehr als Polarität dar, sondern es zeigen sich differenzierte Verhältnisse, innerhalb derer Abstufungen des Reichtums und damit eine komplexe Klasseneinteilung zum Ausdruck kommen. Das hatte sich im übrigen schon in dem gewaltigen Bevölkerungswachstum angedeutet, auf das die zeitliche Bestimmung und die horizontale Stratigraphie der Funde in der Nekropole von Quattro Fontanili für das 8. Jahrhundert hinweisen. Nach einer ungefähren Hochrechnung beträgt die Zahl der Feuerbestattungen (für den Zeitraum ungefähr eines Jahrhunderts) im gesamten Bereich der Nekropole nur etwa ein Siebtel der Erdbestattungen (für den Zeitraum von ungefähr 60 Jahren). Daß läßt darauf schließen, daß das Bevölkerungswachstum nicht allein Folge einer ›demographischen Explosion‹ ist, wie es oft heißt, sondern daß der Zuwachs ebenso durch die vermutlich in Form wirtschaftlicher und sozialer Unterordnung vollzogene Eingliederung größerer Personengruppen zu erklären ist, die ursprünglich außerhalb der in der Nekropole bestatteten Gemeinschaft gestanden hatten.

Dieses Phänomen, auf das wir im folgenden ausführlicher zurückkommen werden, ist der augenfälligste Aspekt des Entstehungsprozesses von Klassenstrukturen, aber es ist nicht der einzige. Er wird von einem raschen und unaufhaltsamen Fortschreiten der Arbeitsteilung innerhalb der Villanovakultur begleitet. Zweifellos waren einige Produktionszweige seit ältester Zeit dem häuslichen Bereich entwachsen. Dabei steht die Metallgewinnung und -verarbeitung an erster Stelle und ist archäologisch in diesem Sinne nachweisbar, doch tendiert sie dahin, sich auf geographisch immer kleinere Gebiete zu konzentrieren (im Vergleich zu den sehr großen, einheitlichen Verbreitungsgebieten der Bronze- und frühen Eisenzeit) und zeigt so einen Anstieg der Nachfrage an.

Um die Mitte des 8. Jahrhunderts v. Chr. zeigt sich zunächst im südlichen Etrurien, im angrenzenden Gebiet Latiums, im kampanischen Etrurien und später nach und nach im übrigen Etrurien noch eine weitere unabhängige handwerkliche Aktivität, nämlich die Keramikproduktion mit Hilfe der Töpferscheibe und die Herstellung von Tongefäßen durch griechische oder von Griechen ausgebildete Töpfer. Über andere unabhängige handwerkliche Produktionszweige existieren keine archäologischen Belege, da sie vergänglicheres Material verarbeiten. Doch ist anzunehmen, daß in dieser Zeit auch die Anfänge anderer professioneller Aktivitäten liegen, die wir im 7. und 6. Jahrhundert v. Chr. in unabhängiger Organisationsform vorfinden. Man denke z.B. an die Gerber, die Tischler oder die Musikanten, deren korporative Vereine im archaischen Rom anzutreffen sind.

Die Herausbildung der Klassen wird also nicht allein von den unterschiedlichen ökologischen und ökonomischen Bedingungen beeinflußt, sondern auch von der Größe der Gemeinschaften und der Arbeitsteilung, die Ursache und Wirkung der Produktion neuer Güter und Dienstleistungen ist. Diese werden nicht mehr innerhalb der Gruppe hervorgebracht, sondern an Personen oder Gruppen delegiert, die ständig (sofern dies in einer präkapitalistischen Gesellschaft möglich ist) in dieser Produktion beschäftigt sind.

4. Soziale und militärische Organisation

»Die Schwierigkeiten, die das Gemeindewesen trifft, können nur von anderen Gemeindewesen herrühren, die entweder den Grund und Boden schon okkupiert haben, oder die Gemeinde in ihrer Okkupation beunruhigen. Der Krieg ist daher die große Gesamtaufgabe, die große gemeinschaftliche Arbeit, die erheischt ist, sei es um die objektiven Bedingungen des lebendigen Daseins zu okkupieren, sei es um die Okkupation derselben zu beschützen und zu verewigen. Die aus Familien bestehende Gemeinde ist daher zunächst kriegerisch organisiert – als Kriegs- und Heerwesen, und dies ist eine der Bedingungen ihres Daseins als Eigentümerin.« Diese Sätze, die Karl Marx in seinem handschriftlichen Rohentwurf ›Grundrisse der Kritik der politischen Ökonomie‹ (Berlin 1953, 378) notiert hat, erläutern vielleicht am besten die kriegerische Ideologie, die in den Gräbern der ersten Villanovazeit zum Ausdruck kommt.

Der Krieg als große gesellschaftliche Aufgabe dieser dörflichen Gemeinschaften führte zweifellos zur Eroberung von Land und zur Unterwerfung benachbarter Gruppen. Das ist anhand zweier zusammenhängender Befunde klar erkennbar: das frühzeitige, schon in der ersten Phase der Villanovakultur feststellbare Hervorragen einiger Zentren über andere und der langsame Rückgang der verstreuten Siedlungsweise zwischen erster und zweiter Phase der Villanovakultur zugunsten des Anwachsens der schon zu Beginn der Eisenzeit hervorgetretenen Zentren. Wie soll man dieses Doppelphänomen nun in historischer und sozialer Hinsicht interpretieren, wie einen Zusammenhang herstellen zu jener ›Geburt‹ der etruskischen Aristokratie, von der vorher die Rede war?

Die moderne Geschichtsforschung, die sich mit den Ursprüngen Roms beschäftigt, hat sich intensiv mit den sozialen Verhältnissen dieser frühgeschichtlichen Phase auseinandergesetzt, und es würde einen zu breiten Raum einnehmen, wollte ich hier alle diesbezüglichen Meinungen im Detail erörtern. Die römischen Quellen beschreiben eine Reihe von Institutionen der archaischen Gesellschaft: den König (*rex*), das Volk (*populus*), die *curiae* oder Zusammenschlüsse der *genera hominum* als Einteilung für die Rekrutierung der Fußtruppen, die *tribus* oder Stämme für die Rekrutierung der Reiterei, die *patres* (Ältesten), die in einer Versammlung zusammengefaßt sind, die *clientes* (Bürger), die zum ›Gefolge‹ der *patroni* oder hervorragenden Persönlichkeiten gehörten, die *familiae* (Kernfamilien), die *gentes* (durch Blutsverwandtschaft oder gemeinsame Abhängigkeit verbundene Gruppen), um nur die wichtigsten Begriffe zu nennen. Doch ist uns all das zum großen Teil entweder als erstarrtes Relikt überliefert oder den neuen Bedürfnissen der historischen Zeit angepaßt. Einige Begriffe wie *rex, populus* oder *familia* bedürfen keiner besonderen Erklärung, andere wie *curia* oder *tribus* bezeichnen eine unklare und umstrittene Realität. Vor allem ist schwer zu erklären, wie sich die Auffächerung dieser komplexen Institution zwischen vorgeschichtlicher und geschichtlicher Zeit allmählich vollzogen hat. Zur Interpretation des etruskischen Befundes bedienen wir uns angesichts der engen Verwandtschaft zwischen etruskischer und römischer Welt, zumindest bis weit ins 6. Jahrhundert v. Chr. hinein, dieser lateinischen Begriffe.

Zweifellos ist die älteste Phase (9. und 8. Jahrhundert v. Chr.) vom Königtum und der Familie als gesellschaftlicher Grundeinheit bestimmt. Der archaische Ursprung der *curiae*, als Organe zur Rekrutierung des Heeres, ist durch ihre nicht familiale, sondern funktionale Struktur gewährleistet, die nach der Beschreibung des Varro (Dion. Hal. *Ant. Rom.* II, 21–23 und 47, 4) auf *oikoi* (Häuser), *hiereis* (Priester) und *leitourgoi* (Dienstleistende) aufbaut. Die *curia* entspricht der dörflichen Gemeinschaft oder dem Gau und hat eine egalitäre Struktur, wie der noch in historischer Zeit erhaltene Ritus der *feriae stultorum* zeigt, der die Teilnahme der *stulti* am Fest der *Quirinalia* vorsah, d.h. derjenigen, die »ihre Zugehörigkeit zu einer *curia* vergessen hatten«, ohne jede Rücksicht auf ihren *status* also. Die Römer kannten *curiae veteres* und *curiae novae* (Fest. p. 180 L., Stichwort *Novae curiae*), und nach der Überlieferung sollen die *curiae novae* von Tullus Hostilius nach der Eroberung von Alba Longa geschaffen worden sein. Die lediglich vier erhaltenen Namen der sieben *curiae veteres*, die man in den *curiae novae* »nicht heraufbeschwören durfte« (d.h. durch einen religiösen Akt übertragen) – *Foriensis, Rapta, Veliensis, Velitia* –, sind auf kultische und geographische, keineswegs auf die Namen von Familiengruppen oder *gentes* zurückzuführen. Ebenso geheimnisvoll sind die Namen der drei primitiven Stämme *Ramnes, Tities* und *Luceres*, und sie charakterisieren diese Einrichtungen vielleicht als territoriale oder als ethnische, sicher aber nicht als familiale Einheiten.

Das politische und institutionelle System dieser archaischsten Phase umfaßt also einen Führer (*rex*) und ein Volk (*populus*), das im Hinblick auf die Produktionsverhältnisse in Familien unterteilt ist und außerdem in territoriale Einheiten zur Aufbietung der Fußtruppen (*curiae*) und der Reiterei (*tribus*); die Kulte werden von den Familien oder, mit starker familiärer Prägung, vom Kollektiv der *curiae* getragen. Dieser ältesten Phase, die bis in die Mitte des 8. Jahrhunderts v. Chr. zu reichen scheint, gehören noch keine *gentes* und keine *clientelae* an, und die Institution des Handwerks ist der eigentlichen Gesellschaft noch weitgehend fremd. Nur in den Verwandtschaftsstrukturen repräsentieren sich die Produktionsverhältnisse.

5. Der Warentausch

Von der Präsenz der Mykener im mittleren und westlichen Mittelmeer ist schon die Rede gewesen. In den ›dunklen Jahrhunderten‹ der Frühgeschichte nach dem Untergang der mykenischen Welt scheint sich der tyrrhenische Bereich eher gegen Zentraleuropa hin zu öffnen, wie die Grundzüge der Protovillanova- und Villanovakultur und die Gemeinsamkeiten der Metallverarbeitung im Villanovabereich und in Zentraleuropa nahelegen. Dennoch zeigen einige Aspekte der Metallverarbeitung und andere Merkmale der Villanovakultur noch so starke Verwandtschaft mit dem ägäischen Kulturraum, daß sich die Vermutung aufdrängt, die alten, in mykenischer Zeit entstandenen Verbindungen seien nicht völlig abgerissen.

Das Dunkel, das über dieser Periode liegt, wird für kurze Abschnitte von einigen isolierten, aber bedeutsamen Funden erhellt. Zu erwähnen sind hier vor allem drei nuragische Bronzegegenstände aus einem Villanovagrab in Vulci vom Beginn des 8. Jahrhunderts v. Chr. Es handelt sich um die Statuette eines möglicherweise grüßenden ›Anführers‹ (Abb. 11), um einen Schemel und einen Korb; alle drei Objekte sind von großer ideologischer Bedeutung als Symbole der Macht (die Statuette und der Hocker) oder des Status der Frau (der Korb?). Das Grab ist mit Sicherheit das einer Frau, wie der schüsselförmige Deckel der Urne, die Fibeln und der Gürtel zeigen, und vielleicht enthielt es die Asche einer sardischen Frau hohen Ranges. Man könnte sich vorstellen, daß diese Frau von der Insel gekommen war, um einen ihr ebenbürtigen Angehörigen jener villanovianischen Gesellschaft zu heiraten, die sich gerade in jener Zeit stark ausbreitete. Hinter einer solchen »Heiratspolitik«, die dem Modell archaischer Gesellschaften entspricht, stehen indes wirtschaftliche Verbindungen. Zweifelsohne mußte Sardinien mit seinen Metallvorkommen und seiner zyprisch-mykenisch beeinflußten Tradition des Bronzehandwerks von großem Interesse für eine Zivilisation sein, die so stark auf Gewinnung und Verarbeitung von Metallen ausgerichtet war wie die tyrrhenische Welt. Vielleicht verdankt Vulci einen beträchtlichen Teil seiner Pracht in der Villanovazeit diesen Verbindungen

*

Abbildung 11: Nuragische Bronzestatuette, die eine hervorragende Persönlichkeit bei der Geste des Grußes oder der Huldigung darstellt. Aus der Tomba del bronzetto nuragico in Vulci. Ende des 9. – Beginn des 8. Jahrhunderts v. Chr. (Rom, Museum der Villa Giulia).

mit gesellschaftlich aufsteigenden Gruppen der Insel, die vermutlich auch im nachfolgenden 7. Jahrhundert Vetulonia, das große Zentrum am Fuße der Metallberge, zu ihrem Brückenkopf gemacht haben, – den Schiffsmodellen und sardischen Köchern nach zu urteilen, die man in den dortigen Fürstengräbern gefunden hat. Die Funde von Vulci stehen indes nicht vereinzelt da: Die Entdeckung sardischer Bronzen der gleichen Epoche in der Nähe von Populonia ist ein weiterer Hinweis auf ein dichtes Netz von Beziehungen zwischen Sardinien und Etrurien, für das uns die Archäologie noch einige andere Belege liefert. Nicht weniger interessant ist in diesem Zusammenhang das Auftauchen zahlreicher etruskischer Fibeln in Sardinien, worüber F. Lo Schiavo in neuerer Zeit einen guten Überblick gegeben hat. Die Fibel ist ein Gegenstand, der zu einem besonderen Kleidungsstück gehört und nach sardischem Brauch unbekannt ist, denn dort kleidet man sich in Felle: *pelliti* werden die Sarden in den lateinischen Quellen genannt (Cic. *Scaur.* 22, 45; Liv. XXIII, 40). Bekleidungsbräuche werden bekanntlich besonders in kulturell ›primitiven‹ Kontexten nur durch sichtbares persönliches Beispiel weitergegeben. Die Funde von Fibeln der Villanovazeit in Sardinien sind daher ein wichtiger Hinweis auf die mögliche Anwesenheit von Personen tyrrhenischen Ursprungs auf der Insel.

Neben diesen Beobachtungen soll noch auf einen etwas weniger augenfälligen Umstand hingewiesen werden. Ich meine die starke Ähnlichkeit in Form und Dekoration zwischen einem bestimmten Typ bauchiger Krüge mit eingeprägtem kreisförmigem Schmuck, der im sardischen Bereich verbreitet ist, und entsprechenden Krügen etwa aus der Mitte des 8. Jahrhunderts v. Chr., die neben anderen Gegenständen in Gräbern bei Vetulonia gefunden wurden. Es handelt sich um parallele Erscheinungen und nicht um Exportgüter, doch wir wissen nicht mit Sicherheit zu sagen, wo dieser Krug-Typus ursprünglich entstanden ist, auch wenn die kreisförmige Dekoration, die im gesamten Villanovabereich gut belegt ist, zwischen Vulci und Vetulonia am häufigsten vorkommt. Kürzlich hat eine von E. Atzeni und U. Badas mit größter Genauigkeit durchgeführte Grabung eine bemerkenswerte Anzahl solcher Krüge in den Hütten – und vor allem den reicher ausgestatteten – des Nuraghen Genna Maria bei Villanovaforru zutagegefördert. Diese Entdeckung stellt die gesamte Frage der frühzeitigen Verbindungen zwischen Sardinien und dem Gebiet von Vulci und Vetulonia auf eine neue Grundlage. Man sollte hier daran erinnern, daß die Quellen (Serv. *Aen.*

X, 172) die Gründung Populonias, des größten Zentrums des Metallhandwerks in Etrurien den Korsen zusprechen, die später von den Bewohnern Volaterraes verdrängt werden. Außerdem finden sich einige schwache Andeutungen auf die Piraterie der Sarden und Korsen, auf die auch das häufige Vorkommen von Bronzeschiffen unter den sardischen Votivgaben hinzudeuten scheint. Offenbar sind also in der frühen Eisenzeit die Wechselbeziehungen zwischen dem sardischen und dem korsischen Raum einerseits und der etruskischen Welt andererseits besonders lebhaft und bleiben, wenn auch in geringerer Intensität, während der gesamten archaischen bis in die klassische Zeit bestehen. In dem Vakuum, das nach dem Niedergang der mykenischen Schiffahrt im Mittelmeerraum entstanden war, treten diese Gebiete durch ihre Spezialisierung auf Metallgewinnung und -verarbeitung hervor. Man könnte fast sagen, daß die Wechselbeziehungen von der Notwendigkeit diktiert waren, die jeweiligen Metallvorkommen – Kupfer in Sardinien, Eisen in Etrurien – durch gegenseitigen Austausch zu ergänzen. Die Piraterie (*latrocinium*), die für diese beiden Bereiche von ältester Zeit an überliefert ist – Kehrseite des Handels und Austauschs in der Antike –, kann so mit konkreten Bedürfnissen in Verbindung gebracht werden, aufgrund derer eine Seite die Schätze der anderen begehrte und man sich einst bemüht zeigte, den Austausch herbeizuführen. Der legendären korsischen Besiedlung von Populonia steht die etruskische Herrschaft über Korsika in geschichtlicher Zeit gegenüber.

In diesem dicht geknüpften Netz von Verbindungen zwischen sardischen, korsischen und etruskischen Küsten eines Meeres, das für immer den Namen der Etrusker–Tyrrhener tragen sollte, begannen in dieser Epoche die wahren Erben der mykenischen Schiffahrt – die Phöniker – eine Rolle zu spielen. Sardinien war eines ihrer ersten Ziele, und ihre erste Niederlassung könnte, wenn wir der nach paläographischen Kriterien im Hinblick auf die berühmte Inschrift von Nora aufgestellten Chronologie glauben wollen, schon auf das 9. Jahrhundert v. Chr. zurückgehen. Wahrscheinlicher scheint eine Datierung in die erste Hälfte des 8. Jahrhunderts v. Chr., wobei man sich von neuem auf die in Sardinien gefundenen Fibeln (diesmal orientalischer Provenienz oder vom ›sizilischen‹ Typ) stützen kann. Die Phöniker, denen die großen Reiche des Vorderen Orients den Zwischenhandel fast vollständig überlassen hatten, waren sicher an Metallen interessiert, über die Sardinien so reich verfügte. Dieser Bedarf veranlaßte die Phöniker zweifellos auch dazu,

Abbildung 12: Detail des bronzenen ›Wagens‹ aus dem Grab 2 von Bisenzio. Bei dem Wagen handelt es sich vermutlich um eine Räucherschale auf Rädern nach altem zypriotischem Vorbild. Auf den Balken des Rahmens stehen rundherum kleine Bronzefiguren, die man geradezu als Abbildung der entstehenden aristokratischen Mentalität auffassen kann. Man erkennt darunter Ackerbauszenen und wassertragende Frauen neben einem Krieger (im Vordergrund der Abbildung) und kann daraus klare Anspielungen an die vorherrschende wirtschaftliche Tätigkeit, die Landwirtschaft, und auf die Arbeitsteilung im Hause ablesen. Daneben rühmen Kampf- und Jagdszenen das Leben der Aristokraten.
Letztes Viertel des 8. Jahrhunderts v. Chr. (Rom, Museum der Villa Giulia).

ebenso auf das etruskische ›Eldorado‹ Kurs zu nehmen, obwohl die Anzeichen für ihre Präsenz im Gebiet der Villanovakultur sehr schwach und unklar sind. Dabei ist aber die berücksichtigen, daß sich die soziale Struktur der Villanovakultur von der sardischen stark unterschied und viel weiter entwickelt war, somit also einem Vordringen phönikischer Elemente wie in Sardinien mit Sicherheit starken Widerstand entgegengebracht hätte. Es ist sogar möglich, daß ein Teil des Austauschs zwischen Etrurien und Sardinien von phönikischen Zwischenhändlern durchgeführt wurde, da man die ersten Verbindungen zwischen Etruskern und Phönikern genau in diese Phase datieren kann. Diese Verbindungen sollten in geschichtlicher Zeit eine bedeutende Entwicklung nehmen.

Jedenfalls belegen einige Funde aus Nekropolen Etruriens Kontakte mit der phönikischen Welt. Darauf gehen mit an Sicherheit grenzender Wahrscheinlichkeit Importe von Glasperlen zurück, die man schon in der ausgehenden Bronzezeit und während der frühen Villanovazeit findet. Vom 8. Jahrhundert v. Chr. an sieht man in den reicher ausgestatteten Gräbern kleine Gegenstände aus Fayence in ägyptisierendem Stil, Anhänger und Skarabäen. Es handelt sich um typische Produkte der Werkstätten des östlichen Mittelmeers, Vorläufer der orientalisierenden Phasen des folgenden 7. Jahrhunderts v. Chr., die auch durch Vermittlung der Griechen nach Italien gelangt sein könnten. Der phönikische Beitrag scheint sich wohl eher auf ›kulturelle Anregungen‹ zu beschränken, was sowohl die Stärke der Struktur der Villanovakultur anzeigt, wie die Art und Weise des phönikischen Vordringens in diesem Bereich. Ein typisches Beispiel bieten die ›Luxusprodukte‹ des Bronzehandwerks im 8. Jahrhundert v. Chr., unter denen die Dreifüße auffallen, die sich von orientalischen Modellen ableiten, und die sogenannten Pilgerflaschen in der charakteristischen Form einer Feldflasche, die sich von Ägypten bis Syrien größter Beliebtheit erfreuten. Bei den Silbergefäßen aus den etruskischen Fürstengräbern des 7. Jahrhunderts v. Chr. handelt es sich fast immer um Kannen in der Form altgriechischer Weinkannen (Oinochoen) mit dem sich nach oben verjüngenden, langen Hals und dem kleinen, dreifach unterteilten Ausguß, die phönikisch-zypriotischer Herkunft sind (und im Formenvorrat der griechischen Gefäße unbekannt), während vom späten 8. Jahrhundert an und während des ganzen 7. Jahrhunderts in Caere und Tarquinii angesiedelte Töpfer Keramik mit roter Oberfläche produzieren (das sogenannte rote Bucchero), als deren Vorbilder unschwer die phönikische Keramik zu erkennen ist (Abb. 14).

Aber den Phönikern folgte auf ihren Schiffahrtswegen ein anderes Volk, das Etrurien im wirtschaftlichen, sozialen und ideologischen Bereich viel stärker prägen sollte, nämlich die Griechen. Schon ungefähr ab 825 v. Chr., zur Zeit des Niedergangs Assyriens, das an der schwierigen Front gegen Urartu kämpfte, und des damit einhergehenden Wiederauf-

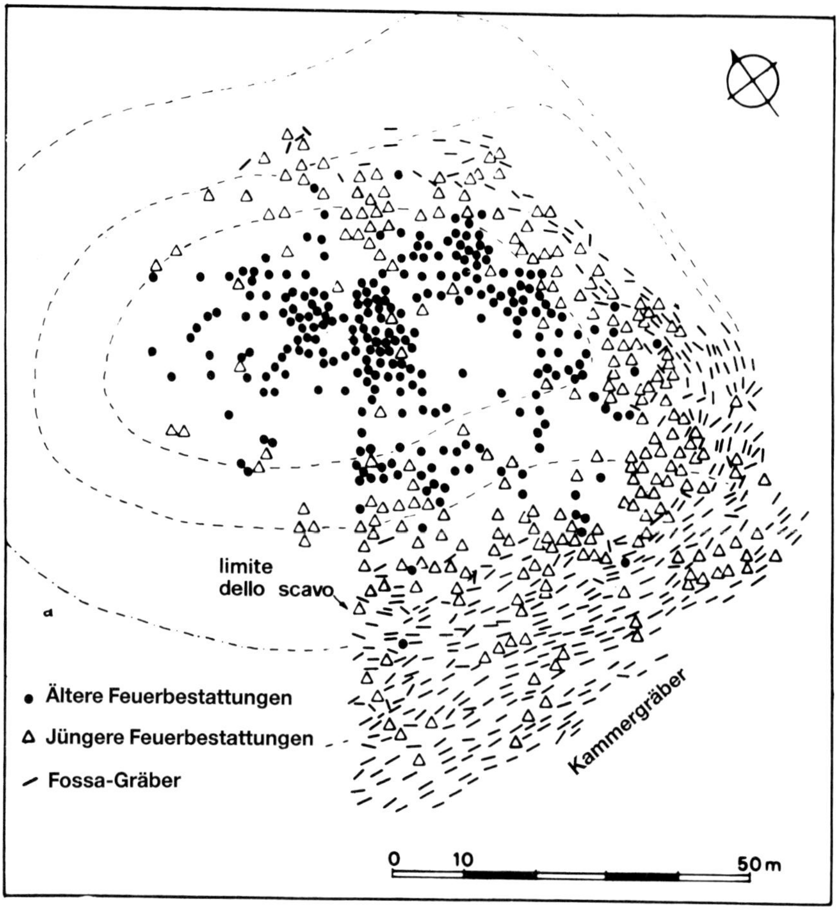

Abbildung 13: Plan der Nekropole von Quattro Fontanili in Veii. Die ›horizontale Stratigraphie‹ der Nekropole ist klar erkennbar: Auf der Spitze des Hügels befinden sich die ältesten Feuerbestattungen (9. Jahrhundert v. Chr.), umgeben von den jüngeren Feuerbestattungen (8. Jahrhundert v. Chr.) und den Fossa-Gräbern (8.–7. Jahrhundert v. Chr.) am Rande des Hügels, an dessen Hängen auch die Zugänge zu den Kammergräbern des späteren 7. Jahrhunderts liegen (aus Potter).

stiegs der Reiche im nördlichen Syrien zum Nachteil Phönikiens, tauchen im Küstenbereich zwischen Kilikien und Nordsyrien die ersten Stücke griechischer Keramik auf. Diese archäologischen Belege haben zu der Schlußfolgerung geführt, daß aus Euböa und von den Kykladen stammende griechische Kauffahrer an diesen Küsten Handelsstützpunkte (*emporia*) errichteten, von denen aus sie Beziehungen mit den blühenden Zentren Syriens aufnahmen. Solche Handelsstützpunkte sind Al Mina an der Mündung des Orontes und Tell Sukas im Norden sowie im Süden Tell Abu Hawam, das vor der Zerstörung durch die Assyrer bereits ein phönikischer Stützpunkt gewesen war. Von dort erreicht die äußerst begehrte griechische Keramik die Städte Phönikiens, Syriens, des Reichs Israels, Kilikiens und Zyperns.

Mit dem ausgehenden 9. Jahrhundert tauchen entsprechende Materialien, in größter Entfernung von den syrischen Häfen, in den Nekropolen Kampaniens bei Cumae, in Villasmundo bei Megara Hyblaia auf Sizilien und in den Gräbern der Villanovazeit von Veii und Capua auf. Die Griechen aus Euböa wählten ihre Landungsplätze an den Zugängen zu Gebieten, die für den Handel vielversprechend zu sein schienen; in Sizilien z.B. war das dort, wo die fruchtbaren Ebenen von Syrakus, Lentini und Catania zusammenstießen, und in »Großetrurien« wählten sie Kyme im Hinblick auf Capua sowie Veii in Verbindung mit den sicheren Häfen des unteren Tiberlaufs. Gewiß ist dieses große Organisationstalent der Euböer beeindruckend, die über das Verbindungsnetz der Phöniker eindringen (wenn auch nicht notwendigerweise mit diesen in Konkurrenz), und denen es gelingt, zwei so weit auseinanderliegende Gebiete wie Syrien und den Orontes im Osten und Etrurien und Sizilien im Westen miteinander zu verknüpfen, wo sie an einem Ende Luxuswaren erwerben konnten (man könnte an besondere Weine, Stoffe, Gegenstände aus Bronze, Gold, Silber oder Elfenbein und vielleicht auch an Gewürze denken) und am anderen ›Rohstoffe‹ (vermutlich Erze, Getreide und Sklaven). Aber man sollte darüber nicht vergessen, daß auch die Villanova-Leute ein beachtliches Organisationstalent zeigten, indem sie die von euböischen Kauffahrern verlangten Waren an deren Landeplätze schafften. Man könnte fast meinen, daß der Drang der Villanovakultur nach Süden diesen Umständen bereits Rechnung trug, wenn man folgende Punkte bedenkt: 1. Die Griechen haben sich an den zwei äußersten Punkten eines großen Gebiets niedergelassen, nämlich einerseits in Veii und dem Binnenland des südlichen Etrurien, andererseits im nördlichen Kampanien. 2. In diesem Gebiet hat sehr wahrscheinlich eine ›kolonisatorische‹ Ausbreitung der Villanovakultur stattgefunden, die insbesondere von Veii ihren Ausgang nahm. 3. Zur selben Zeit drängen die Griechen sich – in Cumae – zwischen dieses Gebiet und den Bereich der Villanovakultur um Salerno, welcher anerkanntermaßen eine mehr dem Küstenland angepaßte und nördlichere Prägung zeigt.

Mit anderen Worten ist die Gesellschaft der Villanovakultur imstande, eine ziemlich flexible Verteilung der von den Griechen gesuchten Produkte innerhalb ihres Gebiets zu besorgen – die Vorkommen an Eisen- und Kupfererz sind weit von den Landeplätzen entfernt. Zugleich spiegelt diese Verteilung die sozioökonomischen und territorialen Verhältnisse wider: Hinter dem Verteilungsnetz wird eine halb stammesmäßige und nur begrenzt differenzierte Struktur erkennbar, die vor allem in dem Gegensatz der beiden Einflußbereiche deutlich wird – der Zone um Veii einerseits und dem Küstengebiet von Tarquinii und Vulci andererseits. Dieser Befund bestätigt von neuem den zwischen dem 9. und dem Beginn des 8. Jahrhunderts v. Chr. noch geringen Entwicklungsstand des wirtschaftlichen und sozialen Differenzierungsprozesses der Villanovakultur insgesamt.

Den fortschreitenden regionalen und sozioökonomischen Gliederungsprozeß reflektiert um 775 v. Chr. eine Veränderung des Austauschs mit der griechischen Welt, in der die Phase der Kolonisation noch nicht eingesetzt hatte. In diesen Jahren nämlich, als die Gesellschaft der Villanovakultur ihre innere Gliederung hervorhebt und zu zeigen sucht, scheinen gleichzeitig die Euböer aufzuhören, sich Stützpunkte an der Küste des Festlandes zu suchen, sondern gründen ein richtiges *emporium* auf der Insel Pithekusa (Ischia). Die Ausgrabungen von G. Buchner, die eine der wichtigsten archäologischen Entdeckungen dieses Jahrhunderts für die italische Frühgeschichte und für die griechische Geschichte darstellen, ermöglichen die Rekonstruktion dieser euböischen Niederlassung. Unter ihrer bunt zusammengewürfelten Bevölkerung finden wir in der Blütezeit zwischen 775 und 770 v. Chr. Menschen verschiedenster Herkunft, die sich zahlreichen Tätigkeiten widmen. In der Nekropole sind hauptsächlich Griechen bestattet, aber auch mindestens ein Phöniker (in einem Grab, das als besonderes Kennzeichen die typische phönikische Kanne mit dem gewölbten pilzförmigen Rand enthält) sowie eine Anzahl Etrusker (erkennbar an den typischen Gefäßen des Grabkults, den spiralförmigen kleinen Amphoren). Die Frauen in dieser Gemeinschaft kommen möglicherweise aus dem Verbreitungsgebiet der Villanovakultur und von dem der Insel gegenüberliegenden Küsten-

*

Abbildung 14: In Vulci hergestellte Oinochoe (Weinkanne), die den spätgeometrischen griechischen Stil nachzuahmen sucht. Spätes 8. Jahrhundert v. Chr. (Rom, Museum der Villa Giulia).

strich, wie es das häufige Vorkommen von Fibeln vom Festland (und von lokalen Imitationen) in den Gräbern auf Pithekusa nahelegt. Die Ausgrabungen des Wohngebiets haben eine hilfreiche Übersicht über die lokale und die importierte Keramikproduktion erbracht sowie wertvolle Hinweise auf die handwerkliche Produktion gegeben, die sofort im *emporium* einsetzte. Unter diesen Belegen finden wir ein Gefäß aus der Produktion von Pithekusa mit der ältesten Signatur eines griechischen Töpfers, die ein außerordentliches Beispiel für den Grad von Selbstbewußtsein ist, den Handwerker in einer kaum oder gar nicht von den Produktionsverhältnissen des Mutterlandes beeinflußten Umgebung erreichen konnten. Und vor allem soll an einige ausgegrabene Werkstätten erinnert werden, in denen das Eisen aus Elba sowie, nach dem Fund einer Münze zu urteilen, Edelmetalle verarbeitet wurden; dieser Fund konnte endlich eine vordem rätselhafte Andeutung Strabons (V, 4, 9) erklären, der von *chrysia* auf Pithekusa spricht, von Goldschmiedewerkstätten (und nicht von Goldminen, wie man das Wort fälschlich übersetzt hatte).

Der sprunghafte Fortschritt in der Qualität der Beziehungen, den die Gründung des *emporium* von Pithekusa bedeutet, ist von zunehmenden Kontakten zwischen der Villanovakultur und den euböischen Händlern und Piraten begleitet. Die älteste Phase dieses griechischen Handels vor der Kolonisation ist von der begrenzten Zahl der Landeplätze bestimmt; nach der Mitte des 8. Jahrhunderts v. Chr. erweitert sich der Verbreitungshorizont der euböischen Keramik und ihrer auf Pithekusa hergestellten Imitationen von Kampanien (Sarnotal) über Etrurien, wo ein Meisterwerk aus der Werkstatt des bedeutenden euböischen Malers von Cesnola (um 750 v. Chr.) in Pescia Romana (Territorium von Vulci) zum Vorschein gekommen ist, bis nach Sulcis auf Sardinien. Aber das wichtigste Element dieser Phase bilden nicht so sehr die Importe von einzelnen Gegenständen als vielmehr der Import von Technologien: Zuerst in Veii, dann in Vulci, in Tarquinii und ebenso in Rom und Latium, im etruskischen Kampanien (Nola, Suessula, Capua), in südlicher gelegenen Bereichen Kalabriens und auf Sizilien führen Töpfer aus Euböa oder Pithekusa die Herstellung dünnwandiger, mit geometrischen Motiven der mittleren und späten Periode bemalter Keramik ein. Dabei geht es nicht allein um eine stilistische Erneuerung, sondern vor allem um technische Innovation, nämlich um die Reinigung des Tons (die einheimische Keramik wurde aus ungereinigten, dem sogenannten dunkelbraunen oder schwarzen Ton hergestellt) sowie um die Verwendung der

Töpferscheibe und damit um die »Geburt« des Handwerkers als unabhängigem Produzenten, der sich einzig dieser Tätigkeit widmete. Wie sehr die Figur des unabhängigen Handwerkers den Völkern Italiens im tyrrhenischen Bereich fremd war, zeigt uns das alte römische Tabu, gemäß dem der opfernde Priester einen *opifex*, einen Handwerker, nicht bei der Arbeit sehen durfte, da andernfalls die Kulthandlung befleckt wurde (Fest. p. 250 L, Stichwort *Praecia*). Der *opifex* war also ein Fremdkörper in der Gesellschaft, deren Mitglieder sich während des Festes jeder Arbeit enthielten, während die Handwerker als nicht integrierte Außenseiter von dem Opfer bei der Arbeit überrascht wurden.

Doch ist die Einführung bemalter Keramik und die Verwendung der Töpferscheibe nicht der einzige euböische Beitrag zur Entwicklung der Produktionskräfte der Villanovakultur. Es soll hier noch an die Hypothese erinnert werden, daß die Übernahme des Weinanbaus durch die Etrusker und Latiner ebenfalls den Griechen zu verdanken sei; diese Art landwirtschaftlicher Nutzung ist bei ihnen seit mindestens der Mitte des 7. Jahrhunderts v. Chr. durch die Funde von Traubenkernen in römischen Gräbern nachgewiesen. Das etruskische Wort *vinum*, das in dem späten *liber linteus* von Zagreb belegt ist (einem auf Leinen aufgezeichneten etruskischen Kultkalender, der, in Bänder zerschnitten, eine weibliche ägyptische Mumie einhüllt), scheint einen lateinischen Ursprung des Worts und damit der Technik anzuzeigen; doch der Fund eines großen Vorratsgefäßes aus dem 5. Jahrhundert v. Chr. mit der Aufschrift *vinun* läßt das Problem der sprachlichen Entlehnung im südlichen Etrurien wieder in anderem Licht erscheinen: Sie könnte nicht über das Lateinische, sondern direkt aus dem Dorischen *voinon* erfolgt sein. Diese Erwägung wird dadurch gestützt, daß ab Mitte des 8. Jahrhunderts v. Chr. in den Villanovagräbern des südlichen Etrurien und in Gräbern Latiums stets große Töpfe und *stamnoi* zu finden sind – Gefäße, die höchstwahrscheinlich für Wein bestimmt sind und meist nach euböisch-pithekusischen Vorbildern getöpfert und bemalt werden. Es ist daher wahrscheinlich, daß die Einführung des Weinanbaus in Etrurien aufgrund direkten griechischen Einflusses und ohne Vermittlung der Latiner erfolgte. Diese Annahme wird bestärkt durch A. Meles scharfsinnige Beobachtung, daß die in Etrurien angewendeten Methoden des Weinanbaus in den lateinischen Quellen auch *amynaeum* genannt werden, also mit dem Namen der Hügel bei Neapolis und daher mit dem euböischen Kyme in Verbindung gebracht werden.

Es läßt sich also klar erkennen, daß die Entwicklung des Handels von einer parallelen Entwicklung der Produktivkräfte begleitet wird, die in engem Zusammenhang mit dem der Nachfrage steht: Letztere wiederum wird von der wachsenden Akkumulation des Reichtums hervorgerufen. Je komplexer und differenzierter die Sozialstruktur der Villanovakultur wird, desto umfangreicher und komplizierter wird der Austausch. Er beginnt mit einer ›ersten Generation‹ des Handels vor der Kolonisation zwischen dem Ende des 9. und den ersten 25 Jahren des 8. Jahrhunderts v. Chr., als man erst wenige griechische Waren – im wesentlichen Keramik – an einzelnen Lande- oder Handelsplätzen wie Veii, Kyme und Capua findet. Danach folgt eine ›zweite Generation‹, die durch die Gründung eines griechischen *emporium* gekennzeichnet ist und durch die weitere Verteilung und Zunahme der Tauschstätten sowie durch die Übernahme von Technologien und lokale Nachahmung griechischer Produkte, was beides wahrscheinlich auf die Einwanderung griechischer Bevölkerungselemente zurückzuführen ist. Und spätestens in der Mitte des 8. Jahrhunderts v. Chr. müssen wir auch das erste Auftauchen jener tyrrhenischen ›Piraterie‹ datieren, von der die griechischen Quellen, zum Teil mit rivalisierender und feindlicher Tendenz, für die gesamte Geschichte des etruskischen Volkes beharrlich sprechen. Ephoros (bei Strab. VI, 2, 2) erzählt z.B., wie zum Zeitpunkt der Gründung der ersten griechischen Kolonie in Sizilien, des chalkidischen Naxos (736 v. Chr.), vor der Insel tyrrhenische ›Piraten‹ kreuzten, die offenbar das dortige Meer ebenso stark frequentierten wie nach Aussage des Thukydides (VI, 2, 6) die Phöniker zum Zeitpunkt der ersten Ankunft griechischer Kolonisten. Die Jahrzehnte um die Mitte des 8. Jahrhunderts v. Chr. besiegeln also nicht nur die Geburt der etruskischen Aristokratie, sondern auch den Beginn der tyrrhenischen Herrschaft über das Meer.

Kapitel IV

Die Blütezeit

1. Orientalisierende Kultur und Aristokratien

Den triumphalen Höhepunkt der aufstrebenden etruskischen Aristokratien bildet ohne Frage die Übernahme und lokale Entwicklung der orientalisierenden Formen der Kultur zwischen 730 und 580 v. Chr. Wie im zweiten Kapitel bereits gesagt wurde, hat die Orientalisierende Kultur in Etrurien so begeisterte Aufnahme gefunden, daß einige moderne Historiker nicht gezögert haben, die Gleichung ›Übernahme der Orientalisierenden Kultur = Einwanderung der Etrusker aus dem Osten‹ aufzustellen. Heute wissen wir, daß die Orientalisierende Kultur eine sehr vielschichtige Erscheinung weitgehend griechischer Prägung ist, die ihren Ursprung in der sozioökonomischen Entwicklung einiger Gebiete Griechenlands und in den bereits seit Jahrhunderten bestehenden Kontakten zwischen griechischer Welt und Vorderem Orient hat. Die orientalisierende etruskische Kunst ist ohne den Beitrag des kretischen, korinthischen, euböisch-kykladischen und ostgriechischen Handwerks unvorstellbar; sie ist mit anderen Worten undenkbar ohne den außerordentlichen Aufschwung einiger Städte und ohne die griechische Mentalität, die Etrurien mehr und mehr erfüllt.

Dabei entspricht allerdings nichts den aufsteigenden etruskischen Aristokratien mehr als der prächtige orientalisierende Stil, mit dem sie sich so gerne umgeben, wobei sie die ursprünglichen Ausmaße der Monumente und Prestigeobjekte ins Gewaltige vergrößern oder die Zahl der Beigaben in ihren fürstlichen Gräbern ins Unermeßliche steigern. Die Blüte der etruskischen Aristokratie ist von den übergroßen Grabhügeln des 7. Jahrhunderts v. Chr. gekennzeichnet, die in den Zentren zwischen Arno und Tiber zu finden sind, und sie ist geprägt von den ›Palästen‹, die

von der Mitte des 7. bis in die letzten Jahrzehnte des 6. Jahrhunderts v. Chr. als prachtvolle Wohnsitze und Zentren der Familienkulte erbaut werden. All diese Monumente sind nicht nur Zeichen eines ›Lebensstils‹, wie man häufig geschrieben hat, sondern auch und vor allem Zeichen einer Vorherrschaft weniger Privilegierter über breite Bevölkerungsschichten (Abb. 15–18). Die Orientalisierende Kultur bedeutet allerdings nicht nur Pracht und Prunk. Etrurien übernimmt von den Griechen auch wichtige neue Techniken wie die Schrift, die Hoplitentaktik und das Bauhandwerk, um nur die wichtigsten zu nennen, und diese neuen Techniken mit ihrer beträchtlichen wirtschaftlichen und ideologischen Bedeutung führen ihrerseits zu weiteren Veränderungen im sozialen Gefüge der Etrusker. Die Aristokratien tendieren dazu, diese Techniken zur Steigerung des eigenen Prestiges und Konsums einzusetzen und sie den eigenen Produktionseinrichtungen unterzuordnen; die Sprengkraft indes, die der technologisch bedingten Arbeitsteilung, der Notwendigkeit von Kooperation und dem Bevölkerungswachstum innewohnt, erzwingt eine grundlegende Kursänderung der tyrrhenischen Aristokratien.

Die Orientalisierende Phase wird von den lateinischen Quellen zunächst für den südetruskischen Bereich und später für weite Teile ›Großetruriens‹ als Kultur der *principes*, der etruskischen Aristokratie bezeichnet. Ein weiteres Mal spielen regionale Differenzierungen eine Rolle, die zu merklichen sozialen und wirtschaftlichen Unterschieden führen.

2. *Familia* und *gens*

Die Einführung der Schrift in Etrurien ist eine der wichtigsten Errungenschaften der Orientalisierenden Phase. Sie gibt den herrschenden Klassen ein weiteres Mittel zur sozialen Kontrolle in die Hand und er-

*

Abbildung 15: Goldener Skyphos aus der Tomba Bernardini in Praeneste. Das kostbare Gefäß ist vielleicht Symbol des neuen Lebensstils, der in der festlichen Begehung des Symposions seinen Höhepunkt findet und den die orientalisierende Kultur in die Welt der etruskischen *principes* einbringt. Beginn des 7. Jahrhunderts v. Chr.
(Rom, Museum der Villa Giulia).

Abbildung 16: Goldene Schulterfibel aus der Tomba Bernardini in Praeneste. Ebenso wie das Symposion unterstreicht die repräsentative Kleidung mit Fibeln, Brustschmuck und Armreifen aus kostbarem Material und mit golddurchwirkten und bernsteinverzierten Gewändern den Rang des etruskischen Aristokraten. Beginn des 7. Jahrhunderts v. Chr. (Rom, Museum der Villa Giulia).

möglicht uns heute, mittels der überlieferten Texte die Grundzüge der Sozialstruktur zu verstehen.

Eine der lebhaftesten Diskussionen der letzten Jahre unter Linguisten und Historikern konzentriert sich auf die Frage nach dem Ursprung der Namensform, die in geschichtlicher Zeit im Etruskischen, Lateinischen, Faliskischen, Osko-Umbrischen und Messapischen belegt ist. Diese zweigliedrige Namensform setzt sich aus einem Vornamen und einem Familiennamen zusammen: Im lateinischen Namen M(arcus) Tulius oder dem etruskischen Avle Marcenas haben M(arcus) und Avle die Funktion des persönlichen (nicht übertragbaren) Namen eines einzelnen innerhalb einer Gruppe, während Tullius und Marcenas als übertragbare Namen eine Gruppe innerhalb einer Gemeinschaft bezeichnen. Im wesentlichen verfügen in historischer Zeit fast alle Gesellschaften des antiken Italien (mit der einzigen Ausnahme der Veneter) über ein System der Identifikation des einzelnen als Angehörigen einer familiären Gruppe, die mit anderen zusammen eine soziale Gemeinschaft bildet. Der Familienname ist vom Namen des Vaters abgeleitet: Tullius heißt soviel wie ›Sohn des Tullus‹, Marcena soviel wie ›Sohn des Marce‹. Neu ist dabei, im Vergleich zum Griechischen (oder zum Venetischen), daß das Patronymikon nunmehr feststehend und vererbbar ist, während es sich im Griechischen (und im Venetischen) nach der jeweiligen Genealogie ändert: so würde z.B. die genealogische Abfolge von Kleantes–Keonymos–Kleandros im Griechischen die Namen ›Kleonymos, Sohn des Kleantes‹ und ›Kleandros, Sohn des Kleonymos‹ ergeben, während im Lateinischen die genealogische Abfolge Tullus–Marcus–Titus die Namen M(arcus) Tullius und T(itus) Tullius ergibt.

Das Phänomen ist keineswegs nebensächlich, sondern stellt einen wertvollen Hinweis auf die soziale und ideologische Realität der Etrusker und Latiner dar. Nach der Überlieferung ist die Zeit der Gründung Roms durch ›einfache Namen‹ wie Romulus, Remus, Proca, Numitor, Amulius gekennzeichnet, während bereits in der folgenden Generation die Namensform zweigliedrig ist, wie z.B. der Name des zweiten Königs Numa Pompilius zeigt. Wann und warum ist die ›Fixierung‹ des Patronymikons erfolgt? Bonfante hat schon vor Jahrzehnten erkannt, daß es sich dabei um eine Folge der Machtetablierung des *paterfamilias* handelt – und, wie ich hinzufügen möchte, der damit verbundenen Ideologie – sowie der Weitergabe des privaten Landbesitzes (*heredium*) innerhalb der familiären Gruppe. Zwei Beobachtungen von M. Cristofani bzw. C. De Simone sind in diesem Zusammenhang von Interesse. In Caere zeigen in der ersten Hälfte des 7. Jahrhunderts v. Chr. von 33 Inschriften lediglich sechs Texte die zweigliedrige Namensform, während in der zweiten Hälfte des Jahrhunderts von 39 Texten 30 die zweigliedrige Namensform enthalten. In Orvieto, für das wir ein reiches onomastisches (namenskundliches) Corpus aus den ersten 70 Jahren des 6. Jahrhunderts v. Chr. besitzen, hat ein charakteristisches Phänomen der historischen Zeit noch nicht eingesetzt, nämlich das ›Einfrieren‹ der Vornamen, die vom 5. Jahrhundert v. Chr. an im Etruskischen und Lateinischen von sehr begrenzter Zahl sind (mit der Folge, daß allmählich ein drittes Namensglied auftaucht, das *cognomen*, wie z.B. Cicero in M.

Tullius Cicero); in der Onomastik Orvietos im 6. Jahrhundert v. Chr. hingegen kommen noch zahlreiche verschiedene Vornamen vor. Diese beiden Tatsachen bestätigen, daß die Entstehung der zweigliedrigen Namensform bei den Etruskern ein relativ spätes Phänomen ist. Wir gehen also nicht fehl, wenn wir die allmähliche Fixierung des Patronymikons für das 8. Jahrhundert v. Chr. ansetzen und mit der Entstehung der Aristokratien in Zusammenhang bringen.

Die Onomastik belegt so die zunehmende Etablierung der Familie als Basiseinheit der Sozialstruktur, in der das Familienoberhaupt eine bestimmende ideologische Position einnimmt und innerhalb derer sowohl ein Hauskult des *genius* und des *Lar genialis* als Ausdruck ihrer Reproduktions- und Schaffenskraft als auch ein Ahnenkult gepflegt wird. Doch neben dieser Etablierung wird auch eine parallele soziale Entwicklung sichtbar, die von der Institution der *familia* wegführt und sie zu überwinden trachtet, indem sie deren formale Charakteristika ritualisiert und in eine größere Dimension überträgt: die Entwicklung der *gens*.

3. *Gentes* und *clientelae*

Die römische Sozialstruktur der archaischen Zeit kennt zwei Arten familiärer Organisation: die *familia* oder Kernfamilie, die einem Patriarchen, dem *paterfamilias*, untersteht, und die *gens*. Unter Juristen und Historikern gab es heftige Auseinandersetzungen über die Rangfolge der beiden Institutionen und über das Verhältnis der beiden zu der sicher älteren Stammesgliederung, doch es erübrigt sich, diese Diskussion hier nachzuzeichnen. Die bisher angeführten historischen, archäologischen und onomastischen Belege sprechen dafür, daß die Produktionsverhältnisse innerhalb der primitiven Dorfgemeinschaften, wie sie sich in Etrurien und Latium im Laufe des 9. Jahrhunderts v. Chr. herausbilden, durch verwandtschaftliche Beziehungen innerhalb homogener Gruppen

*

Abbildung 17: Griff eines Fächers aus Elfenbein aus der Tomba Barberini in Praeneste. Der aristokratische »Luxus« findet seine Vorbilder an den orientalischen Höfen. Der Gebrauch des Fächers ist durch zahlreiche Fürstengräber der Orientalisierenden Epoche belegt. Erste Jahrzehnte des 7. Jahrhunderts v. Chr. (Rom, Museum der Villa Giulia).

bestimmt sind. Die Mitgliederzahl dieser Gruppen scheint stets unter 100 zu liegen und die Größe der Dorfgemeinschaften läßt vermuten, daß in dieser Phase die Grenzen der erweiterten Kernfamilie nicht überschritten wurden. Vom Beginn des 8. Jahrhunderts v. Chr. an muß sich die Situation angesichts der beginnenden sozialen Differenzierung und des Bevölkerungswachstums verändert haben. Die Institution, die die schwierige soziale Situation dieser Phase überwindet, ist nicht mehr die einzelne *familia*, sondern eine ›erweiterte Familie‹, deren Zusammenhalt nicht allein auf Blutsverwandtschaft beruht – und genau so erscheint uns nach der Beschreibung der Quellen die *gens*. Sie wird uns als ein organisches Gefüge von der Art der Familie geschildert, zusammengesetzt aus Blutsverwandten und Menschen anderer Herkunft, die der Gruppe entweder aus freier Entscheidung heraus oder als freigelassene Sklaven (*liberti*) angehören. Diejenigen Gruppenmitglieder, die keine Blutsverwandtschaft verbindet, werden *clientes* genannt. Bereits die Etymologie der Bezeichnung *cliens* (lat. *cluere* = ›zuhören‹, ›jemandem Gehör schenken‹, ›gehorchen‹) zeigt uns die untergeordnete Position dieser Leute an, die durch die Verpflichtung gegenseitiger Treue (*fides*) an den *princeps gentis*, das Oberhaupt der *gens*, gebunden sind. Der Eintritt in *fidem clientelamque*, in die bindende Unterordnung, erfolgte entweder auf dem Wege der *deditio*, der Unterwerfung nach einer kriegerischen Auseinandersetzung, oder auf dem Wege der freiwilligen *applicatio*, der ›Vereinigung‹ im Frieden. Die Verpflichtungen umfaßten die Gewährung von Schutz seitens des *princeps gentis* sowie Gefolgschaft im Krieg und Unterstützung der Feldarbeit und in wirtschaftlicher Not seitens des *cliens*, der nicht nur seine eigenen Hauskulte zugunsten derer seiner neuen *gens* aufgab, sondern auch den Gentilnamen seines *princeps* annahm.

Die *gens* trat neben die *familia*, von der sie viele formale und ideologische Einzelheiten übernahm, ohne sie jedoch voll zu ersetzen. Die Titel der Oberhäupter der beiden Institutionen, *pater* und *princeps*, zeugen allein schon von der jeweils unterschiedlichen Struktur. *Pater* bezeichnet eindeutig ein Verwandtschaftsverhältnis, während *princeps*, ›der Erste‹

*

Abbildung 18: Bronzener Gefäßständer für das Bankett mit entsprechenden Bronze- und Keramikgefäßen aus der Tomba del Carro di Bronzo in Vulci. Der Fund dieses Grabes hat erstmals die Prachtentfaltung der *principes* von Vulci in der ersten Hälfte des 7. Jahrhunderts v. Chr. enthüllt (Rom, Museum der Villa Giulia).

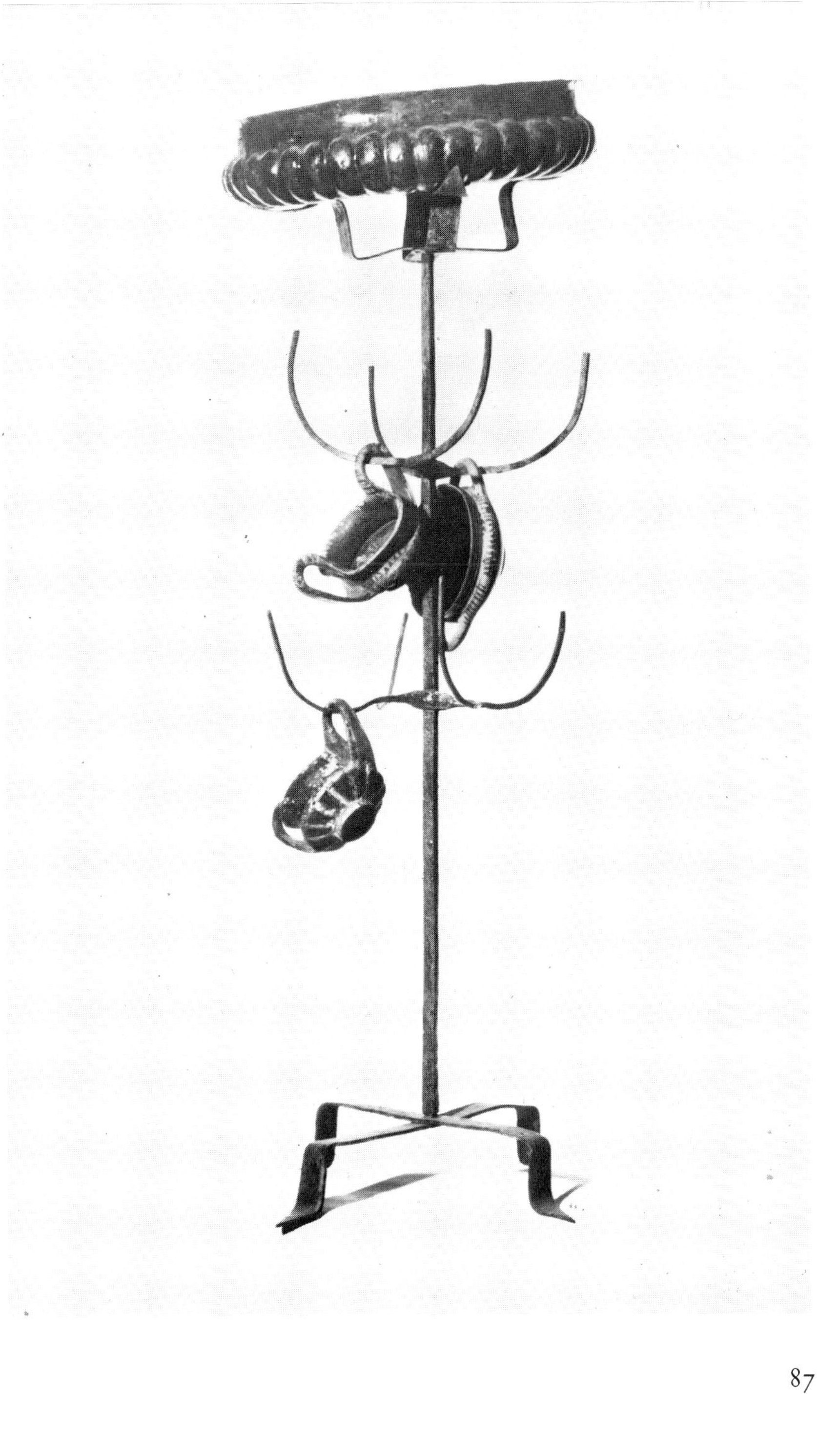

(im Griechischen *hegemon*, ›der Führer‹) ein ganz und gar ›politischer‹ Terminus ist. Es ist wichtig hervorzuheben, daß die etruskischen Aristokratien in der lateinischen Terminologie mit einer kollektiven Bezeichnung stets genauso genannt werden, wie die Oberhäupter der *gentes*, die *principes*.

Das Gentilsystem sanktionierte also die Klasseneinteilung und Rangordnung unter den Mitgliedern einer Gemeinschaft oder unter verschiedenen Gemeinschaften, die sich einst feindlich gegenübergestanden waren; ihre Ideologie aber – den Hauskult – bezog die *gens* von der Tradition der *familia*, die sie, wie gesagt, nicht völlig ersetzte, und wurde so zu einem anpassungsfähigen, formal gesehen paternalistischen und de facto klassenbildenden Instrument, das die aufkommenden sozialen Ungleichgewichte auffing. Die *clientes* werden von den Quellen entgegen der Auffassung einiger moderner Historiker als Freie geschildert. Dies wiederum erklärt, warum Rom über das gesamte 7. Jahrhundert v. Chr. hin in der Lage ist, so viele Angehörige unterworfener Nachbargruppen in die Bürgerschaft einzugliedern. Die Überlieferung schreibt Tullus Hostilius die Eroberung von Alba Longa und die Umsiedlung der besiegten Bewohner nach Rom zu, wo sie den *curiae novae*, den »neuen Gentilversammlungen« zugeteilt werden. Doch während die *curiae veteres*, die »alten Gentilversammlungen«, nur die Namen von Plätzen oder Kulten tragen, scheinen die *curiae novae* hauptsächlich Gentilnamen anzunehmen wie *Accoleia* oder *Faucia*. Ähnliche Eroberungen und Umsiedlungen der Besiegten nach Rom werden Ancus Martius zugeschrieben.

4. Unfreiheit und Luxus

Die Klärung der Frage nach der sozialen Stellung der etruskischen *servi* (Sklaven), die von den Quellen auch *plebs*, *penestai* (Arme), *oiketai* und *therapontes* (im Haus geborene Diener, Hausdiener) genannt werden, ist der scharfsinnigen Analyse Jacques Heurgons zu verdanken, dessen Argumente von W.V. Harris aufgenommen und präsiziert wurden. Der Schlüssel liegt in der Terminologie des Dionys von Halikarnassos. Als er die römischen *clientes* beschreibt (II, 9, 2), verwendet er den Terminus *pelatai* und behauptet, ihre Stellung sei besser als die der Theten (Lohnarbeiter ohne Grundbesitz) in Athen und vor allem der thessalischen *penestai*, die er indes seiner Terminologie nach mit den etruskischen *servi* auf eine Stufe stellt. Die Stellung der thessalischen *penestai* ist hinreichend bekannt: In einer Art Schollenbindung sind sie ihren Herren unterstellt (die sie bestrafen können, nicht jedoch vertreiben oder töten), so daß man sie für Sklaven ansehen kann, obwohl sie, juristisch gesehen, Freie bleiben; sie leisten auch in gewissem Rahmen Kriegsdienst, haben das Recht auf bestimmte Formen von Besitz, und sie können »reicher werden als ihre Herren« (Archemachos, FGrHist 424 Frg. 1).

Der Status der *penestai* entspricht ziemlich genau dem, was wir von den etruskischen *servi* wissen. Auch diese leisten nämlich Kriegsdienst und haben Recht auf Besitz, wenn nicht auf Landbesitz, so doch auf den Besitz ihrer Wohnstätten, wie das Fragment des Poseidonios (bei Diod. V, 40) zeigt.

Die Stellung der etruskischen *servi* gehört wie die der thessalischen *penestai* in die große Kategorie archaischer Formen von Abhängigkeit, die im Mittelmeerraum weit verbreitet sind – angefangen von den berühmten Heloten Spartas und den kretischen *klarotai* bis zu den *mariandynoi* von Herakleia am Schwarzen Meer. Sie alle sind Abhängige, die nach Pollux (III, 83) als *metaxy eleutheron kai doulon* definiert waren, als Leute »zwischen Freien und Sklaven«. Heute wissen wir, daß sich diese Formen der Abhängigkeit im Hinblick auf einen größeren oder geringeren Grad an Freiheit bzw. Unfreiheit stark unterschieden.

Der römische *cliens* repräsentiert vielleicht eine Obergrenze der Freiheit des Abhängigen: Er hat dem *princeps* zwar in den Krieg zu folgen, hat Beiträge zu dessen Verpflichtungen zu leisten (Schulden, Beiträge zur Mitgift) und muß ihm ein ›aufrichtiges Versprechen zur Arbeitsleistung‹ (*iusta operarum promissio*) geben; er wird vom *princeps* vor Gericht vertreten (ist also nicht voll rechtsfähig) und muß diesen in politischen Auseinandersetzungen unterstützen; aber er ist doch auch immer Bürger (*civis*) mit entsprechenden Rechten und Pflichten, einschließlich der Steuerpflicht. Wie sieht nun die Stellung des etruskischen *servus-penestes* aus? Nach der Erzählung des Zonaras (VIII, 7, 4–8) über die sozialen Umwälzungen des Jahres 265 v. Chr. in Volsinii zu urteilen, befindet er sich in einer merklich schlechteren Lage, denn ihm sind alle politischen Rechte versagt, die dem römischen *cliens* (zwar sicher nur theoretisch) zustehen. Das hat ihm zweifellos die lateinische Bezeichnung *servus* eingetragen, während die griechischen Worte ›Hausdiener,

Armer‹ die persönliche Seite der Abhängigkeit hervorheben – die sich nicht sehr von der des römischen *cliens* unterscheidet – sowie den Grund (die ›Armut‹) für seine Unterordnung unter den *kyrios* (Herrn), oder *dynatotatos* (den Mächtigeren), wie die griechischen Quellen die etruskischen *principes* nennen.

Die Beschreibung der *servi* zeigt, daß die griechischen Quellen, die gegenüber der wirtschaftlichen und sozialen Situation empfindlicher sind als die lateinischen, das etruskische Leben sehr genau schildern. Wenn wir in einem griechischen Text von den sozialen Verhältnissen der Etrusker lesen, ergibt sich immer wieder das Bild einer »müßiggängerischen« Aristokratie, die in *tryphe* und *habrotes*, d.h. in Luxus und Verweichlichung lebt. Urteile dieser Art, die über die Etrusker wie über andere antike Völker abgegeben werden, verwenden das Wort *tryphe* zur spezifischen Bezeichnung einer Oligarchie, die auf der Ausbeutung abhängiger Arbeitsleistung von Sklaven oder sklavenähnlicher Bevölkerung basiert. Es gibt zahlreiche phantastische Geschichten über den Zusammenhang von Muße und Grausamkeit bei den Etruskern, aber interessant ist dabei ein anderes Thema, nämlich die Stellung der Frau. Auch die ›Freiheiten‹ der Frauen bei den Etruskern sind ein *topos* der griechischen Überlieferung, der eine gewisse reale Grundlage zu haben scheint, wie sie in den Darstellungen von Malerei und Reliefkunst der archaischen und hellenistischen Epoche zum Ausdruck kommt. Dort erscheinen Frauen, sicher von hohem Range, beim Tanz und als Teilnehmerinnen an einem Festmahl, das sie gemeinsam mit Männern einnehmen, »unter derselben Decke« mit ihnen liegend (Aristoteles) (Abb. 19). Diese Freiheiten, die die der Frauen in Athen oder Rom weit übersteigen, und dazu der hellenistische Brauch, in den Inschriften nicht nur das Patronymikon, sondern auch das Matronymikon anzugeben, hat oft dazu Anlaß gegeben, von einem etruskischen ›Matriarchat‹ zu sprechen. Doch ist diese besondere Hervorgehobenheit der Frauen in bestimmten

*

Abbildung 19: Der sogenannte Ehegatten-Sarkophag aus Caere. Dieser berühmte ›Tonsarkophag‹ (in Wahrheit eine Aschenurne) ist ein Meisterwerk der spätarchaischen Koroplastik in Caere. Er zeigt mit seinem rötlichen Rohmaterial und dem Gebrauch von Matrizen für die Gesichtszüge nicht allein den Zusammenhang von Bronzehandwerk und Koroplastik in der handwerklichen Technik, sondern er ist auch eines der herausragendsten Zeugnisse für den aristokratischen Brauch des gemeinsamen Banketts »mit Männern und Frauen unter einer Decke«, der für die Griechen so unglaublich war (Rom, Museum der Villa Giulia).

Gesellschaften in engem Zusammenhang mit dem oligarchischen Charakter der jeweiligen Sozialstrukturen zu sehen. Oligarchische Gesellschaften unterliegen der Gefahr der *oliganthropia*, des ›Männermangels‹, d.h. der Gefahr des Aussterbens der männlichen Linie; dieser sozialen und wirtschaftlichen Gefahr können sie nur begegnen, indem sie der Frau einen gewissen Status zubilligen sowie eine mehr oder minder ›freie‹ rechtliche Stellung, die mindestens so weit geht, daß dadurch der Fortbestand der Geschlechter oder die Erhaltung des Bodenbesitzes garantiert wird.

Abschließend kann trotz der spärlichen Quellen und des summarischen Charakters ihrer Aussagen festgestellt werden, daß die literarische Überlieferung den Etruskern übereinstimmend eine Sozialstruktur zuschreibt, die sich auf die abhängige Arbeit breiter Schichten stützt, von einer in ›Luxus‹ und ›Muße‹ lebenden Aristokratie beherrscht wird und von oligarchischen Tendenzen unterwandert ist: *penestai* und *tryphe* sind die Begriffe, die die typischen Merkmale dieser wirtschaftlichen und sozialen Formation zusammenfassen.

5. Der ›Palast‹

Bis vor 15 Jahren kannten wir nur die gewaltigen Gräber des orientalisierenden Stils und ihren faszinierenden Inhalt an kostbaren Gegenständen, wußten von den etruskischen Aristokratien nur, wie sie sich darstellten, wenn ihre Mitglieder die Welt der Lebenden verließen. Die Realität des täglichen Lebens mit seinen Bedürfnissen und seiner Ideologie, die nicht notwendigerweise dieselbe war wie die des Lebens nach dem Tode, blieb uns weitgehend verborgen. Die bedeutenden Entdeckungen des amerikanischen »Bryn Mawr College« in Murlo bei Siena und des »Schwedischen Instituts für Klassische Studien« bei Acquarossa in der Nähe von Viterbo haben zum Glück diese Kenntnislücken geschlossen. Die beiden Grabungen haben zwei große ›Paläste‹ zu Tage gefördert, zwei fürstliche Wohnungen, deren Architektur und Bauornamentik zeigen, wie die Oberschicht der archaischen Gesellschaft sich im Leben darstellte. Der ›Palast‹ von Murlo, der gegen Mitte des 7. Jahrhunderts v. Chr. als fürstliche Residenz auf einer Anhöhe oberhalb des Baches Crevole, einem Zufluß des Ombrone, errichtet

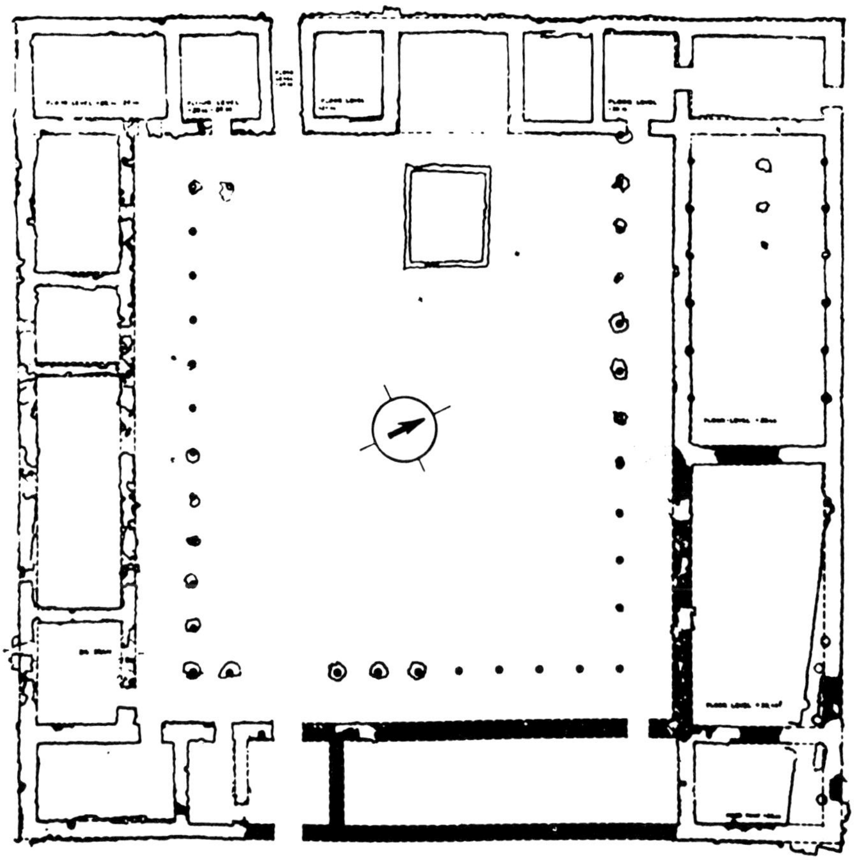

Abbildung 20: Plan des ›Palastes‹ von Murlo. Man beachte die vier identischen Räume an den Ecken und die dreifache Unterteilung an der Nordwestseite mit dem offenen zentralen Raum, dem das kleine Kulthaus (*oikos*) gegenüberliegt. Beginn des 6. Jahrhunderts v. Chr. (aus Philips).

wurde, zeigt sich uns heute in dem Zustand, der nach einem vollständigen Umbau ungefähr um 580 v. Chr. erreicht wurde (Abb. 20). Es handelt sich um ein Gebäude von ca. 60 m Länge, auf einen großen zentralen Hof hin ausgerichtet, der auf drei Seiten von hölzernen Säulen umgeben ist und an dessen Ecken sich vier gleichgroße Räume befinden. Das ist ein von orientalischen Palästen her geläufiger Grundriß. Die vier Flügel des Gebäudes unterscheiden sich in ihrer räumlichen Aufteilung: In einigen Fällen handelt es sich vermutlich um Empfangs- und Wohnräume, in anderen – vor allem bei den langgestreckten Räumen – wahrscheinlich um Lagerräume. Auf der Nordostseite, wo bezeichnender-

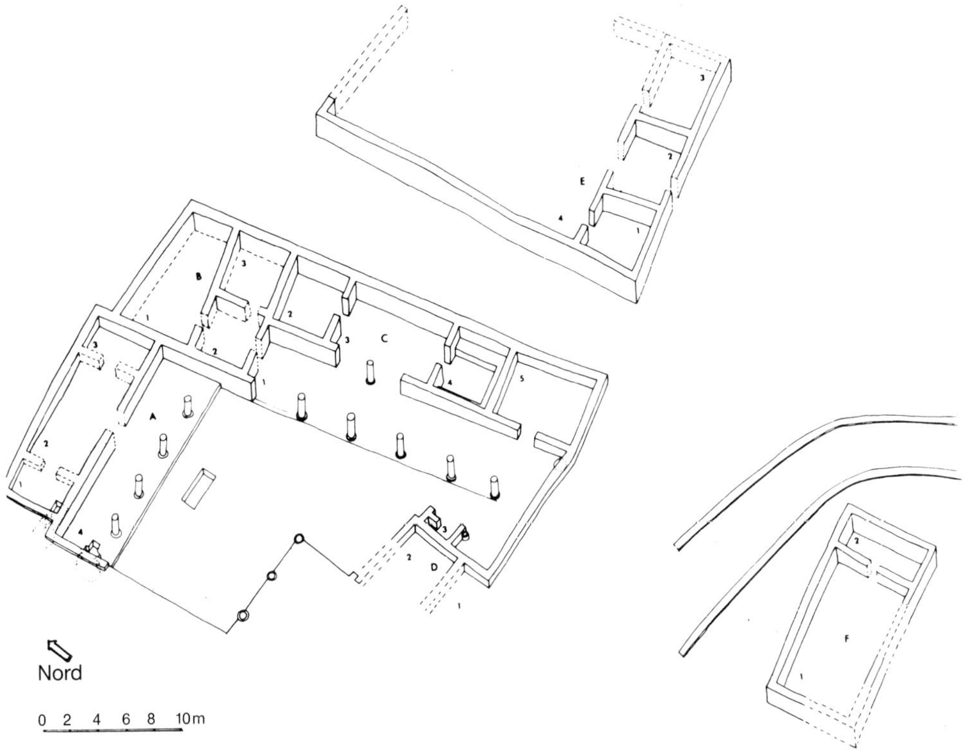

Abbildung 21: Aufriß des ›Palastes‹ von Acquarossa. Links der ›Palast‹ mit (A) der dreifach unterteilten Seite und der davorliegenden Opfergrube und (B) der dreifach unterteilten Seite mit (C) dem Bankettsaal. Rechts ein kleiner Tempel (F); oben ein weiteres großes Gebäude (E), das nur zum Teil ausgegraben wurde. Mitte des 6. Jahrhunderts v. Chr.

*

Abbildung 22: Darstellungen auf drei Typen von Terrakottaplatten, die die Säulengänge des ›Palastes‹ von Murlo schmücken. A) Festszene mit zwei Eßliegen (*klinai*), beide von einem Mundschenk und einem Diener eingerahmt; auf der linken *kline* liegt ein Paar, der bärtige Mann hält eine halbkugelförmige Schale in der rechten Hand, die Frau eine Bronzeschale in der rechten und eine Blume in der linken Hand; rechts ist ein bärtiger Mann mit einer halbkugelförmigen Schale und einem Ei (?) in der linken Hand abgebildet sowie eine junge Lyraspielerin. B) Eine Götterversammlung: von rechts nach links sieht man ›Zeus‹, sitzend und sein Szepter haltend, einen männlichen Diener mit Lanze und Schwert, ›Hera‹ auf einem Thron mit gebogener Rückenlehne bei der rituellen Geste der hochzeitlichen Entschleierung, eine Dienerin mit Korb und Fächer, eine ›Kore‹ mit einer Blume, den sitzenden ›Hades‹ mit Doppelaxt, ›Demeter‹ mit Granatäpfeln und schließlich einen Diener mit einem Stock mit doppelter Spitze. C) Hochzeitszug mit *paides amphithaleis*, die die Zügel der vor den Hochzeitswagen gespannten Pferde halten, auf dem die Braut und ihre Mutter sitzen; es folgen Mägde mit der Aussteuer. Beginn des 6. Jahrhunderts v. Chr. (Siena, Museum).

A

B

C

weise keine Säulenreihe steht, befindet sich ein zentraler offener Saal mit zwei gleichartigen geschlossenen Räumen zu beiden Seiten. Auch dies ist eine Aufteilung orientalischer Herkunft, vergleichbar dem persischen *liwan*, den Räumen für königliche Audienzen und Festmähler. Die Bedeutung des zentralen Saales wird durch das im Hof genau gegenüberliegende *oikos* hervorgehoben, das Heiligtum des Ahnenkultes. Die Giebelverzierung des Gebäudes zeigt große sitzende Figuren, von denen eine die typische Kopfbedeckung der Nordetrusker und Etrusker der Poebene trägt. Diese monumentalen Figuren stellen die Ahnen dar, die den Wohnsitz der *gens* bewachen sollen. Die übrige Dekoration, langgestreckte Relieffriese, die sich an den Seiten der Säulengänge entlangziehen, verherrlichen das Leben der Aristokratie: Bankette, Tanz und Spiel erinnern an die großen gemeinschaftlichen Feste der *gens*; ein Hochzeitszug preist den ritualisierten Charakter der Reziprozität beim Austausch der Hochzeitsgaben; das himmlische Götterpaar und die Trias der Unterweltsgötter sind vielleicht gar Ausdruck des Wunsches der ›Palast‹-Bewohner, ihre absolute Herrschaft über Himmel und Erde anzudeuten, zumindest aber Ausdruck ihres Wunsches, alle beherrschenden Kräfte des Universums in den Mauern ihres ›Palastes‹ einzuschließen (Abb. 22).

So müssen wir uns also die Wohnsitze der etruskischen Aristokraten vorstellen. Ihr Leben ist ganz und gar ausgerichtet auf den Kult der *maiores*, ihrer Vorfahren, der in dem kleinen *oikos* vollzogen wird, und auf die großen Festlichkeiten, Spiele und Hochzeiten, die in dem großen Hof in Anwesenheit aller Mitglieder der *gens* gefeiert wurden. Die Größe dieses Platzes, die sogar die Dimensionen einiger hellenistischer Königspaläste übersteigt, verdeutlicht die Gewalt und Ausdehnung der von den Herren von Murlo über die Bevölkerung des umliegenden Landes ausgeübten Herrschaft.

Der andere ›Palast‹ befindet sich im Süden Etruriens am Rande der Hochebene von Acquarossa in der Nähe Viterbos. Er ist ein halbes Jahrhundert später entstanden als der von Murlo, aber, ebenso wie dieser, auf einem nicht weniger imposanten Gebäude aus der Mitte des 7. Jahrhunderts v. Chr. erbaut. Der ›Palast‹ von Acquarossa hat nicht dieselbe geometrische Klarheit, wie sie das Beispiel von Murlo zeigt: Der Grundriß des sehr viel kleineren Gebäudes ist ziemlich unregelmäßig und leicht trapezförmig, und die beiden einzigen nachweisbaren Säulenreihen bestehen aus nur fünf bzw. vier Säulen (Abb. 21). Hingegen findet

Abbildung 23: Tomba del Barone in Tarquinii. Der *dominus*, von einem Flötisten begleitet und beim Akt des Trankopfers dargestellt, verabschiedet sich von seiner Frau (rechts) und seinen Söhnen zu Pferde (auf beiden Seiten). Die Wandmalereien sind das Meisterwerk eines ostgriechischen Malers um 500 v. Chr.

sich hinter den beiden Säulengängen jeweils eine ähnlich dreigeteilte Anordnung von Räumen wie an der Nordostseite von Murlo. Im Westen steht genau in der Mitte des Eingangs zur zentralen Halle eine Säule, und südlich der Halle schließt sich ein Raum an, der aufgrund der Bänke an den Seiten als Festsaal identifiziert werden kann. Bei den anderen drei Räumen auf der nördlichen Seite hat die zentrale Halle von ungewöhnlichen Proportionen einen sehr engen Eingang, der genau gegenüber einer großen, rechteckigen Grube im Hof liegt. Sie war nach dem Grabungs-

Grabkammer, die entweder das Zelt der *prothesis* (der Aufbahrung des Leichnams für die Totenklage) vorstellen sollte, den Ort des Banketts, den Schauplatz von Spiel und Tanz oder das Haus. Die Forschungen zur Ideologie des etruskischen Totenkults in frühgeschichtlicher und geschichtlicher Zeit stehen erst am Anfang, so daß wir noch keine klaren Aussagen über den Symbolwert der Grabkammer, die verschiedenen kulturellen Zonen, Segmente und Schichten der Gesellschaft und verschiedenen Entwicklungsstufen der einzelnen Aristokratien machen können. Daher sind die im folgenden zusammengestellten Elemente weitgehend provisorischen Charakters, auch wenn die Beobachtungen im allgemeinen als wohlbegründet erscheinen.

Das Kammergrab wird vom Ende des 8. Jahrhunderts v. Chr. an die typische Grabform der etruskischen Aristokratie und wird es bis zur völligen Romanisierung Etruriens an der Schwelle zur Römischen Kaiserzeit bleiben (Abb. 23, 24, 25, 33). Von der Orientalisierenden Periode bis zum 5. Jahrhundert v. Chr. sind die Kammergräber zumeist durch einen großen Hügel gekennzeichnet. Auch wenn dies auf die bescheideneren Grabhügel der vorangehenden Epoche zurückgeht, kann doch die nun gezeigte Monumentalität nichts anderes beabsichtigen, als die Rolle und Bedeutung des Gentilverbandes besonders hervorzuheben, wie sie in der Person des Oberhaupts und in der Genealogie der beigesetzten Familie zum Ausdruck kommt. Ein Altar, wie man ihn in den Grabhügeln der Orientalisierenden Periode in Caere findet, soll den an den Gedenkfesten dargebrachten Opfern dienen, wie sie Ovid an den römischen *Parentalia* beschreibt. (*Fast.* II, 565 f.): »Jetzt wandern leichte Seelen und Körper aus den Gräbern umher; jetzt nähern sich Schatten von der aufgestellten Speise«. Der gewaltige Tumulo della Cuccumella von Vulci und die bescheidenere Grabanlage von Grotta Porcina verfügen sogar über große Plätze mit umlaufenden Stufen, wo Spiele und Tänze gefeiert werden (Abb. 28).

Rolle und Bedeutung des verstorbenen Aristokraten werden außerdem durch Grabbeigaben symbolisiert. Das Anliegen der Herrschenden in der Orientalisierenden Periode, ob Mann oder Frau, ist im wesentlichen, reichen persönlichen Schmuck zur Schau zu stellen – eine Vielzahl von goldenen und silbernen Schmuckstücken wie Armreifen, Brustharnisch, Ringe und Anhänger – und ihr Prestige zu dokumentieren. Dazu dient vor allem auch die ganze Ausstattung für ein Festmahl mit dem entsprechenden Geschirr, dazu Spieße zum Kochen, riesige Kessel und Un-

Abbildung 25: Kammergrab in Caere aus dem 6. Jahrhundert v. Chr. bei seiner Entdeckung. Rechts die Bank für die Beisetzung des Toten; die anderen Bänke und der Raum dazwischen sind mit Gefäßen vollgestellt.

tersätze aus Metall oder Keramik für Fleisch und Getränke, kostbare Vasen für den Transport von Wein und Wasser, Gefäße für das Trankopfer, für Öle und parfümierte Essenzen. Der hohe Rang des Verstorbenen ist durch große runde Thronsessel mit gekrümmter Rückenlehne hervorgehoben oder, seltener, durch Sessel in rechteckiger Form, Vorläufer des römischen *solium*, des Thrones, auf dem der römische *patronus*

Abbildung 26: Kanope auf einem Thron mit gebogener Rückenlehne aus Bisenzio. Dies ist eines der ältesten datierbaren Exemplare einer Kanope, einer Aschenurne mit menschlichen Zügen, wie sie für die Gegend von Clusium typisch sind. Die Urne ruht auf einem *solium*, dem runden Thron, der auch in vielen orientalisierenden Gräbern in Caere dargestellt ist. Beginn des 7. Jahrhunderts v. Chr. (Rom, Museum der Villa Giulia).

Abbildung 27: Kanope aus Clusium. Ein sehr typisches Beispiel der für Clusium charakteristischen Aschenurne auf einem runden Thron. Erste Hälfte des 7. Jahrhunderts v. Chr. (Florenz, Archäologisches Museum).

Abbildung 28: Grabstein aus Clusium mit der Darstellung eines Tanzes bei den Trauerfeiern. Erste Hälfte des 5. Jahrhunderts v. Chr. (Chiusi, Museum).

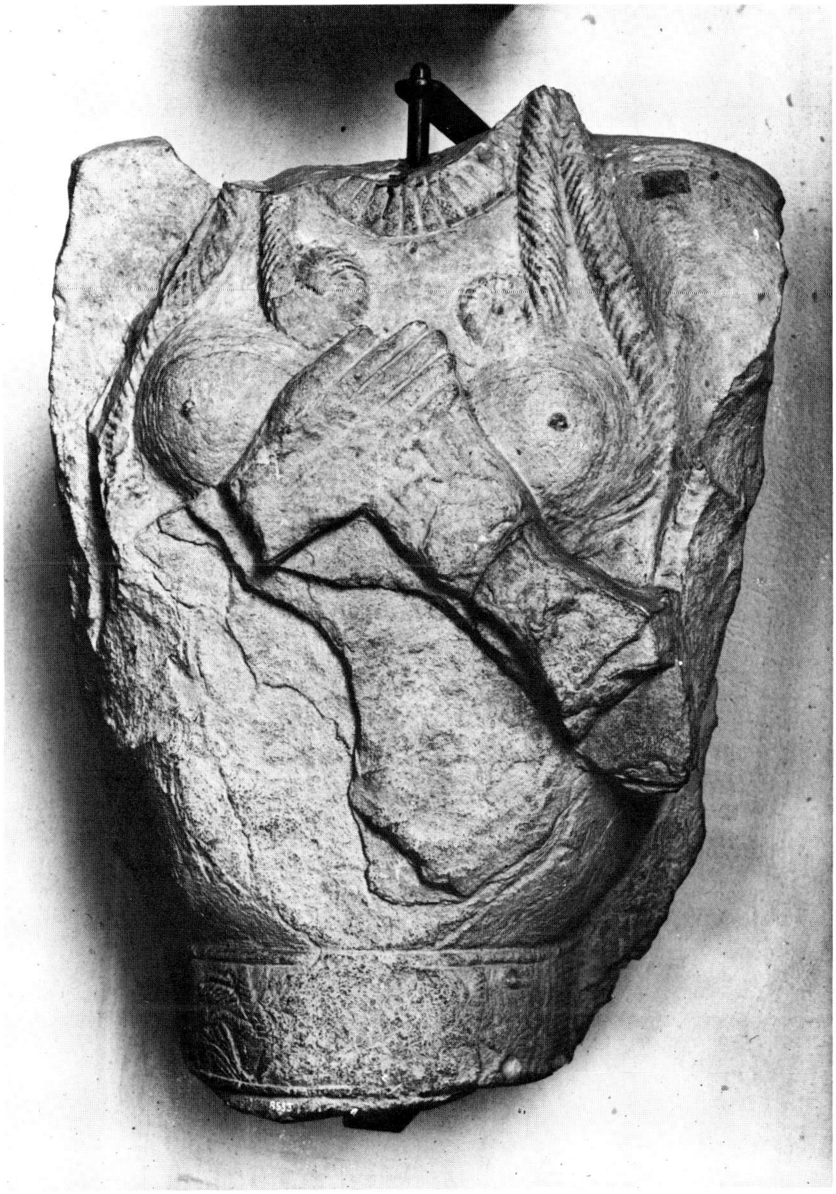

Abbildung 29: Kolossalstatue von Tumulo della Pietrera in Vetulonia. Sie stellt eine ›Weinende‹ dar, den ewigen Inbegriff der Trauer. Ungefähr 600 v. Chr. (Florenz, Archäologisches Museum).

Abbildung 30: Terrakottastatue aus der Tomba delle Cinque Sedie in Caere. Sie stellt einen Vorfahren dar (bezeichnenderweise trägt er Kleidung, die eine oder zwei Generationen vor der Errichtung des Grabes gängig war) und befand sich auf einem der fünf Throne mit gekrümmter Rückenlehne, die den großen zentralen Saal des Grabes schmücken. Ungefähr 600 v. Chr. (Rom, Museum im Palazzo dei Conservatori).

Abbildung 31: Kentaur aus Nenfro. Wie viele andere Skulpturen von Ungeheuern aus der Schule von Vulci aus dem 6. Jahrhundert v. Chr. war dieser Kentaur am Eingang des Grabes als dessen ›Bewacher‹ aufgestellt. Anfang des 6. Jahrhunderts v. Chr. (Rom, Museum der Villa Giulia).

Abbildung 32: Deckel einer Aschenurne aus Clusium. Hier hat die Figur nicht mehr die Form der Kanope, sondern ist stehend dargestellt, umgeben von Figuren Weinender. Mit Recht wird sie unter die Reihe der Vorläufer der *imagines maiorum* gezählt und ähnelt weitgehend dem in Abbildung 30 gezeigten Beispiel aus Caere.
Ungefähr 600 v. Chr. (Chiusi, Museum)

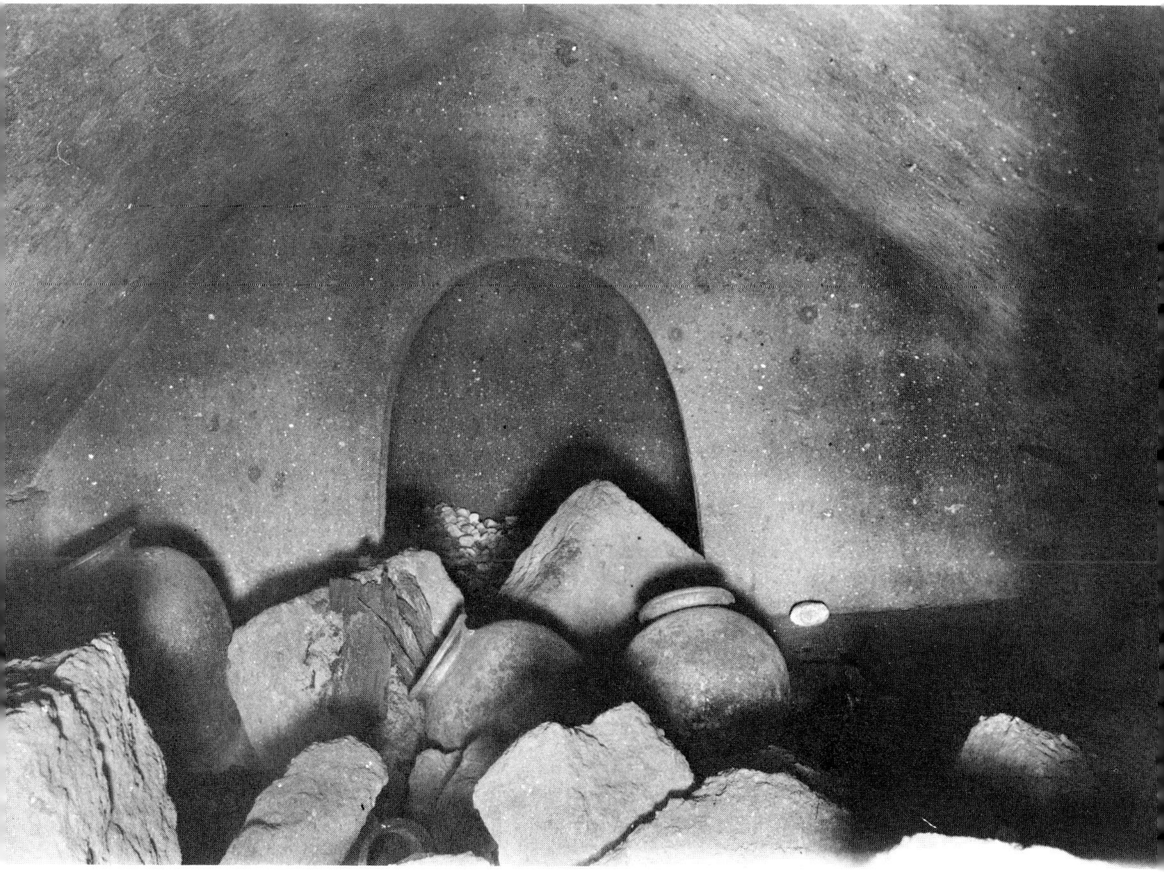

Abbildung 33: Das Innere der Tomba della Capanna in Caere zum Zeitpunkt der Entdekkung. Wie klar zu erkennen ist, sind die Wände der Grabkammern rundum verputzt. Zweites Viertel des 7. Jahrhunderts v. Chr.

im *tablinum* saß, wenn er die *clientes* empfing. Die Rolle des Kriegers ist jetzt nur noch durch die gewaltigen runden Prunkschilde aus getriebener Bronze angedeutet, die an den Wänden des Grabes aufgehängt sind, während die Ausübung der Jagd mit ihren aus dem Orient übernommenen ideologischen Inhalten betont wird (Abb. 36). Zepter, Doppeläxte, zweirädrige Prunkwagen und Stäbe sind die Symbole der Macht, Wedel und Fächer die Symbole der pflichtgemäß entgegengebrachten Huldigung. Das eigentliche Begräbnis ist manchmal besonders hervorgehoben durch die für den Leichenzug verwendeten vierrädrigen Wagen mit

Abbildung 34: Tomba delle Anatre in Veii. Dieses Grab steht am Anfang der etruskischen Malerei und ist in demselben Stil dekoriert wie die subgeometrische Keramik um die Mitte des 7. Jahrhunderts v. Chr. Die Decke mit vier angedeuteten farbigen ›Schleiern‹ soll das Zelt der *prothesis* des Verstorbenen darstellen.
Zweites Viertel des 7. Jahrhunderts v. Chr.

Darstellungen weinender Frauen, die im Tumulo della Pietrera in Vetulonia riesig groß sind (Abb. 29). Der Tote ist von gemalten, wie in der Tomba delle Anatre in Veii, oder echten Vorhängen umgeben, wie man in einem anderen Grab in Veii aus den entlang der Mauer gefundenen Bleigewichten zur Straffung des Stoffes schließen kann. Große Skulpturen von Tieren oder Fabelwesen schmücken vor allem das Äußere des Grabes – gemalte Darstellungen von Ungeheuern im Inneren sind seltener – und sollen als *apotropaia* dienen, als Mittel zur Abschreckung, das sowohl eventuelle Grabschänder als auch die im Grab bewahrten ›unruhigen‹ Seelen zurückhalten soll (Abb. 31). In ähnlichem Sinne sind auf dem Dach des Palastes von Murlo abwechselnd *apotropaia* und Ahnenbilder zu sehen.

Das Kammergrab ist ursprünglich dazu bestimmt, das Oberhaupt einer *gens* und seine Frau aufzunehmen, dazu vielleicht ihre noch unmündigen Kinder (oder auch ihre Diener), die in kleinen vom Eingangskorridor abgehenden Nebenkammern beigesetzt sind. Die Bestattungen der folgenden Generationen gruppieren sich alle um das erste Grab,

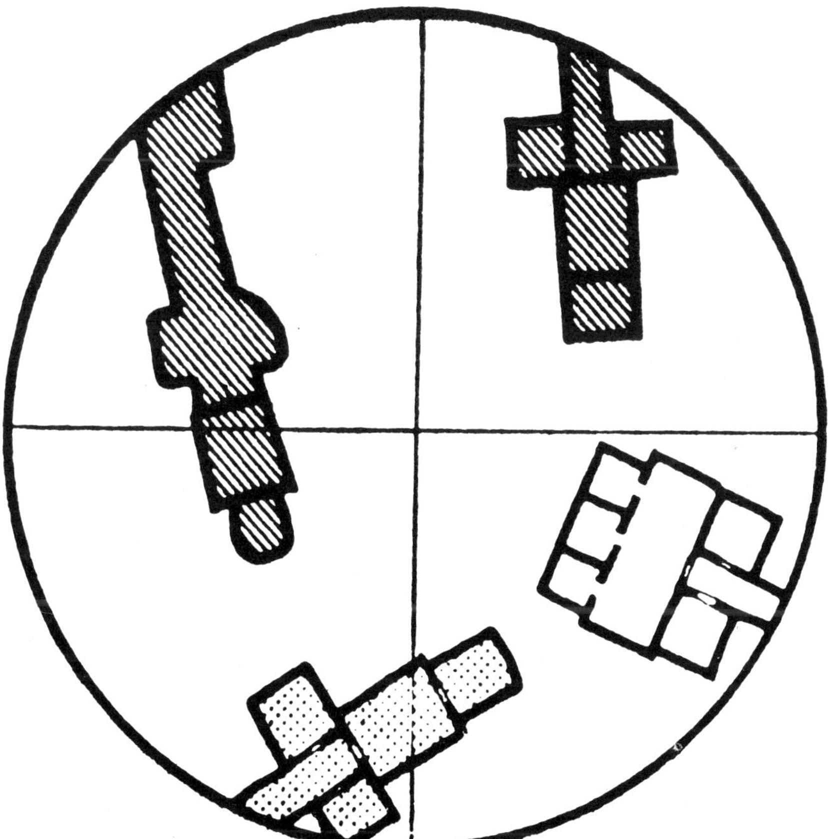

Abbildung 35: Plan des Tumulus 2 der Nekropole von Banditaccia in Caere. Im Uhrzeigersinn von links oben beginnend sieht man die Tomba della Capanna, die Tomba dei Letti e Sarcofagi, die Tomba dei Vasi Greci und die Tomba dei Dolii (aus Prayon).

Abbildung 36: Tarquinii, Tomba del Cacciatore oder auch Tomba del Padiglione di Caccia. Besser als jedes andere archaische Beispiel gibt dieses großartige Grab in Tarquinii das Zelt der *prothesis* mit seinem schweren Zeltdach aus Wolle wieder, dessen gestickte Ränder Jagdszenen zeigen, während die Seitenwände von durchsichtigen Schleiern gebildet wurden. Das Zelt der *prothesis* und die aristokratische Idealvorstellung von der Jagd sind hier miteinander kombiniert, und auf letztere spielen sowohl die gestickten Ränder des Zeltdachs an wie das Wild, das erlegt an dem hölzernen Zeltgerüst aufgehängt dargestellt wird oder lebend auf der Wiese, durch die durchsichtigen Schleier erkennbar.
Ungefähr 500 v. Chr.

um die Abstammung zu dokumentieren; die Toten können aber auch, wie im Fall von Caere, innerhalb desselben Tumulus beigesetzt werden. Dabei lassen sich Generationenfolgen von über 250 Jahren Dauer beobachten. Das ist z.B. bei dem Tumulus 2 der Nekropole von Caere (Banditaccia) der Fall, wo für das älteste Grab, die Tomba della

Capanna, zwischen 680 und 640 v. Chr. Beisetzungen feststellbar sind, für die Tomba dei Dolii zwischen 640 und 600 v. Chr., die Tomba dei Letti e dei Sarcofagi zwischen 600 und 550 v. Chr. und die Tomba dei Vasi Greci zwischen 550 und 400 v. Chr. (Abb. 35).

Sehr viel schlechter sind wir über die Bestattungen untergeordneter Gruppen unterrichtet: Die Ausgrabung und Erforschung solcher Gräber bietet wesentlich weniger Spektakuläres als die der großen Aristokratengräber und steht noch ganz am Anfang. Bis heute fehlt eine zusammenhängende Untersuchung der Verteilung und Chronologie zweitrangiger Gräber, die um die größeren und reicheren herum angeordnet sind. In einigen Fällen sind in Caere und Veii (und vielleicht auch in Tarquinii) um den Tumulus der Aristokratie herum Schächte und Gruben ausgehoben, die die Urne ohne oder mit nur sehr wenigen Beigaben oder das Skelett des Toten enthalten, der nur ganz einfach begraben wurde. Die Chronologie der spärlichen Beifunde ergibt indes mit Sicherheit, daß diese Bestattungen in dieselbe Zeit gehören wie das große aristokratische Grab. Dennoch können wir nicht sicher sein, daß zwischen den so unterschiedlich bestatteten Toten ein Abhängigkeitsverhältnis bestanden hat. Wir wissen zu wenig von der inneren Struktur der Nekropolen und den möglichen Normen, die ihre Aufteilung und Nutzung regelten, um hierüber klare und präzise Aussagen machen zu können.

Kapitel V

Entstehung und Entwicklung der Städte

1. Die antike und die etruskische Stadt

In der Antike sah man die Entstehung der Völker gewöhnlich als ein Ergebnis mythischer Wanderungen an, und ebenso stellte man sich die Gründung einer Stadt – man denke z.B. an Rom – als einen mythischen Akt vor. Die moderne Geschichtsschreibung ist sowohl in Hinblick auf die Herkunft der Etrusker als auch auf die Entstehung ihrer Städte vorsichtiger, und sie hat den prozessualen, langfristigen Charakter der Stadtgründungen herausgearbeitet. Die Bestimmung eines genauen Zeitpunkts, der eine Phase ohne Städte von einer Phase städtischer Entwicklung scheidet, wäre ein unmögliches und außerdem naives Unterfangen, beeinflußt von der Suggestivkraft, die jene mythischen Erzählungen der Antike auf viele Historiker ausübt. Ebenso unmöglich ist es, eine sichere und allumfassende Definition der Stadt zu geben, die überall und zu allen Zeiten gültig wäre: Die antike Stadt ist grundlegend verschieden von der des Mittelalters, und alle beide unterscheiden sich ebenso grundsätzlich von der Stadt in der Zeit des Kapitalismus. Die Produktionsverhältnisse bringen städtische Formen hervor, die genau der jeweiligen ökonomischen und sozialen Struktur entsprechen. Die Produktionsverhältnisse können aber auch die Entstehung städtischer Formen verhindern, wie es in der Antike nicht selten geschieht; ich denke hier z.B. an den samnitischen Bereich östlich des Apennin, wo sich eine städtische Siedlungsstruktur erst zum Zeitpunkt der völligen Romanisierung verbreitet, und an einige Randzonen der griechischen Welt wie Thessalien oder Epirus, die erst in hellenistischer Zeit zu städtischer Siedlungsweise übergehen.

Die Diskussionen um Charakter und Entstehung der antiken, beson-

ders aber der etruskischen Stadt sind bis heute recht lebhaft, und man hat trotz aller archäologischen und antiken literarischen Belege sogar die Existenz von Städten für diesen Bereich überhaupt in Zweifel gezogen. Man kann indes kaum bestreiten, daß die etruskischen und die latinischen Städte ihrem Charakter nach hinreichend einheitlich erscheinen: Es handelt sich um Zentren von beachtlicher Bevölkerungskonzentration, die eher Konsum- als Produktionszentren sind (über die Verteilung handwerklicher Produktionsstätten innerhalb oder außerhalb der Städte wissen wir nicht viel); gekennzeichnet sind sie von Kultstätten und Verteidigungsanlagen. Leider kennen wir keine städtischen Gebäudekomplexe mit politischer Bestimmung, doch gilt für das vorrömische Italien außerhalb der griechischen Bereiche, und mit der einzigen Ausnahme der Stadt Rom ganz allgemein, daß wir nicht in der Lage sind, auch nur einen einzigen Versammlungsort politischer Organe, eines Senats, einer Volks- oder anderer Versammlungen mit Sicherheit zu identifizieren.

Etrurien kannte also die Stadt, die in einem mindestens 100 bis 150 Jahre dauernden Prozeß in den am stärksten entwickelten Gebieten entstanden war, jedoch mit regional höchst unterschiedlicher sozialer und politischer Geschichte, je nach den verschiedenen Ausgangsbedingungen sowie der Zusammensetzung und dem Schicksal der Führungsschicht. Das auslösende Moment für den Entstehungsprozeß liegt in der frühen Eisenzeit, als die Gesellschaft der Villanovakultur den entscheidenden Schritt zum Privateigentum am wichtigsten Produktionsmittel, dem Boden, tut; der Abschluß des Prozesses erfolgt in den einzelnen Gebieten zu unterschiedlichen Zeitpunkten, doch im Süden zumindest fällt er mit dem Ende der Orientalisierenden Periode zusammen.

2. Die Entstehung

Die Dörfer der ersten Phase der Villanovakultur konnten wir bereits als weitgehend gleichartig charakterisieren, als kleine, nahe beieinanderliegende Gemeinschaften, eingebunden in ein dichtes Besiedelungsnetz.

*

Abbildung 37: Etruskisch-korinthische Olpe der ›Polychromen Gruppe‹, vermutlich aus Vulci. Auf der rechten Seite sieht man einen Krieger mit der typischen Bewaffnung des Hopliten. Ungefähr 600 v. Chr. (Rom, Museum der Villa Giulia).

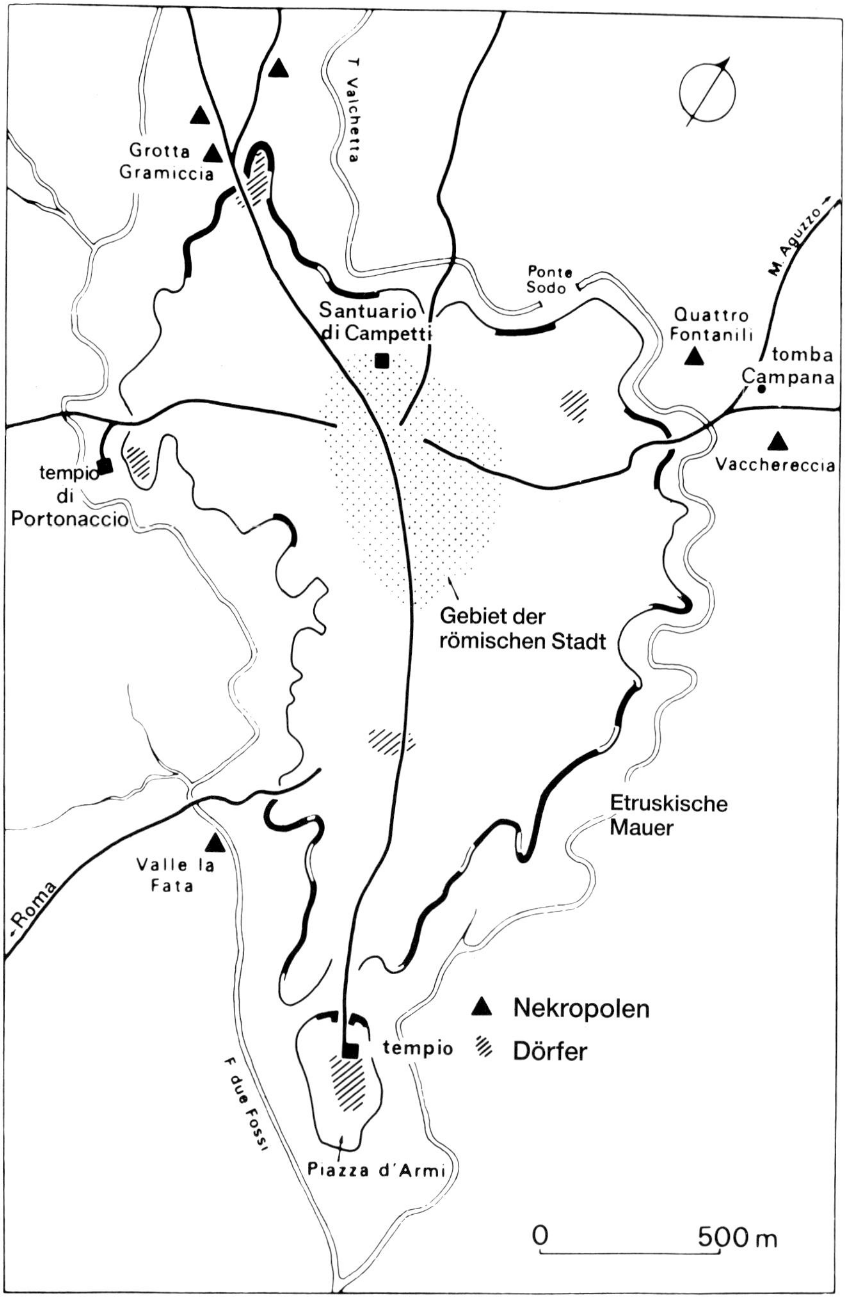

Abbildung 38: Plan von Veii mit den Nekropolen und den vermuteten Dörfern der Villanovazeit sowie den etruskischen Stadtmauern und Heiligtümern (aus Perkins).

Aber bereits im Verlauf der zweiten Phase erheben sich einige Zentren erkennbar über die anderen, bis sie in der Mitte des 8. Jahrhunderts eine deutliche demographische und wirtschaftliche Dominanz über ziemlich große Landstriche gewinnen. Die wenigen wichtigen Siedlungen bleiben zurück oder verschwinden ganz; die ursprüngliche Gleichartigkeit der Siedlungen geht für immer verloren, und stattdessen beginnen sich die Umrisse der historischen etruskischen Stadt mit dem ihr eigenen Gegensatz zum umliegenden Land abzuzeichnen.

Einige Siedlungsplätze scheinen geradezu prädestiniert dafür, von Anfang an die Rolle des städtischen Zentrums zu übernehmen, während andere ihren Rang als Stadt erst über viele Umwege erreichen. Die Erforschung dieser Phänomene steht noch am Anfang, so daß ich hier nur einige Beispiele zuführen will, die die außerordentliche Variationsbreite und Unregelmäßigkeit des Prozesses unmittelbar erkennen lassen. Dabei wird sich zeigen, daß der in den gängigen Theorien so gern gemachte Unterschied zwischen Synoikismos, dem Zusammenschluß verschiedener Dorfgemeinden, oder dem Anwachsen eines einzigen Siedlungskerns zu einer städtischen Siedlung in Etrurien und Latium eher eine überflüssige Abstraktion darstellt als ein notwendiges historiographisches Mittel.

Einer der bekanntesten und meistdiskutierten Fälle ist Veii. Die drei Nekropolen der Villanovazeit von Grotta Gramiccia, Quattro Fontanili und Valle La Fata gruppieren sich um ein ausgedehntes Plateau, das heute mit den Namen Campetti und Comunità bezeichnet wird und an das sich eine kleine, abgetrennt liegende Hochfläche anschließt, die sogenannte Piazza d'Armi (Abb. 38). Spuren von Villanovadörfern sind hauptsächlich an den Rändern der Hochebenen gefunden worden, und sie stehen scheinbar in engem Zusammenhang mit jeweils einer dieser Nekropolen. Ebenso plausibel ist die Annahme, daß die Stadt Veii aus einem Prozeß des Synoikismos entstanden ist. Dadurch ist eine Stadt entstanden, die sich über die große Hochfläche von Campetti und Comunità ausgedehnt hat. Die kleinere Hochebene der Piazza d'Armi hat die Funktion der Akropolis erfüllt und ist folglich im 6. oder spätestens im 5. Jahrhundert v. Chr. von Mauern umgeben worden. Eine solche Rekonstruktion scheint im wesentlichen wahrscheinlich, aber einige neuere Ergebnisse haben ihr glasklares Bild etwas getrübt. Nicht nur erscheint die Nekropole von Valle la Fata weniger reich und bedeutend als die anderen beiden, sondern es haben sich inzwischen auch Spuren einer

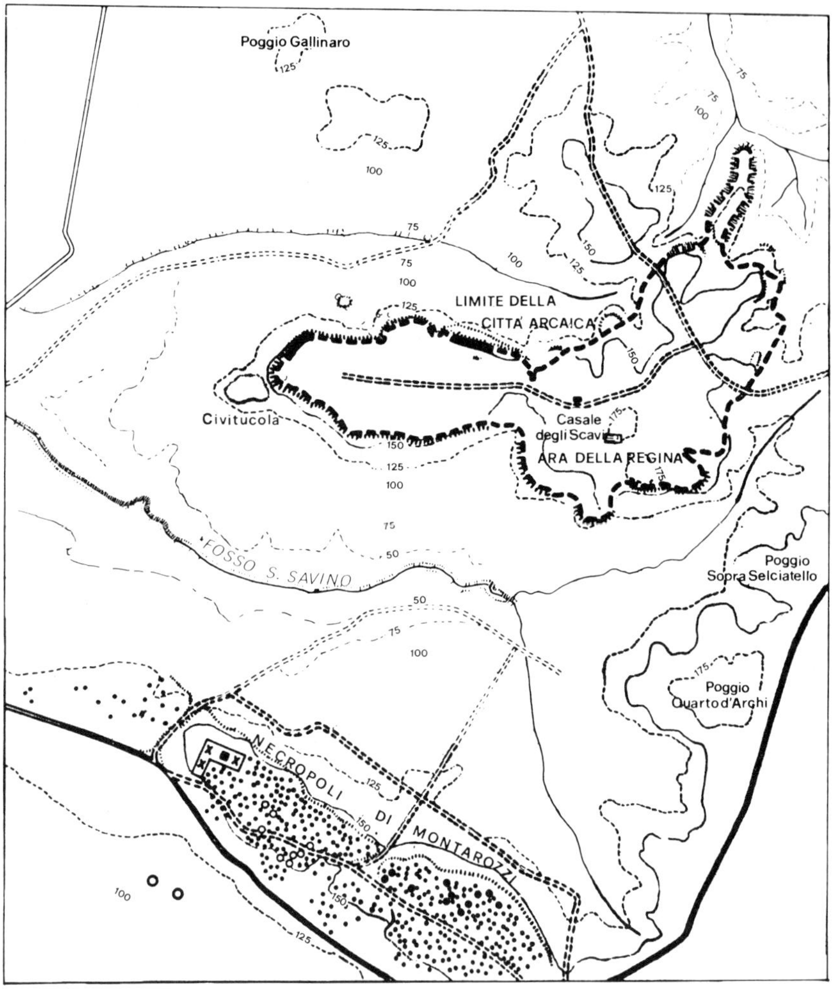

Abbildung 39: Plan von Tarquinii. In Kleinbuchstaben sind die Nekropolen der Villanovazeit bezeichnet. Es fehlen die von Monterozzi, die von der etruskischen Nekropole überdeckt ist, und die Necropli delle Rose, die außerhalb des Bereichs der Karte liegen (aus Mansuelli).

angrenzenden Villanovasiedlung außerhalb des Bereichs der beiden Hochebenen gefunden (in Monte Campanile, ungefähr 500 m südöstlich des größeren Plateaus). Das Gebiet der Piazza d'Armi, das, wie es scheint, zu einem früheren Zeitpunkt befestigt wurde als die danebenliegende größere Hochebene, ist durch das ganze 6. Jahrhundert v. Chr.

hindurch bewohnt und wird dann aufgegeben, um niemals wieder besiedelt zu werden. Die Einheitlichkeit des Prozesses des Synoikismos ist dadurch in Frage gestellt, denn die Gemeinschaft, die ihre Toten in Valle La Fata bestattete, scheint nicht auf einer Entwicklungsstufe mit den anderen zu stehen. Außerdem hat die Akropolissiedlung der Piazza d'Armi ein drastisches Schicksal erlitten, ohne Rücksicht auf den Kult, der in dem kleinen Heiligtum in der Mitte des Hügels ausgeübt wurde und ebenso abrupt aufgegeben wurde wie die umliegende Siedlung.

Auch der Fall von Tarquinii zeigt ähnliche Züge wie der von Veii: Eine große Hochebene mit dem heutigen Namen Civita (die indes wesentlich weniger einheitlich und zusammenhängend ist als die Hochebene von Veii), um die herum Gruppen von Nekropolen angeordnet sind, von Civitucola an der Westspitze bis zu dem langgezogenen Hügel Monterozzi im Süden, den Höhen von Poggio dell'Impiccato, Poggio Selciatello und Quarto degli Archi im Osten bis Poggio Gallinaro im Norden (Abb. 39). Der jüngste Fund eines ausgedehnten Villanovadorfes mit mehr als 50 Häusern auf dem Hügel von Monterozzi hat die geläufige Vorstellung zunichte gemacht, daß all diese Nekropolen von Anfang an auf den Mittelpunkt der Hochebene von Civita ausgerichtet gewesen seien, und bringt die Frage eines Synoikismos unter neuen Gesichtspunkten wieder ins Spiel. Man könnte in diesem Zusammenhang noch den Umstand erwähnen, daß die früheste archaische Siedlung anscheinend durch einen Graben und eine einfache nord-südliche Mauerbegrenzung auf den besser zu verteidigenden westlichen Teil der Civita beschränkt war, und daß diese Siedlung vielleicht nicht vor dem Ende des 5. Jahrhunderts v. Chr. auf die gesamte Höhe bis hin zum Gipfel Castellina ausgedehnt wurde.

Zwei weitere Beispiele im Gebiet von Falerii, die kulturell und wirtschaftlich völlig in das südliche Etrurien eingegliedert sind, zeigen gleichartige Phänomene. Die Stadt Falerii selbst machte eine keineswegs geradlinig verlaufende geschichtliche Entwicklung durch. Die älteste Nekropole aus dem 9. Jahrhundert v. Chr. liegt im Nordosten zu der abgeschlossenen Ebene Vignale hin, wo sich archaische Spuren und zwei nebeneinanderliegende Tempel aus historischer Zeit finden. Als im 5. (oder spätestens im 4.) Jahrhundert v. Chr. eine Befestigungsmauer gebaut wurde, umgab diese wiederum nicht Vignale, sondern den nahen, aber doch getrennt liegenden Hügel des heutigen Civita Castellana.

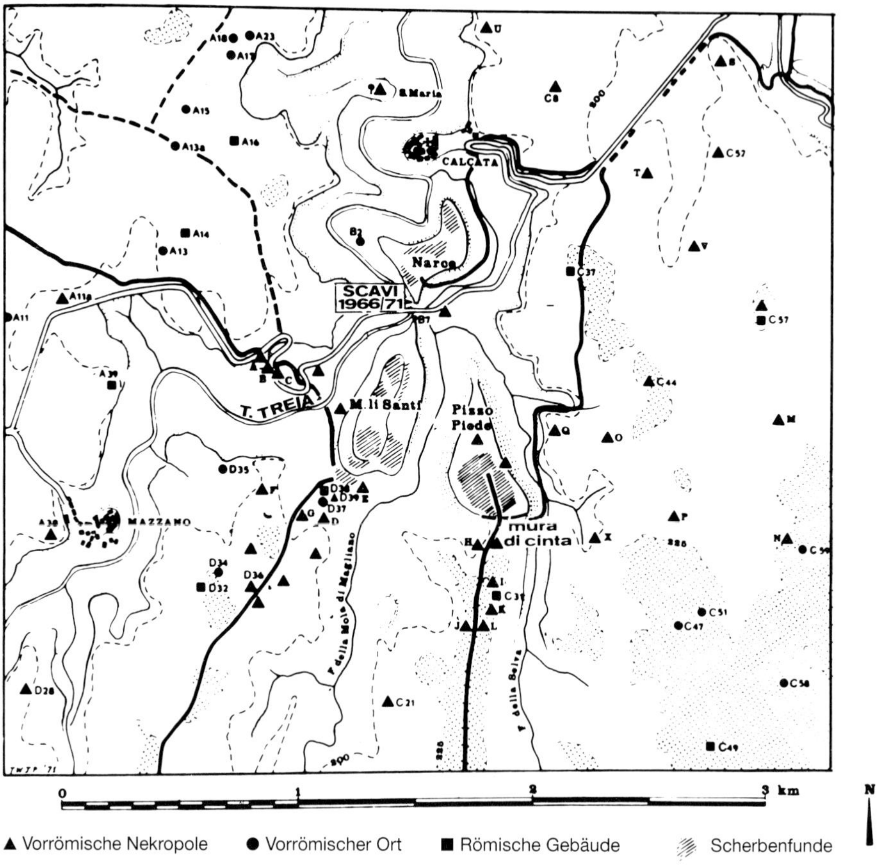

Abbildung 40: Plan von Narce mit den drei getrennt voneinander liegenden Siedlungen (aus Potter).

Dort hatte sich spätestens vom Beginn des 7. Jahrhunderts v. Chr. an das Zentrum der Siedlung gebildet, wie auch die angrenzenden orientalisierenden und archaischen Nekropolen von Penna und Valsiarosa zeigen. Ebenso hat das Zentrum von Narce, südlich von Falerii, eine wechselvolle Geschichte: Am Anfang steht eine Siedlung, die auf dem Hügel von Narce ihren Ursprung nimmt und sich dann im 7.–6. Jahrhundert v. Chr. über die nahegelegene Höhe des Monte Li Santi ausbreitet; am Ende des 6. Jahrhunderts v. Chr. gibt es eine weitere Ausdehnung auf die Anhöhe von Pizzo Piede, die von einer eigenen Befestigungsmauer umgeben wird und die ganze verbliebene Bedeutung des nahen Siedlungskomplexes Narce-Monte Li Santi auf sich zieht (Abb. 40).

Zusammenfassend kann man sagen, daß wir es mit unterschiedlichen Entwicklungsprozessen zu tun haben, die ›tote‹ oder ›unproduktive‹ Sektoren der Stadt entstehen lassen, mit Synoikismen, bei denen einige Gemeinschaften über andere die Oberhand zu gewinnen scheinen. Diese Entwicklungen ziehen sich über weite Zeiträume hin und sind bisweilen im 5. Jahrhundert v. Chr. noch kaum durch die definitive Begrenzung der weiteren Ausdehnung innerhalb eines festgelegten Mauerkreises abgeschlossen.

Aus den genannten Beispielen wird ersichtlich, daß die Entstehung der Stadt zugleich sowohl ein Synoikismos wie die Erweiterung eines Siedlungskerns ist. Dabei können die in den Entstehungsprozeß einbezogenen Zonen bis zur endgültigen Festlegung der Stadtgrenzen im 5.–4. Jahrhundert v. Chr. wechseln, und dieser Prozeß spiegelt wiederum den Entwicklungsgang der Produktivkräfte, des Klassenkampfes und der Auseinandersetzungen im Inneren der Gemeinschaft und nach außen wider. In diesem Sinne ist die Urbanisierung in Etrurien (und in Latium), auch wenn sie nicht mit der Entstehung der Klassen identisch ist, ein unmittelbarer Reflex der Dialektik zwischen den Klassen, der Notwendigkeit gesellschaftlicher Kooperation. Es genügt, an den legendären Auszug des Volkes auf den Heiligen Berg vom Jahre 494 v. Chr. zu erinnern: Die Zurückweisung des Siedlungsplatzes bedeutet Verweigerung der ›Kooperation‹, oder besser gesagt der Unterordnung. Das Ereignis zeigt ebenso wie das Gleichnis vom Zusammenwirken der verschiedenen Teile des Körpers, das bei dieser Gelegenheit von dem Konsul Menenius Agrippa Lanatus vorgetragen worden sein woll, daß dieser Aspekt bereits in der Antike gebührende Beachtung gefunden hat.

3. Regionale Unterschiede

Die hier untersuchten Städte liegen bezeichnenderweise alle in Südetrurien, das, wie man kaum mehr zu betonen braucht, das höchste Entwicklungsniveau der Produktivkräfte in ganz Etrurien repräsentiert. Die regionalen Unterschiede, die in den vorangegangenen Kapiteln geschildert wurden, spielen auch bei der Entwicklung städtischer Strukturen eine entscheidende Rolle. Der Süden erlebt unter den Aristokratien während des gesamten 7. Jahrhunderts v. Chr. eine zunehmende Bewe-

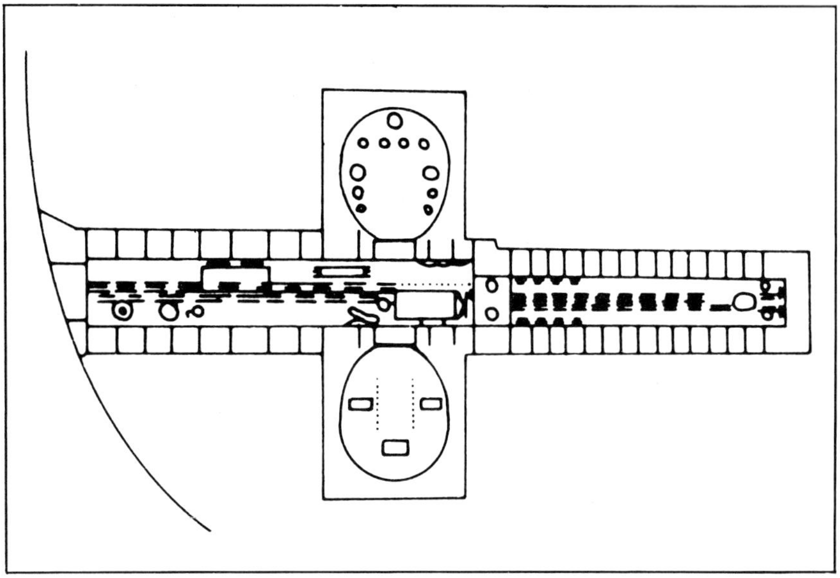

Abbildung 41: Schematischer Grundriß des Regolini-Galassi-Grabes. Im Vorraum und in der Grabkammer wurden zwei verschiedene fürstliche Erdbestattungen nachgewiesen; in der kreisförmigen Nische rechts war die Asche eines weiteren Toten in bescheidenerer Form beigesetzt (aus Torelli).

gung zu städtischen Strukturen hin. Am auffälligsten ist das Hervortreten eines Zentrums von außergewöhnlicher Größe, das die ganze frühgeschichtliche Zeit hindurch von deutlich geringerer Bedeutung gewesen war als die benachbarten Zentren Tarquinii oder Veii, nämlich Caere. Die Gründe für diesen Aufstieg liegen weitgehend im Dunkeln. Wir können vermuten, daß er auf Kosten beider mächtiger Nachbarn, vor allem aber Veiis erfolgte. Das mächtige Caere wird stets einen Keil zwischen den beiden wichtigsten Zentren des äußersten Süden bilden, wird Veii die Kontrolle über den ältesten »Hafen« Etruriens, die Tibermündung und die ausgedehnten, fruchtbaren Ländereien westlich des Lago di Bracciano streitig machen und wird Tarquinii die Zone der Tolfaberge nehmen, die für immer die Berge von Caere werden. Diese Berge sind wegen ihrer Bodenschätze und anderer Ressourcen von großer wirtschaftlicher Bedeutung und sie sind militärisch wichtig, weil man von dort aus die Zugangsstraßen in Richtung Süden kontrollieren kann. Der Reichtum der *principes* von Caere ist unermeßlich. Die fürstlichen Hügelgräber des 7. Jahrhunderts v. Chr. zählen nach Dutzenden und sind von einem Kranz kleinerer Gräber umgeben. Ihre Ausstattung, von den berühmten Höhepunkten wie dem Regolini-Galassi-Grab (Abb. 41) bis hin zu ›mittleren‹ Gräbern innerhalb desselben Grabhügels, gibt ein lebendiges Bild einer komplexen sozialen Gliederung, das kaum anderswo seinesgleichen findet. Um Caere herum liegen außerdem einige kleinere Siedlungen entlang der Küste (Alsium, Pyrgi und Punicum, das heutige S. Marinella) und im Inneren, im Tal des Flusses Mignone (La Scaglia, Tolfa, Rota) an der Grenze zu Tarquinii sowie im östlichen Grenzgebiet (Blera, S. Giuliano, Canale Monterano, Tragliatella), bei denen sich meistens ein bis zwei Gräber von der Art wie in Caere und mit Beigaben aus Caere befinden. Dieser Umstand zeugt von der Existenz enger Beziehungen nicht nur auf kultureller, sondern auch auf ›politischer‹ Ebene. Man hat fast den Eindruck, als ob die lokalen *reguli*, die kleinen Fürsten dieser Gebiete, den Familien der *principes* von Caere in einem Bündnissystem verpflichtet seien – aufgrund gegenseitiger Heirat, wie man sich leicht vorstellen könnte.

Ein ganz anderes Bild ergeben die Zeugnisse für die Städte Veii und Tarquinii. Veii zeigt nach der Pracht der Villanovazeit deutliche Zeichen des Niedergangs. Im Vergleich zu Caere gibt es nur wenige große Tumuli aus später Zeit mit bescheidenerer Ausstattung, und das umliegende Territorium ist nicht so dicht besiedelt wie das Einflußgebiet von Caere. Dem einzigen von Veii beeinflußten Zentrum, Trevignano Romano, dem man vermutlich noch die Siedlungen von Testa di Lepre bei Maccarese und von Colle S. Agata auf dem Monte Mario hinzufügen kann, steht der frühzeitige Untergang vieler Siedlungen gegenüber, wie z.B. der von Monte S. Angelo zwischen dem Lago di Bracciano und dem Lago di Martignano, das in der Villanovazeit in Blüte stand. Außerdem zeigen viele Zeugnisse des aristokratischen Reichtums eine ›zentrifugale‹ Tendenz: so das Chigi-Grab auf dem Gipfel des Monte Aguzzo bei Formello und der Grabügel von Quaranta Rubbie an der Via Cassia oder das kürzlich von Francesca Boitani an den Hängen des Monte Michele entdeckte Fürstengrab. Hier zeigt sich also ein anderes Modell städtischer Entwicklung als in Caere. Reichtum und das politische Gewicht der Aristokratie spielen eine geringere Rolle, und die Struktur des Landes ist, anders als in Caere, stärker durch Einzelhöfe und sehr kleine verstreute Siedlungen geprägt, die unter fester Kontrolle der Stadt stehen. Die Beziehungen nach außen sind in dieser Hinsicht ebenso bezeichnend, doch spielen bei ihnen schon seit dem 7. Jahrhundert v. Chr.

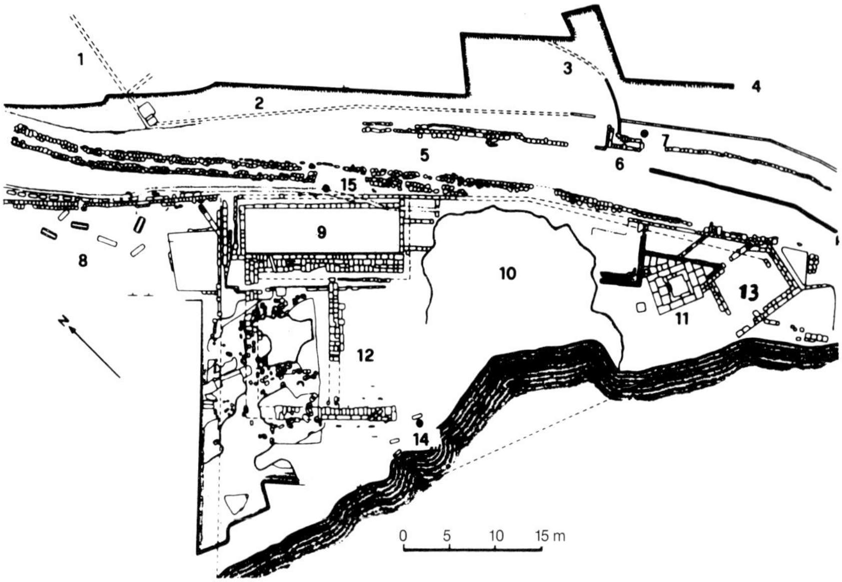

Abbildung 42: Plan des Heiligtums von Portonaccio in Veii. 1, 3, 4: Unterirdische Stollen; 2: Antike Wasserleitung; 5: Römische Straße; 7, 14, 15: Brunnenschächte; 6, 8: Römische Gräber; 9: Etruskische Kultbecken; 10: Neuzeitlicher Tuffsteinbruch (aufgefüllt); 11: Altar; 12: Tempel; 13: *Thesauros* (?).

›politische‹ Elemente wie das der Orakelgöttin Menerva geweihte Heiligtum von Portonaccio eine Rolle (Abb. 42). Diese Göttin ist für die benachbarten Falisker von großer Bedeutung (in Falerii ist sie vielleicht Stadtgöttin), und sie beschützt mit ihrem Orakel *principes* von Veii wie die Tolumnii (TLE² 36, 838), Aristokraten und fremde »Heerführer«, wie Avile Vipiienas (TLE² 35), bei dem es sich sicher um den berühmten Aulus Vibenna der römischen Legende von Servius Tullius handelt, oder Avile Acvilnas, der durch eine Inschrift in Veii und zwei Weihgeschenke in einem Grab von Ischia di Castro bei Vulci bekannt ist (TLE² 915; 916).

Die Situation im Gebiet von Tarquinii ist wiederum eine andere. Die Stadt scheint den Höhepunkt ihres frühgeschichtlichen Prunks in der Mitte des 8. Jahrhunderts v. Chr. zu erleben, wie das ›Grab des Kriegers‹ sowie die Existenz eines blühenden Metallhandwerks und italogeometrischer Töpferei euböisch-kykladischer Prägung belegen. Vom beginnenden 7. Jahrhundert v. Chr. an nimmt die Zahl der Nekropolen allmählich ab, bis schließlich gegen Ende des Jahrhunderts als einzige große Grabstätte die von Monterozzi bleibt. Die im vorangehenden Abschnitt untersuchten Elemente scheinen anzuzeigen, daß gerade um die Mitte des 8. Jahrhunderts v. Chr. oder spätestens in den 50 Jahren danach ein Wendepunkt in der städtischen Entwicklung erreicht ist. Die geringere Pracht und Lebhaftigkeit des Orientalisierenden Stils in Tarquinii ist vielleicht eine Folge davon. Die Hügelgräber sind mit Ausnahme der riesigen Tumuli von Doganaccia oder des Grabes von Poggio del Forno wenig eindrucksvoll. Angesichts dieser Situation ist es schwierig, Rückschlüsse auf den Verlauf und die sozialen Folgen der städtischen Entwicklung zu ziehen. Das Verhältnis zum umliegenden Land scheint anders zu sein als in Caere. Das ausgedehnte Hinterland von Tarquinii mit Tuscana in der Mitte ist von Siedlungen durchsetzt, die von kleinen Machthabern beherrscht werden, wofür Tuscana selbst und Acquarossa deutlich Zeugnis ablegen. Wie G. Colonna herausgearbeitet hat, ist dieses Gebiet im Brennpunkt zwischen dem Küsten- und Binnenland Etruriens, zwischen Tarquinii, Vulci, Caere, Veii und Volsinii, Gegenstand einer Auseinandersetzung zwischen Caere und Tarquinii; für die archaische Zeit zumindest scheint dieser Konflikt um die Sicherung des Einflusses zugunsten der südlicher gelegenen Stadt ausgegangen zu sein. Inwiefern das zu dem deutlich geringeren Glanz der Aristokratien von Tarquinii beigetragen hat oder der ›Niedergang‹ der dortigen *principes* nicht eher auf die Nivellierungstendenzen zurückzuführen ist, die die städtische Entwicklung als solche mit sich bringt, ist schwer zu sagen. Sicher ist, daß sich hinter der Situation in Tarquinii eine besondere soziale Entwicklung verbirgt, die vielleicht nicht allzu verschieden von der Veiis ist, mit dem Tarquinii seit ältester Zeit Prestige und wirtschaftliche Bedeutung gemeinsam hat, von dem es aber die weitere Entwicklung des 6. Jahrhunderts v. Chr. unterscheidet.

Weiter im Norden zeigt Vulci einen ähnlichen Niedergang wie Tarquinii in der älteren und mittleren Orientalisierenden Phase. Hier finden sich noch weniger fürstliche Kammergräber als in Tarquinii, und es zeigen sich keine Spuren einer ausgeprägten sozialen Gliederung, bevor nicht die Wirtschafts- und Produktivkräfte Vulcis im späten 7. Jahrhundert v. Chr. einen neuen, gewaltigen Aufschwung nehmen. Der Schwerpunkt dieser Zone, der im 8. Jahrhundert v. Chr. eindeutig bei dem Zweigespann Tarquinii-Vulci lag, hat sich also weiter nach Süden auf Caere und weiter nach Norden auf Vetulonia verlagert. Bemerkenswert ist in diesem Zusammenhang die bis zum letzten Viertel des 7. Jahrhun-

Abbildung 43: *Tholos*-Kuppel der Tomba della Montagnola in Quinto Fiorentino, des typischsten Beispiels der späten orientalisierenden Gräber Nordetruriens. 600 v. Chr.

derts v. Chr. zunächst zurückhaltende Entwicklung von Zentren wie Populonia und Rusellae, die zusammen mit Vulci im Laufe des 6. Jahrhunderts einen gewaltigen Aufstieg erleben sollten, natürlich zum Nachteil Vetulonias.

Im Vergleich zu diesen Polen im Küstengebiet scheint das übrige Etrurien noch von der aristokratischen Sozialstruktur auf der Grundlage verstreuter Besiedlung beherrscht zu sein. Die einzigen Ausnahmen bilden Volaterrae (Volterra), dessen Nekropolen bereits im späten 7. Jahrhunderts v. Chr. andeutungsweise eine städtische Entwicklung erkennen lassen, sowie Clusium (Chiusi). Über Volsinii wissen wir wenig oder so gut wie gar nichts, auch wenn erste Anzeichen der Urbanisierung für die Mitte des 7. Jahrhunderts wahrscheinlich sind, während zu dieser Zeit in Arretium (Arezzo) und Perusia mit Sicherheit noch kein Prozeß städtischer Entwicklung eingesetzt hat. Das Bild im gesamten Gebiet zwischen Populonia, dem Arno und dem oberen Tibertal ist zwischen dem 7. und dem 6. Jahrhundert unbestritten von den ›Palästen‹ und den großen sakralen Rundbauten (*tholoi*) beherrscht: Von Quinto Fiorentino bis Cortona, von Casaglia bis Casal Marittimo finden sich die Aristokratengräber mit ihrer reichen Ausstattung an Bronzeobjekten und orientalischen Luxusgegenständen (Abb. 43). In Bologna in der Poebene ist die Lage ähnlich. Die nicht spärlichen Zeugnisse Orientalisierenden Stils sind dort zaghafte Anzeichen und Vorläufer einer kraftvollen, um die Mitte des 6. Jahrhunderts v. Chr. einsetzenden städtischen Entwicklung, die auf Kosten der alten Dörfer aus der Villanovazeit fortschreitet.

In Kampanien zeigen die leider sehr einseitigen Daten ein klares Übergewicht Capuas innerhalb dieses gewaltigen Territoiums, über dessen andere Zentren wie Suessula oder Nola nur wenig bekannt ist. Die Stadtwerdung Capuas geht sicher auf sehr alte Zeit zurück. Dennoch zeigen weder Capua noch andere etruskische Zentren des nördlichen Kampanien Monumente oder Gegenstände, die sich mit den Funden der südetrurischen Fürstengräber messen können. Vergleichbare Funde hingegen treten in der Nekropole von Pontecagnano auf, dem Zentrum des Gebiets um Salerno, bei dem es sich vielleicht um das antike Marcina (Strab. V, 4, 13) handelt.

Im südlichen Küstengebiet und in Kampanien ergreifen die *principes* entschiedene Maßnahmen in Richtung auf städtische Strukturen, aber die Ergebnisse sind unterschiedlich und stehen in engem Zusammenhang mit dem Entwicklungsstand der Produktivkräfte, den Bedürfnissen nach Gleichberechtigung innerhalb der Gesellschaft und der beginnenden Dialektik von Stadt und Land. Im Norden und in den weiten Gebieten des südlichen Binnenlandes indes ist der sozioökonomische Antrieb zu städtischer Entwicklung sehr viel schwächer oder überhaupt nicht vorhanden, angesichts der weitgehenden Kontrolle, die die *principes* sowohl materiell wie ideologisch auf die Produktion und den Warenaustausch ausüben. Wie später zu sehen sein wird, reifen objektive Bedingungen heran für einen Konflikt, in dem sich *polis* und ›Palast‹

gegenüberstehen werden. Ebenso wurden auf den vorangegangenen Seiten bereits Auseinandersetzungen und Verlagerungen der Vorherrschaft unter den Zentren Veii, Tarquinii, Caere, Vulci und Vetulonia angekündigt. Die Erweiterung des wirtschaftlichen Horizonts, der sozialen Basis und des ideologischen Zusammenhalts der städtischen Einheiten wird für diese Konkurrenzsituation das entscheidende Element bilden.

4. Warentausch und Handwerk

Die Kontinuität des im Verlauf des 8. Jahrhunderts v. Chr. herausgebildeten Modells des Warenaustauschs durch das folgende 7. Jahrhundert v. Chr. hindurch kann angesichts der archäologischen Zeugnisse als gesichert gelten. Hauptsächliche Vermittler zwischen Etrurien und dem Osten sind noch immer unangefochten die Euböer. Aber die Zunahme griechischer Kolonien zwischen dem Ausgang des 8. und Mitte des 7. Jahrhunderts v. Chr. und der gleichzeitige mächtige Aufschwung des korinthischen Handels im gesamten Mittelmeerraum bringen neue Impulse. Neben den Korinthern treten die Achaier, Spartaner und Ionier in die immer komplexer werdenden Handelsbeziehungen ein, und allgemein ist eine Intensivierung der Beziehungen auf den verschiedenen wirtschaftlichen und gesellschaftlichen Ebenen zu verzeichnen. Pithekusa sieht mit der Gründung von Kyme seinen Stern bald sinken. Dies entspricht völlig dem qualitativen Fortschritt der Entwicklung der griechischen Welt im Bereich der Produktion, des Warenaustauschs und der sozialen Verhältnisse. Parallel dazu eröffnen sich neue Wege des Kontakts zwischen Griechen und Etruskern entlang der gesamten tyrrhenischen Küste und längs des Tibertals infolge der Ausweitung des Warenaustauschs und der Entwicklung der wichtigsten etruskischen Städte an der Küste. Dadurch vervielfachen und verändern sich die Handelsströme, und der Austausch innerhalb des Gebiets von ›Großetrurien‹ wird in bisher nicht gekannter Intensität angeregt. *Atyrmata* (Zierrat) und *agalmata* (Weihgaben) aus dem Osten oder aus Griechenland werden unter den etruskischen Aristokraten der Orientalisierenden Epoche zu höchst begehrten Objekten: Bronzene Kessel, Schalen und Schmuck aus Gold, Silber und Elfenbein, Fächer, luxuriöse Kästchen, Keramik, Siegel, Skarabäen und ›Kuriositäten‹ mit zweifellos ideologischer Bedeu-

Abbildung 44: Straußenei mit Reliefdekration aus der Tomba di Iside in Vulci. Nach Technik (Abtragen der Oberfläche vermittels Korrosion durch leichte Säuren) und Stil handelt es sich um die Arbeit eines ostgriechischen Künstlers vom Anfang des 6. Jahrhunderts v. Chr. (London, British Museum).

tung wie die außergewöhnlichen Straußeneier (Abb. 44 und 45) befriedigen das Prestigebedürfnis der Aristokraten der Küstenstädte. Sie rufen griechische und vielleicht phönikische Händler (für letztere sprechen die zahlreichen vom späten 8. Jahrhundert v. Chr. an importierten und später nachgeahmten zyprischen Amphoren sowie zwei Schalen aus Praeneste und Pontecagnano, die phönikische Inschriften tragen) an ihre kleinen ›Höfe‹ und verlangen Wegzoll und ›Geschenke‹ als Gegenleistung für den Zugang zu den begehrten etruskischen Waren. Ein sehr typisches Beispiel ist uns durch den Historiker Pompeius Trogus aus dem phokäischen Massilia (Marseille) überliefert (Iust. XLIII, 3, 4): Kaufleute aus Phokäa seien an der Tibermündung gelandet und hätten »mit dem König Tarquinius Priscus Freundschaft geschlossen.«

Der Austausch betrifft nicht nur den Erwerb von Waren, sondern, wie auch schon in der Vergangenheit, die Übersiedlung von Handwerkern und Übernahme von Technologien. Nach den Töpfern aus Pithekusa, die im 8. Jahrhundert v. Chr. geometrische Vasen zunächst in Veii und dann in Tarquinii und in Vulci produziert hatten, siedeln sich zu Beginn des 7. Jahrhunderts v. Chr. Töpfer aus Euböa, vielleicht auch aus Kyme in Caere und Tarquinii an, um dort Keramik im Stil der subgeometrischen Periode Euböas und Korinths herzustellen. Ungefähr von der Mitte des 7. Jahrhunderts an entsteht in Caere ein Produkt, das zur charakteristischen Tafelkeramik der Etrusker werden wird, nämlich Bucchero. Zunächst finden sich nur Versuchsstücke von begrenzter Zahl (Abb. 46), doch vom späten 7. Jahrhundert v. Chr. an bis zum Ende des 5. Jahrhunderts v. Chr. wird Bucchero in praktisch jedem Zentrum Etruriens, stark standardisiert und mit zunehmend typischen Zügen des Massenprodukts gefertigt (Abb. 47). Kurz nach der Mitte des 7. Jahrhunderts v. Chr. tauchen einige vereinzelte griechische Töpfer verschiedener Herkunft und mit komplexem kulturellem Hintergrund auf, wie etwa Aristonothos und der ›Schwalbenmaler‹, die in Caere und Vulci tätig sind. Sie sind aber nur Vorboten und Wegbereiter der großen Einwanderungswelle korinthischer Vasenmaler, deren Werke ein dominierendes Element der etruskischen darstellenden Kunst bis ungefähr in die Mitte des 6. Jahrhunderts v. Chr. bleiben werden. Die etrusko-korinthischen Werkstätten etablieren sich in erster Linie in Vulci und in Veii, dann in Caere und erst im Verlauf des 6. Jahrhunderts v. Chr. in Tarquinii, erreichen allerdings nur in Vulci das Ausmaß einer Massenproduktion. Die Existenz von Metallwerkstätten ist in größerem Ausmaß in Vetulonia und in Vulci belegt, ziselierte Arbeiten finden sich auch in Caere und Tarquinii. Vom Ende des 7. Jahrhunderts v. Chr. an konzentriert sich in Vulci vor allem die Erzeugung von Luxusgegenständen, die zum Teil die Tätigkeit von Handwerkern aus den griechischen Kolonialstädten voraussetzt.

*

Abbildung 45: Bemaltes Straußenei aus Vulci (?) mit subgeometischen und orientalisierenden Motiven verschiedenen Ursprungs, und zwar nach orientalischen, zypriotischen, phönikischen und griechischen Mustern. Um die Mitte des 7. Jahrhunderts v. Chr. (Rom, Museum der Villa Giulia).

Kurz nach der Mitte des 7. Jahrhunderts v. Chr. übernehmen die Etrusker die griechische Technik, die Dächer mit Tonziegeln zu decken und Bauornamente aus Terrakotta zu verwenden. Eine halb legendäre Erinnerung daran bewahrt Plinius, der als Urheber dieser Neuerung (*N. H.* XXXV, 151) drei Künstler mit ›sprechenden‹ Namen nennt, und zwar den Bildhauer Eucheir (›den mit der geschickten Hand‹), den Maler Eugrammos (›den mit dem schönen Bild‹) und den Architekten Diopos (›der, der Maß nimmt‹). Diese drei, die von modernen Interpreten irrtümlicherweise mit Demaratos, dem nach Italien geflohenen korinthischen Adligen und Vater des Tarquinius Priscus in Verbindung gebracht werden, bilden genau das »Team«, das das Dach deckt und die bemalte Bauornamentik aus Ton herstellt und anbringt, wie sie die ältesten Beispiele der ›Paläste‹ von Acquarossa und Murlo deutlich zeigen. Die enge technische und stilistische Verbindung zwischen dieser handwerklichen Tätigkeit und der Herstellung großer Vorratsgefäße aus rotem Ton mit Bemalung im subgeometrischen Stil veranschaulicht, daß die Produktion von Gefäßen je nach den Notwendigkeiten des Brennvorgangs unterteilt wurde, und zwar in die Herstellung der großen Gefäße, mit denen zusammen auch die Dachziegel gebrannt wurden, und die Herstellung von Tischgeschirr oder Gebrauchskeramik, die Aufgabe anderer Handwerker war. Diese Entwicklung ist von größter Wichtigkeit für die folgenden Jahrhunderte und führt um die Mitte des 7. Jahrhunderts v. Chr. zu einer beschleunigten Entwicklung der Arbeitsteilung, die, wie wir gesehen haben, eine der Vorbedingungen für die Entwicklung städtischer Zivilisation ist. Doch die Einführung von Tonziegeln hat noch eine weitere Auswirkung auf die städtische Entwicklung. Um die Mitte des 7. Jahrhundert v. Chr. zeigen die großen Gräber von Caere, die genau das Innere der Häuser wiedergeben, daß man bei den Wohnstätten die provisorische Struktur der Hütten endgültig aufgegeben hat. Noch wenige Jahrzehnte vorher waren sie in monumentaler Form im Regolini-Galassi-Grab und der Tomba della Capanna vorgekommen. Nunmehr geht man dazu über, dauerhaftes Mauerwerk mit einem Sockel aus Stein und einem Oberbau aus ungebrannten Ziegeln zu errichten, vor allem die

*

Abbildung 46: Bucchero-Situla aus Caere. Die nicht dem allgemeinen Muster entsprechende Form und die ungewöhnliche Dekoration machen ebenso wie der Stil aus diesem Stück eines der wichtigsten Erzeugnisse der ›experimentellen‹ Phase der Buccheroproduktion in Caere. Drittes Viertel des 7. Jahrhunderts v. Chr. (Rom, Museum der Villa Giulia).

Dächer mit Ziegeln zu decken und aufwendige Zimmermannsarbeiten durchzuführen (Abb. 49 und 51). Im Zusammenhang mit der städtischen Bautätigkeit entstehen so neue Arbeitsprozesse und neue Berufe, wie sich auch im Zusammenhang mit dem wachsenden Konsum die handwerklichen Tätigkeiten vervielfachen. Daß dies ein Kennzeichen des stärker fortgeschrittenen Südens ist, zeigt die weiter andauernde Verwendung der Hüttenform in Gräbern des Nordens. Ein weiteres Anzeichen dafür ist der Umstand, daß man für ›Paläste‹ wie den von Murlo, bei denen es sich um isolierte Beispiele fortschrittlicher Architektur handelt, die Institution wandernder Bautrupps einführen muß. Diese Form der Arbeitsorganisation finden wir noch mitten im 6. Jahrhundert v. Chr. und ganz im Süden vor, wenn z.B. identische architektonische Dekorationselemente aus Terrakotta aus ein und derselben Herstellungsserie in Veii, in Rom und in Velitrae (Velletri) verwendet werden. Ein weiterer Beleg ist die Überlieferung von den *fabri undique ex Etruria acciti*, den von Tarquinius Priscus zur Errichtung des Tempels des Jupiter Capitolinus aus allen Gegenden Etruriens herbeigerufenen Handwerkern (Liv. I, 56).

Aber auch andere technologische Anregungen der Griechen gewinnen für Etruriens Wirtschaft und die ideale Form der entstehenden städtischen Zivilisation sehr große Bedeutung: der Olivenanbau, die Schrift und die Hoplitentaktik. Die Einführung der Olivenkultur datiert nach dem Zeugnis des Geschichtsschreibers Fenestella aus augusteischer Zeit (Frg. 7 P) angeblich in die Regierungszeit des Tarquinius Priscus. Das erscheint glaubhaft angesichts der sprunghaften Ausweitung der etruskischen Amphorenproduktion in der ersten Hälfte des 6. Jahrhunderts v. Chr., die zum großen Teil für Wein, in einigen Fällen aber auch nachweislich für Öl bestimmt ist. Aus ungefähr der Mitte des 7. Jahrhunderts indes datiert, wenn vielleicht auch nicht die Produktion, so doch zumindest die Abfüllung parfümierter Öle, wie die immer zahlreicher gefundenen Salbgefäße aus lokaler Fabrikation zeigen.

Die Schrift, die sich mit Sicherheit von dem chalkidischen Vorbild von Kyme herleitet, dringt zu Anfang des 7. Jahrhunderts v. Chr. in Etrurien

*

Abbildung 47: Bucchero-Oinochoe aus Orvieto mit Reliefdekoration. Es handelt sich um ein typisches Produkt der qualitätvollen Buccheroherstellung im zentralen Etrurien unter Verwendung von Stempeln, die luxuriöse Vorbilder aus Metall nachahmen. Ungefähr erste Hälfte des 6. Jahrhunderts v. Chr. (Orvieto, Museo dell'Opera del Duomo).

und in Latium ein. Auch dieses ›Gut‹ wird zum Gegenstand der Aneignung durch die *principes*, in deren prachtvollen Gräbern sie Grabbeigaben oder Geschenke bezeichnet (die Formel »ich gehöre X« oder die Formel »X hat mich dem Y geschenkt«). Der ideologische und magisch-kultische Wert der Schrift sowie der Aspekt der sozialen Kontrolle wird auch dadurch unterstrichen, daß fürstlichen Gräbern Schreibtafeln, Griffel oder für den Verstorbenen typische Gegenstände wie Spindeln, beigegeben werden, die mit Alphabeten oder Syllabaren beschrieben sind.

Der Gebrauch der Schrift ist für das ganze 7. Jahrhundert v. Chr. auf die Kreise der Aristokratie beschränkt, aber sie wird später wesentlich größeren Gruppen zur Verfügung stehen, die sicher nicht mehr als aristokratisch bezeichnet werden können. Und die Schrift ist es im übrigen, die die zunehmende Kluft zwischen Nord und Süd bestätigt, nicht nur in Hinsicht auf ihre Verbreitung, sondern auch in bezug auf die Übernahme des Alphabets. Im Süden nämlich wird es zur Regel, für den phonetischen Wert des stimmlosen Gutturals das griechische *gamma* zu verwenden, im Norden hingegen das *kappa*; im Süden zieht man zur Bezeichnung des Zischlauts das dreistrichige *sigma* (das phönikische *šin*) vor, im Norden das vierstrichige (das phönikische *ṣādê*). Gegen Mitte des 6. Jahrhunderts v. Chr. gibt es (nach der Auffassung von M. Cristofani) drei Zonen mit unterschiedlichen Alphabeten, und zwar eine südlichere um die Städte Caere und Veii, eine mittlere um Tarquinii, Vulci und Orvieto sowie eine nördliche mit dem Rest Etruriens und der Poebene. Für Kampanien ist von neuem zwischen Küstengebiet und Binnenland zu unterscheiden; die beiden verwendeten Alphabete führen sich in Übereinstimmung mit den zwei Phasen der Kolonisation auf die Schriften von Tarquinii bzw. Veii zurück (Abb. 50).

Die Hoplitentaktik ist wie jede andere militärische Formation nichts anderes als Ausdruck der Sozialstruktur. Der Krieg der Villanovazeit wird im ›heroischen Zweikampf‹ ausgetragen und mit Waffen meist zentraleuropäischen Ursprungs. Doch bereits in der Mitte des 8. Jahrhunderts v. Chr. zeigt die Tomba del Guerriero von Tarquinii grundlegende Neuerungen der Bewaffnung wie das Kurzschwert, den Leinenpanzer mit metallenem Brustharnisch und die Lanze mit dem Sauroter, die zusammengenommen die zunehmende Einführung von Elementen der Hoplitenbewaffnung belegen. Diese Entwicklung schreitet in der ersten Hälfte des 7. Jahrhunderts v. Chr. weiter fort, wie unter anderem das Beispiel des Avvolta-Grabes in Tarquinii zeigt, bis schließlich von 650 v.

Abbildung 48: Großer Krater (Gefäß zum Mischen von Wasser und Wein) des ›Schwalbenmalers‹, eines Ostgriechen, der nach Vulci ausgewandert war. Ungefähr 630 v. Chr. (Rom, Museum der Villa Giulia).

Chr. an zahlreiche Darstellungen von der Vase des Aristonothos bis zum Krater des ›Schwalbenmalers‹ (Abb. 48), von der Situla von Pania bis zu einem Straußenei aus Vulci belegen, daß die Hoplitenphalanx nunmehr in Etrurien vollständig eingeführt ist (Abb. 52). Aber bezeichnend ist bei diesen Darstellungen, wie beharrlich an der Spitze der Phalanx der von Pferden gezogene Kampfwagen erscheint, auf dem ein Wagenlenker und ein Hoplit stehen, und der ausdrücklich die gentile Version des Hoplitenkampfs hervorheben und rühmen soll: Die Schlachtreihen der schwerbewaffneten Infanterie, die *classis* der römischen Tradition, treten einander nicht nach griechischem Vorbild unmittelbar gegenüber, wie es die berühmte protokorinthische Chigi-Kanne zeigt, sondern sie folgen einem ebenfalls bewaffneten Führer, dem *princeps*, der furchtlos wie die Helden der homerischen Überlieferung auf einem von einem Wagenlenker fahrenden Wagen vorprescht. Wir wissen nicht, inwieweit diese Art zu kämpfen der Realität entspricht oder vielmehr Ausdruck des ideologischen Anspruchs der etruskischen *principes* ist. Wir haben gesehen, daß die Waffen in den orientalisierenden Gräbern zunehmend nur noch symbolischen Charakter besitzen. Doch finden sich Kampfwagen weiterhin in orientalisierenden Gräbern Südetruriens und später, noch im ausgehenden 6. Jahrhundert v. Chr., in Gräbern der Herren von noch nicht völlig urbanisierten Gemeinden wie Ischia di Castro, Castel S. Mariano oder in den Etrurien benachbarten Gebieten Todi und Monteleone di Spoleto. Diese Funde scheinen die bildlichen Darstellungen zu bestätigen, die ihrerseits die Dominanz der gentilen Strukturen über das gewaltige Kriegsmittel griechischen Ursprungs belegen.

Der Austausch bezog sich zwar hauptsächlich, aber nicht ausschließlich auf Griechenland. Von den Spuren östlicher Präsenz wurde bereits gesprochen, und es soll auch noch einmal an jene Objekte aus Sardinien erinnert werden, hauptsächlich Bronzemodelle von Schiffen, die nunmehr zumeist nach Vetulonia gelangen, was deutlich zeigt, daß die Kontrolle über die etruskischen Metallvorkommen von Vulci auf diese Stadt übergegangen ist. Schließlich finden sich auch Gegenstände, die aus dem hohen Norden stammen, und zwar vor allem Bernstein, der sich vornehmlich in Vetulonia großer Beliebtheit erfreut.

Auch die etruskische Präsenz auf den Meeren ist in dieser Phase der Entwicklung städtischer Siedlungsformen noch ausgeprägter als in vorangegangener Zeit. Griechische und andere Quellen belegen die Blüte der sogenannten etruskischen Thalassokratie (Seeherrschaft) im Verlauf des 7. Jahrhunderts v. Chr.: die legendäre Kolonisation Sardiniens (Strab. V, 2, 7) und Spaniens (Steph. Byz., Stichwort *Banaurides*; Auson. *Ep.* XXVIII, 88f.) oder die Erzählungen von Fahrten auf dem Atlantik (Diod. V, 19ff.). Gleichfalls zeigen dies Darstellungen von Schiffen in Gräbern (z.B. in der Tomba della Nave in Caere) und auf Vasen aus dem fortgeschrittenen 7. Jahrhundert v. Chr. (die Vase des Aristonothos z.B.). Die etruskischen Bronzegegenstände aus dieser Zeit, die außerhalb Etruriens und vor allem in den großen Heiligtümern Griechenlands in Delphi, Olympia, Dodona und auf Samos gefunden wor-

Abbildung 49: Das Innere der Tomba della Nave in Caere, ein typisches Beispiel der mittleren Orientalisierenden Phase mit der traditionellen Deckenkonstruktion aus Strohmatten und der neuartigen Konstruktion mit Holzrahmen und Ziegelbedeckung. Drittes Viertel des 7. Jahrhunderts v. Chr.

den sind und bei denen es sich vor allem um Schilde, aber etwa auch um eine schöne Bronzevase aus Populonia handelt, werden in der Überlieferung durch einen Thron ergänzt, den ein etruskischer König dem Heiligtum des Zeus in Olympia gestiftet haben soll (Pausanias V, 12, 3). Daneben sind Gebrauchsgegenstände von geringerem Wert zu erwähnen wie vor allem Fibeln, die bis in die Mitte des 7. Jahrhunderts v. Chr. exportiert werden, und die weite Verbreitung des Bucchero vom Ende des 7. bis durch das ganze 6. Jahrhundert v. Chr. vorwegnehmen. Sehr viel wichtiger ist indes der Warenaustausch zwischen Etrurien und der italischen Welt, über den allerdings eine systematische Studie bis heute fehlt.

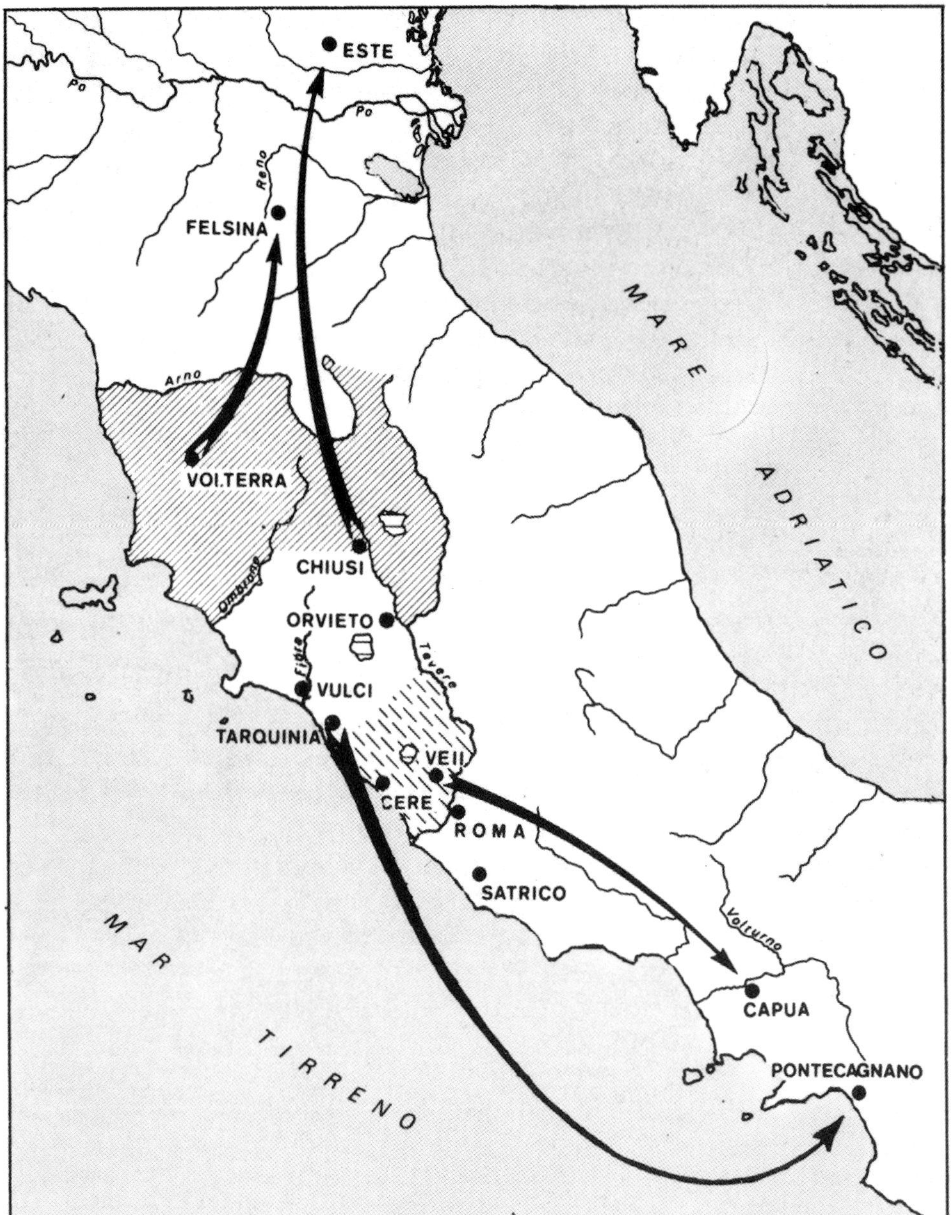

Abbildung 50: Geographische Verbreitung der drei Haupttypen des etruskischen Alphabets, d.h. des nördlichen (Clusium–Volaterrae), des zentralen (Orvieto–Vulci–Tarquinii) und des südlichen Typs (Caere–Veii) (aus Cristofani).

Abbildung 51: Das Innere der Tomba dei Capitelli in Caere, ein typisches Beispiel der ausgehenden jüngeren Orientalisierenden Phase und der ersten Hälfte des 6. Jahrhunderts v. Chr., bei denen das Dach nunmehr völlig aus Holz besteht, mit einer Hängedecke und Dachziegeln. Dieser Grabtypus steht mit der in Murlo und Acquarossa zu beobachtenden dreigeteilten Struktur der Wohnhäuser in Verbindung, die sich ihrerseits in dem etruskischen Typ des Tempels mit drei Innenräumen wiederholt. Ende des 7. – Beginn des 6. Jahrhunderts v. Chr.

Die großen Wasserstraßen des Tiber und Arno sowie die am leichtesten zu überschreitenden Pässe zwischen ›Großetrurien‹ und den umbro-sabellischen und dauno-enotrischen Gebieten schaffen ein dichtes Netz von Beziehungen, von dem die ›Fürstengräber‹ in Picenum, an der mittleren Adriaküste, bei den Sabellern und Enotriern deutlich Zeugnis ablegen. Die Fürstengräber von Fabriano und Pitino di S. Severino in den Marchen, von Campovalano, Capestrano und Alfedena in den Abruzzen und schließlich von Armento in Lukanien, um nur die wichtigsten zu nennen, bieten mit etruskischen Luxusgütern des 7. und 6. Jahrhunderts v. Chr., Gegenständen aus Bronze und Silber, griechischer und etruskischer Keramik und Straußeneiern ein Gesamtbild äußersten Reichtums und großer Vielfalt. Diese Funde wären noch im einzelnen auf Produktionszentren und die diachronische Entwicklung des Austauschs hin zu untersuchen, damit eines Tages die Beiträge der verschiedenen Teilgebiete Etruriens zu diesem für beide Seiten außerordentlich wichtigen wirtschaftlichen und sozialen Prozeß herausgearbeitet werden können.

Das Bild, das von dieser höchst komplexen Struktur des etruskischen Tauschverkehrs entstanden ist, scheint auf den ersten Blick dem ethnologischen Modell des Gabentauschs unter Aristrokraten und des ›chieftain's-trade‹, des Handels zwischen Häuptlingen zu entsprechen. Aber die Realität, die dem zugrundeliegt, ist wahrscheinlich eine ganz andere. Zunächst erfolgt der Austausch mit der Außenwelt, obgleich er auf der Aneignung und Verfügung des Überschusses von seiten der herrschenden Schicht basiert, nicht ausschließlich mit den herrschenden Schichten anderer Gesellschaften wie etwa der griechischen, in der die soziale Gliederung nicht nur ausgeprägter, sondern auch anders strukturiert ist als bei den Etruskern. Von Verdrehungen und ›Modernismen‹ der Quellen einmal abgesehen ist der Fall des Korinthers Demaratos, der angeblich lange und erfolgreich mit Etrurien Handel getrieben hat (Dion. Hal. III, 46), bevor er sich dort niederließ (man nimmt an um die Mitte des 7. Jahrhunderts v. Chr. oder kurz danach), nicht notwendigerweise repräsentativ, und die Verflechtung zwischen den verschiedenen sozialen Schichten, die durch den Austausch miteinander in Kontakt treten, schafft höchst unterschiedliche sozioökonomische Situationen. Schließlich: indem das Modell des ›Geschenks‹ durch das ganze 7. Jahrhundert v. Chr. hindurch lebendig bleibt, löst es sich aus dem Rahmen einer völlig auf Verwandtschaftsstrukturen basierenden Gesellschaft. Es überlebt vielmehr in einer Struktur des Warenverkehrs, die fast als städtisch charakterisiert werden kann, und in einer von der *fides* beherrschten Gesellschaft, in der die Verteilung eigenen Gesetzen folgt, und Mechanismen

*

Abbildung 52: Bucchero-Oinochoe mit Ritzdekoration aus Ischia di Castro bei Vulci. Dargestellt ist der Kampf zwischen Kriegern in Hoplitenausrüstung und einem ›Helden‹ auf dem Kampfwagen. Letztes Viertel des 7. Jahrhunderts v. Chr.
(Rom, Museum der Villa Giulia).

der Reziprozität bestehen, die sehr viel komplexer sind als die dem Gabentausch zugrundeliegenden. Wir sehen uns also hier einer Gesellschaft gegenüber, die scheinbar dem Modell der vorgeschichtlichen Reziprozität entspricht und den Gegenstand des Austauschs in archaisierender Weise als ›Geschenk‹ darstellt. Die Realität aller sich vollziehenden Austauschhandlungen indes trägt dazu bei, die gesellschaftlichen Produktionsverhältnisse zunehmend zu verändern, indem sie neue Arbeitskräfte einführt, die sich nicht unbedingt leicht in diese Produktionsverhältnisse einordnen lassen, und indem sie neue Techniken und neue Idealvorstellungen mit sich bringt. Wenn uns von diesem Warenaustausch und Umlauf keine anderen materiellen Reste bleiben als jene Prestigeobjekte, die wahrlich nur die Spitze eines gewaltigen Eisbergs darstellen, so dürfen wir nicht deshalb den Irrtum begehen, uns zu sehr von diesen *keimelia*, diesen Gegenständen »dazu bestimmt zu liegen«, beeindrucken zu lassen. Sonst liefen wir Gefahr, die Entstehung der Stadt als eine »Geburt« aus dem Nichts mißzuverstehen, und wir würden so in dieselbe naive Betrachtungsweise zurückfallen, die uns die Antike mit dem Modell der *ktisis* aufdrängt.

5. Integration und soziale Mobilität

Die so rekonstruierten Formen des Warenverkehrs setzen auch einen intensiven Austausch von Personen zwischen Etrurien und der Außenwelt sowie zwischen den einzelnen etruskischen Zentren selbst voraus. Seit der Villanovazeit wechseln zahlreiche Einzelpersonen und Gruppen ihren Wohnort innerhalb oder außerhalb der Grenzen Etruriens. Dazu veranlaßt werden sie durch wirtschaftliche Anreize des Landes oder durch Impulse, die einzelne gesellschaftliche Erscheinungen der Gesellschaft als Ganzer oder einzelner Individuen vermitteln. In früharchaischer Zeit zwischen dem 9. und 8. Jahrhundert v. Chr. wissen wir von der Wanderung herausragender Persönlichkeiten Sardiniens, phönikischer und griechischer Händler oder euböischer Töpfer, die villanovanische Gürtel nach Euböa, Helme nach Delphi und Olympia bringen. Die Beispiele vervielfachen sich im 7. Jahrhundert v. Chr., sie erstrecken sich auf das gesamte stärker entwickelte etruskische Gebiet, und Personen und Gruppen verschiedensten Ursprungs und Ranges sind beteiligt.

Die bevorzugten Ziele sind die am weitesten entwickelten Städte. In Tarquinii enthielt eines der wenigen Fürstengräber jenes Jahrhunderts, die sogenannte Tomba del Re, eine erlesene Vase aus der Zeit von 630 v. Chr. mit der aufgemalten Inschrift *achapri rutile hipucrates* (TLE[2] 155). Die Bedeutung des Wortes *achapri* ist nicht bekannt, auch wenn es sich, wie C. de Simone gezeigt hat, um einen Gattungsnamen handelt. Die beiden folgenden Wörter bilden sicher einen Namen, und zwar den eines Griechen Hippokrates (*hipucrates*), der als Gentilname dient und dem das Praenomen *rutile* vorangestellt ist, das lateinische *rutilus* (›der Rote‹). Man wird wohl kaum an eine Künstlersignatur denken können, sondern eher an eine Weihgabe an den in dem Grab beigesetzten Etrusker von seiten eines griechischen Aristokraten, der ursprünglich den Namen Hippokrates trug und sich irgendwann in die aristokratische Gesellschaft Tarquiniis eingegliedert hatte, so daß er würdig geworden war, dem etruskischen *princeps* ein Geschenk darzubringen. Aufgrund seiner Einordnung war sein Name durch die Hinzufügung eines Praenomens lateinischen Ursprungs (*rutile*) etruskisiert worden. Die Parallele zu dem bereits mehrmals erwähnten Korinther Demaratos drängt sich auf: Demaratos, der aus einer vornehmen Familie stammte, soll sich in Tarquinii niedergelassen und dort eine adlige Frau geheiratet haben; mit ihr habe er Söhne gezeugt (die den Gentilnamen Tarquinius, d.h. ›die aus Tarquinii‹ angenommen hätten), und einer dieser Söhne sei der erste etruskische König Roms geworden. In Übereinstimmung damit könnte Hippokrates, dessen Name adlige Herkunft verrät, nachdem er sich in Tarquinii in hoher Position etabliert hatte, dem eigenen Namen das lateinische *rutilus* hinzugefügt haben, gleichsam um auch eine Bindung an die lateinische Umgebung zu demonstrieren. Sicher von ganz niederer Herkunft ist hingegen der chalkidische Vasenmaler, der um die Mitte des 7. Jahrhunderts v. Chr. in Caere wirkt und sein Meisterwerk mit dem griechischen Namen Aristonothos signiert; er macht sich damit – wenn wir einer möglichen Interpretation des Namens folgen wollen – über seine eigene Herkunft lustig: »der Beste der Mischlinge«.

Die inschriftliche Überlieferung der Orientalisierenden Epoche, vor allem aus Caere, ist sehr reich und zeigt nicht nur das Hervortreten von Griechen, sondern auch von Personen anderer Herkunft. So hat sich z.B. in Caere zwischen 630 und 600 v. Chr. eine Frau niedergelassen – sicherlich die Frau eines Etruskers – die ohne jeden Zweifel italischer Herkunft ist (TLE[2] 868) und den Namen Ramutha Vestiricina trägt (in

Zusammenhang zu bringen mit dem osko-umbrischen *Vestrikis*). In späterer Zeit tauchen in Orvieto in den Nekropolen von Crocifisso del Tufo und Cannicella (6. Jahrhundert v. Chr.) unter den mehr als 90 inschriftlich belegten Gentilnamen zahlreiche Namen nichtetruskischen Ursprungs auf, z.B. Achilena (ein von dem griechischen Personennamen Achilleus abgeleiteter etruskischer Gentilname), Flusena (vom osko-umbrischen *plusa*, lateinisch *plora*) und Katacina (vom keltischen Catacus).

Man könnte diese Beispiele beliebig fortsetzen, doch wäre eine solche Aufzählung völlig sinnlos, sofern man nicht die allgemeinen Tendenzen der Mobilität und ihre gesellschaftliche Bedeutung aufzeigte. Die Belege zeigen, daß zwischen der Mitte und dem Ende des 7. Jahrhunderts v. Chr. in Vulci, Tarquinii, Caere und Veii vornehme Griechen, *gentes* von höchstem Rang aus Latium und hervorragende Persönlichkeiten aus der italischen Welt zusammenkommen. Es handelt sich hier um ein Phänomen horizontaler Mobilität innerhalb der Führungsschichten, hinter dem sich indes eine tiefere und vielschichtigere Dynamik verbirgt, als sie in der von der Ideologie der Führungsgruppen geprägten schriftlichen Dokumentation erkennbar wird. Das Selbstverständnis, das der Handwerker Aristonothos in seinem Namen zum Ausdruck bringt, die Tatsache, daß er auf Griechisch signiert, und Formulierungen wie die, der korinthische Maler Ekphantos habe sich »im Gefolge des Demaratos« befunden (Plin. *N. H.* XXXV, 16), weisen darauf hin, daß auf dem Niveau der Handwerker die Dinge vielleicht nicht ganz so einfach liegen wie bei den Aristokraten. Und selbst die Handwerker, die über ein ihnen vorbehaltenes technisches Wissen und Können verfügen, sind schon privilegiert gegenüber dem einfachen Volks, das nur über seine wenig oder gar nicht qualifizierte Arbeitskraft verfügt. Und doch müssen solche Ortswechsel von Menschen der unteren oder mittleren gesellschaftlichen Ebene im Zusammenhang mit dem Güteraustausch erfolgt sein. Eine Verlagerung der Prosperität von den stärker entwickelten etruskischen (und latinischen) Städten in Richtung auf das etruskische und italische Binnenland der Halbinsel ist an den Nekropolen des inneren Etrurien und Umbriens, des Sabinerlandes und Samniums erkennbar, und zwar

*

Abbildung 53: ›Pontische‹ Oinochoe aus Vulci mit der Darstellung von Reiterabteilungen zwischen zwei Feldern mit Tieren. 550–40 v. Chr.
(Rom, Museum der Villa Giulia).

um so stärker, je mehr man sich den Bereichen mit städtischen Siedlungen nähert. Dies legt die Vermutung nahe, daß die Verlagerung auch mit der Ortsveränderung von Personen und Gruppen einherging, die eine Antwort auf den demographischen Druck der weniger glücklichen Zonen des Hinterlands darstellte und in manchen Fällen dem Weg jener Italiker folgte, die sich bereits vorher in die führenden Schichten der aufsteigenden Städte eingeordnet hatten. Eine mehr oder minder genaue Erinnerung an diese Bevölkerungsbewegungen bewahren die Quellen und die inschriftliche Überlieferung. Der bekannteste Fall ist das im übrigen sehr späte Beispiel des Zuzugs der sabinischen Claudier nach Rom im Jahre 495 v. Chr., im Gefolge des *princeps gentis*, des Atta Clausus. Daneben können wir an die äußerst komplizierte Geschichte der Veturii erinnern: Die Inschrift *vetusia* auf einer halbkugelförmigen Silberschale aus dem Fürstengrab Bernardini im latinischen Praeneste, die bis zum Beweis des Gegenteils als etruskische Inschrift zu gelten hat, belegt entweder die Heirat des Herrschers von Praeneste – ob er Etrusker oder Latiner ist, wissen wir nicht – mit einer etruskischen Frau namens Vetusia, oder aber die etruskische Herkunft des Fürsten selbst, falls nämlich das Wort als Genitiv des alten etruskischen Personennamens Vetus aufzufassen ist. Im einen wie im anderen Fall sehen wir uns dem Zuzug einer Person hohen Ranges aus Etrurien nach Praeneste im zweiten Viertel des 7. Jahrhunderts v. Chr. gegenüber.

Diese hauptsächlich (aber nicht ausschließlich) horizontale Mobilität in ihrer ganzen Dynamik ist ein äußerst rätselhaftes Phänomen, das jedoch in verschiedener Hinsicht bedeutsam ist. Einerseits muß sie wesentlich zur Bevölkerungskonzentration der Städte während des 7. Jahrhunderts beigetragen haben, andererseits hat diese Mobilität auch zum Niedergang der italischen Randgebiete geführt, die schon seit langem wirtschaftlich unterlegen waren gegenüber den fruchtbareren tyrrhenischen Ebenen, dem bevorzugten Gebiet der ältesten städtischen Entwicklung.

Der Rückschlag, den die italische Gesellschaftsstruktur durch den Aufstieg der Aristokratien im Rahmen der tyrrhenischen städtischen Entwicklung erleidet, ist nicht nur von großer unmittelbarer Bedeutung für die italische Welt, sondern läßt vor allem auch zukünftige Konflikte vorausahnen, die sich auf die gesamte Halbinsel auswirken werden, in entscheidender Weise gerade auf die städtischen Gesellschaften Etruriens und Latiums.

Kapitel VI

Die Spannungen

1. Die archaischen Städte

Gegen Ende des 7. Jahrhunderts v. Chr. sind die wichtigsten Zentren des Südens zu Städten geworden, wenn auch in unterschiedlicher Ausprägung, je nach dem Entwicklungsstand der Produktivkräfte. Sie repräsentieren die Avantgarde innerhalb ›Großetruriens‹, dessen Zentren innerhalb des 6. Jahrhunderts v. Chr. den Prozeß der städtischen Entwicklung mehr oder minder rasch vollenden.

Das Paradebeispiel Rom mit seiner reichen literarischen und archäologischen Überlieferung zeigt, daß sich in der Zeit zwischen dem späten 7. und beginnenden 6. Jahrhundert v. Chr. die wichtigsten politisch-religiösen Zentren innerhalb des Stadtgebiets herausgebildet haben wie das Komitium für die Versammlungen des römischen Volkes, die Kuria für die Sitzungen des Senats, die Regia, das Forum und die Heiligtümer wie das der Vesta auf dem Kapitol oder der Fortuna und der Mater Matuta auf dem Forum Boarium. All dies verleiht Rom eine urbane Gestalt, die den Bedürfnissen und Funktionen der bürgerlichen Gemeinschaft entspricht. Die große Ausnahme, die Rom aufgrund der Qualität und Quantität der vorhandenen Informationen darstellt, darf keinesfalls im Sinne einer Einzigartigkeit seiner Entwicklung interpretiert werden, denn es gibt keine andere latinische oder etruskische Stadt, die uns so gut bekannt ist, daß wir Monumente, Funktionen und Institutionen in ähnlich vollständiger und genauer Weise verfolgen können. Für Etrurien – wie auch für das übrige Latium – müssen wir uns mit jenen wenigen Daten der städtischen Baugeschichte zufriedengeben, die in den seltenen Ausgrabungen der Wohnbereiche gesammelt wurden, sowie mit den Elementen monumentaler Typologie und der Ausstattung der Nekropolen.

A

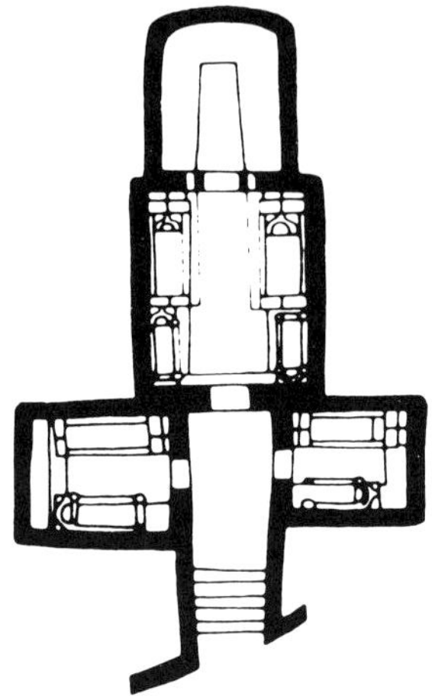

B

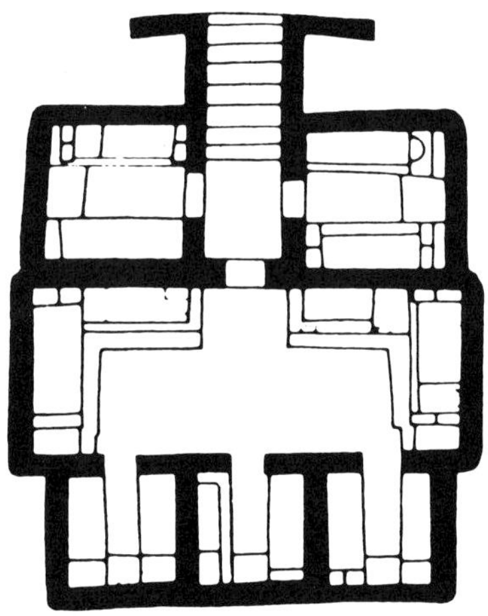

C

Abbildung 54: Typologie der Gräber von Caere. Die großen Gräber der Orientalisierenden und archaischen Periode: A) Tomba degli Animali dipinti, mit großem Pfeilersaal und Dach mit Holzgerüst und Ziegeldeckung sowie rundem Vorraum (drittes Viertel des 7. Jahrhunderts v. Chr.); B) Tomba dei Letti e dei Sarcofagi, mit Saal und Kammer am Ende, ausgestattet mit Leichenbänken (letztes Viertel des 7. Jahrhunderts v. Chr.); C) Tomba dei Vasi Greci mit Saal und drei Kammern am Ende, ausgestattet mit Leichenbänken (erste Hälfte des 6. Jahrhunderts v. Chr.)

Abbildung 55: Ansicht des Tumulo Policromo in Caere, der das sehr seltene Beispiel eines kreisförmigen und runden Tumulus darstellt (zweite Hälfte des 6. Jahrhunderts v. Chr.) und die zur gleichen Zeit erbauten rechteckigen Gräber variiert.

In Veii entwickeln sich zwischen Ende des 7. und Mitte des 6. Jahrhunderts v. Chr. die wichtigsten Heiligtümer der Stadt, und zwar außerhalb der Stadt das der Menerva geweihte von Portonaccio sowie das innerhalb auf der Ebene Campetti befindliche der Vei-Demeter. Leider fehlen präzise Daten für die Chronologie des Tempels der Juno Regina, der den Stadtkult beherbergt und am südlichen Rand der Hochebene liegt. Die Nekropolen ändern ihre Erscheinungsform völlig: Man findet nun einfache Schachtgräber und vor allem Gräber unter offenem Himmel mit Nischen zur Aufstellung der Urnen, und die Grabausstattung beschränkt sich auf die Aschenurne allein, bei der es sich normalerweise um eine attische Vase, um ein Gefäß aus Bucchero oder schlichte Keramik handelt. Die Parallelen zu Rom, wo eine entsprechende Einschränkung der monumentalen Gestaltung und Ausstattung der Gräber feststellbar ist, lassen eine Tendenz der Bürgerschaft in Richtung auf politische Gleichberechtigung vermuten. Daneben läßt insbesondere die zentrale Lage des Heiligtums der Vei-Demeter – das in Rom dagegen

A

Gräber 408 – 409 – 410

B

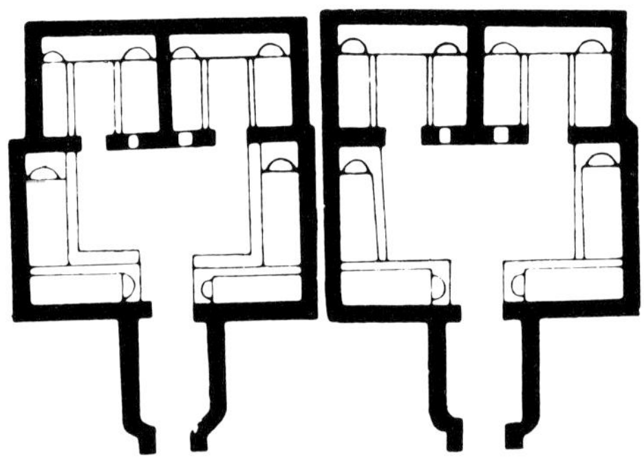

Gräber 335 – 336

C

Gräber 412 – 413

D

Grab der dorischen Säulen

Abbildung 56: Einheitliche Formen archaischer Gräber in Caere: A–B) Gräber mit Saal und einer einzigen oder zwei Grabkammern und einfachen Bänken, nach einheitlichen Plänen in den Felsen getrieben oder erbaut (Mitte 6. – erste Hälfte 5. Jahrhundert v. Chr.); C–D) Gräber mit einem einzigen Saal mit Pilastern oder Säulen (5. Jahrhundert v. Chr.). Aus der Typologie wird die Tendenz zur Vereinfachung und Vereinheitlichung der Grundrisse der Gräber von der Mitte des 6. Jahrhunderts v. Chr. an deutlich.

Abbildung 57: Die Gräberstraße in Caere mit rechteckigen, nach Standardmuster errichteten Gräbern.

außerhalb der Stadt gelegen ist – die Existenz eines politisch handlungsfähigen Bürgertums erkennen. Gleichzeitig scheint die bereits erwähnte Aufgabe des Wohngebiets und des Tempels von Piazza d'Armi zwischen dem Ende des 6. und dem Beginn des 5. Jahrhunderts v. Chr. zu zeigen, wie flexibel die Gestaltung der Stadt (auch die politische Gestaltung) noch ist, obgleich die Errichtung der Verteidigungsmauer auf ihre Konsolidierung hindeuten würde.

In Caere ist für das 6. Jahrhundert v. Chr. statt der großen und kleinen Tumuli des gesamten 7. Jahrhunderts v. Chr. (mit sehr wenigen Ausnahmen wie z.B. dem Tumulo Policromo, Abb. 55) eine große Zahl von Würfel- und Fassadengräbern kennzeichnend, die geradezu nach einem städtebaulichen Plan angeordnet sind und nicht mehr über eine so komplizierte innnere Raumaufteilung und reiche Ausstattungen verfügen. Auch wenn die Grabbeigaben nicht völlig verschwunden sind, so zeigen doch die stadtähnliche Anordnung, die fehlende Hervorhebung des Familienoberhaupts, das früher in einer zentralen Kammer beigesetzt wurde, nun jedoch neben den anderen Mitgliedern der Familie ruht, sowie eben die maßvollere Zahl der Beigaben, daß in Caere die Tendenz zur politischen Gleichberechtigung ähnlich stark gewesen sein muß wie in Veii (Abb. 54, 56 und 57).

Die großartige stadtähnliche Anlage der Nekropole von Volsinii (Orvieto) mit zahlreichen gleichartigen Würfelgräbern aus dem 6. Jahrhundert v. Chr. zeigt, daß hier dieselben Tendenzen bestanden. Das Bestehen einer der griechischen Bürgerschaft (*demos*) vergleichbaren gesellschaftlichen Basis scheint dadurch bestätigt zu werden, daß die auf den Architraven der Gräber angebrachten Inschriften für das 6. Jahrhundert die Zahl von über 90 Familien belegen.

In Tarquinii hingegen kennt man keine Würfelgräber, sondern kleine Tumuli mit meist einer Grabkammer für die Beisetzung eines Ehepaares. Doch auch hier scheint Art und Zahl der Gräber des 6. Jahrhunderts v. Chr. mit ›mittlerer‹ Ausstattung zu sichern, daß in der alten Metropole die gleichen Tendenzen wie im südlichen Etrurien bestanden.

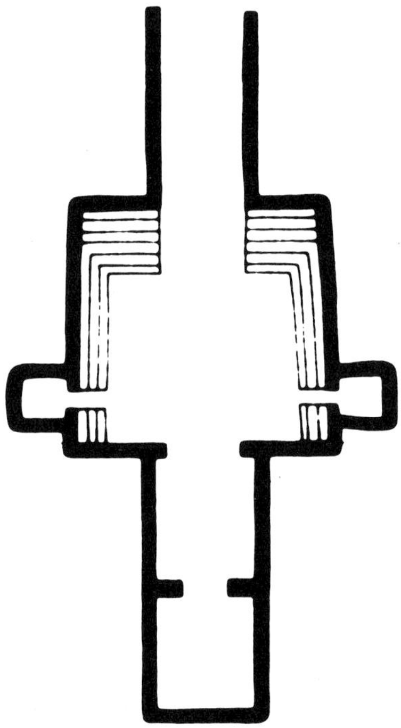

Abbildung 58: Grundriß der Cuccumella in Vulci. Im Zentrum des Bestattungsbereichs, wo die Zugänge zu den Kammergräbern liegen, ist ein auf drei Seiten von Stufen umgebener Platz angelegt, wo die Bestattungsfeiern abgehalten werden (erste Hälfte des 6. Jahrhunderts v. Chr.).

Die Kastengräber von Vulci, die häufig Einzelbestattungen beherbergen, weisen ebenfalls in dieselbe Richtung. Doch lassen einige Beispiele wie die gewaltige Tomba della Cuccumella mit ihrem geräumigen, nach oben hin offenen und mit Stufen versehenen zentralen Raum, der den Begräbnisfeiern diente (Abb. 58), oder die Tomba di Iside mit ihrer zwischen 600 und 560 v. Chr. zu datierenden, äußerst reichen Ausstattung ahnen, daß die aristokratische Führungsschicht sich zumindest in der ersten Hälfte des 6. Jahrhunderts nicht ohne weiteres in den Prozeß der gesellschaftlichen Nivellierung einbinden ließ.

Vetulonia scheint für das späte 7. Jahrhundert v. Chr. keine archäologischen Spuren von Bedeutung zu überliefern; selbst die Datierung der Stadtmauer auf das 6. Jahrhundert v. Chr. ist noch nicht archäologisch gesichert. Statt seiner erlebt indes das südlicher gelegene Rusellae (Roselle) einen Aufstieg. Die Ausgrabungen des Stadtgebiets haben hier höchst interessante Hinweise zutage gefördert, angefangen von einem einzigartigen Rundbau unter dem späteren römischen Forum bis zu den Funden von Architekturornamenten aus Terrakotta aus der Mitte des 6. Jahrhunderts v. Chr. und dem ersten Mauerkranz aus Rohziegeln vom Ende des 7. Jahrhunderts v. Chr. Wie in den anderen Zentren sind die Grabbauten des 6. Jahrhunderts v. Chr. durch einfache Formen und schlichte Ausstattung gekennzeichnet.

Die Nekropole von Populonia zeigt im 6. Jahrhundert v. Chr. zunächst Gräber ›mit hohem Tumulus‹, analog den Tumuli von Caere mit nur einem Grab, dann, vom späten 6. Jahrhundert v. Chr. an, ›Kioskgräber‹, die den Würfelgräbern von Caere und Volsinii entsprechen. Diese Stadt nimmt also eine sehr ähnliche Entwicklung wie die großen Metropolen des Südens.

Für das Landesinnere sind die Daten äußerst spärlich und unklar. Clusium (Chiusi) ist zwischen dem späten 6. und der Mitte des 4. Jahrhunderts v. Chr. Schauplatz eines einzigartigen Nebeneinanders von Bestattungen in monumental gestalteten Urnen, die den Kanopen der vorangehenden Phase folgen, und von Grabstelen aus der Zeit zwischen der Mitte des 6. und des 5. Jahrhunderts mit figürlichen Darstellungen (Abb. 59). Ob diese beiden Arten der Bestattung zu verschiedenen Zeiten oder gleichzeitig auftraten, ist nach den Grabplünderungen des 19. Jahrhunderts nicht mehr feststellbar. Allerdings lassen die großen plastisch gestalteten Urnen auf die Existenz zahlenmäßig begrenzter aristokratischer Gruppen schließen sowie auf die besondere Hervorhebung

Abbildung 59: Grabstein aus Clusium mit der Darstellung von Leichenfeiern; der Stein gehört zu der äußerst verbreiteten Klasse der Grabmäler ›mittleren‹ Niveaus in Clusium und Umgebung. Ende des 6. Jahrhunderts v. Chr. (Florenz, Museo Archeologico).

des Rangs der Stammeltern. Das setzt sich bis in die hochklassische Zeit fort, was um so bedeutsamer erscheint, wenn man die Verteilung dieser Gräber in Betracht zieht, die sich nicht im unmittelbaren städtischen Bereich, sondern außerhalb desselben in Chianciano, Città della Pieve, Sarteano und anderen Orten befinden. Diese Verteilung herausgehobener Gruppen über das Land findet sich auch im Gebiet von Faesulae (Fiesole) wieder, wo Stelen und Grabsteine innerhalb einer breiten Zone zu beiden Ufern des Arno auftreten, während Volaterrae, mit seinen

Tempeln auf der Akropolis und mit seinen kleinen Kammergräbern aus dem späten 6. Jahrhundert v. Chr. offenbar entschiedener zur städtischen Entwicklung hin orientiert ist. Nichts oder fast nichts ist neben den wenigen Funden von Weihgaben aus dem archaischen Arretium (Arezzo) bekannt. Perusia hingegen scheint nach dem Zeugnis der erst kürzlich entdeckten Gräber bereits im 6. Jahrhundert v. Chr. zu städtischer Form gefunden zu haben, indes mit starker Hervorhebung der Aristokratie sowohl in der Stadt, wie das Grab mit dem Sperandio-Sarkophag beweist, als auch auf dem Lande, belegt durch Anlagen wie die von Castel S. Mariano und Marsciano. Cortona zeigt mit den großen Tumuli in der Nähe der Stadt und Anlagen im Umland wie die bei Trestina eine durchaus ähnliche Situation.

Die Daten für Kampanien sind noch spärlicher, doch gibt es keinen Anlaß dafür, aus dem wenigen erhaltenen Material auf wesentliche Verschiebungen innerhalb des städtischen Gefüges zu schließen, das sich im vorangehenden Jahrhundert herausgebildet hatte. Für die Emilia fällt das 6. Jahrhundert v. Chr. mit der endgültigen Stadtwerdung von Felsina zusammen und mit der Gründung echter Kolonialstädte wie Marzabotto.

Aus dieser sehr kurzen und summarischen Übersicht ergibt sich, daß im Süden und in den Küstenstädten der Abschluß des Prozesses städtischer Entwicklung von ›egalitären‹ Schüben begleitet ist, die sich durch das ganze 6. Jahrhundert bis zu den ersten Jahrzehnten des 5. Jahrhunderts v. Chr. hin fortsetzen. Davon betroffen sind die großen Familien der alteingesessenen Aristokratie sowie eine Schicht aufstrebender städtischer Bevölkerung, die nicht in den Produktionszusammenhang der stolzen fürstlichen Familien des vorangehenden Jahrhunderts eingebunden sind. Dennoch bleibt die Herrschaft der aristokratischen Ideologie noch weitgehend intakt: Dies beweist allein ein Blick auf die Wandgemälde der Gräber von Tarquinii, auf denen die Pracht des *oikos* und die aristokratische Mentalität gefeiert werden. Wenn diese Herrschaft de facto nicht mehr uneingeschränkt ist, so ist auch der abschließende Prozeß der Entwicklung städtischer Strukturen nicht getrübt: Das Verstummen von Vetulonia und Marsiliana und das machtvolle Hervordrängen von Rusellae und vor allem Vulci sind ein Anzeichen für heftige Konflikte unter weitgehend etablierten Städten, doch ziehen gerade diese Auseinandersetzungen die endgültige städtische Gestalt der siegreichen Zentren nach sich. Unter ihnen stellt Vulci in der ersten Hälfte des Jahrhunderts fürstliche Aristokratien zur Schau, die gleichzeitig den sich ausweitenden Nivellierungstendenzen Rechnung tragen. Im Norden scheinen sich zumindest in der zweiten Hälfte des 6. Jahrhunderts v. Chr. einige Städte wie Volaterrae, Clusium und Perusia als solche etabliert zu haben, doch das Verhältnis von Stadt und Land ist nicht gänzlich zugunsten der Stadt geregelt wie im Süden. Bei weiteren Zentren wie Cortona, Arretium und Faesulae besteht noch größte Ungewißheit über Ausmaß, Charakter und zeitlichen Ablauf der städtischen Entwicklung.

2. Warentausch, Sozialstruktur und Handwerk

Die stolzen Aristokratien des 7. Jahrhunderts v. Chr. scheinen sich zunehmend dem Nivellierungsdruck zu beugen, den die städtische Entwicklung erzwingt. Ob und in welchem Ausmaß das auf freiwilliger Basis vonstatten geht oder vielmehr das Ergebnis sozialer Auseinandersetzungen ist, die in ihrer Bedeutung über den eigentlichen Horizont der Stadt hinausgehen, wird später zu sehen sein. An dieser Stelle soll zunächst unterstrichen werden, wie zusammen mit der Eingliederung immer größere Personengruppen in den städtischen Bereich und der Veränderung des Verhältnisses zwischen Stadt und Land auch andere Faktoren in das Zusammenspiel der sozialen Schichtungen Eingang finden, die im Zusammenhang mit der allmählichen Veränderung der Strukturen des Warentauschs stehen.

Bis zu diesem Zeitpunkt sind die Tauschstrukturen in direktem Verhältnis zur Entwicklung der Produktivkräfte gewachsen. Fremde, Händler und Handwerker hatten verhältnismäßig freien Zugang zum gesellschaftlichen Gefüge, was sowohl auf die Elastizität der Institutionen der *polis* als auch auf die Kontrolle zurückzuführen ist, die von den Gentilverbänden über den Prozeß der Eingliederung ausgeübt wurde. Doch nun reicht der dem Fremden vom *princeps* einst gewährte ›Schutz‹ nicht mehr aus, und wer von außen kommend die Schwelle der etruskischen *polis* überschreitet (und sich häufig in untergeordneter Stellung befindet), kann diesen Schutz nicht mehr von den nun weniger mächtigen *principes* erbitten, sondern muß ihn bei den Göttern suchen. Die Entwicklung der Produktivkräfte, die mit der Verfestigung der städtischen Strukturen um einen Kern politisch-religiöser Institutionen verbunden ist, bringt so auch einen qualitativen Sprung in der Organisation des Warentauschs mit sich, der zugleich durch die wachsende Intensität der Handelsströme hervorgerufen wird. Führend auf den großen Handelswegen sind ab 630 v. Chr. nicht mehr die Kaufleute aus Chalkis auf Euböa, aus Korinth oder aus griechischen Kolonien Unteritaliens und Siziliens, sondern die Griechen des kleinasiatischen Ionien, die als Zwischenhändler die sprichwörtlichen Reichtümer Lydiens und des Ostens sowie Keramik, Bronzen, Elfenbein, Gemmen, Wein und Tuche von Korinth, Sparta, Athen und aus Ionien nach Westen bringen. Ihnen wird nunmehr ein Platz außerhalb der Stadt zugeteilt, und zwar vermutlich dort, wo sich schon seit Jahrhunderten der Hafen befand und wo jetzt eine Kultstätte für Gottheiten eingerichtet wird, die durch ihre Gegenwart und kraft des ihnen dargebrachten Opfers die Sicherheit des Marktes und die Unversehrtheit der Kaufleute ›garantieren‹. Ein Beispiel für diese *emporia* ist Graviscae, der Hafen von Tarquinii (Abb. 60). Vom Beginn des 6. Jahrhunderts v. Chr. an landen dort ionische Händler, die auf eigene Rechnung oder im Interesse und in Diensten großer griechischer Familien Kleinasiens Handel treiben und ihre Produkte gegen die Etruriens tauschen. Sie verehren weibliche Gottheiten, die die Reziprozität symbolisieren: Aphrodite, Hera, Demeter.

Diese Kaufleute folgen im allgemeinen dem orientalischen Vorbild, insbesondere dem der großen phönikischen Händler. Aphrodite ist in der Tat ursprünglich mit den Zügen der phönikischen Ischtar vertreten, der bewaffneten und bisweilen berittenen Göttin mit ihrem Hofstaat von Hierodulen und Tempelprostituierten, die mit dem Feilbieten ihres Körpers die Einkünfte des Tempels sichern und die eigene Mitgift als Vorbedingung für ihren Freikauf zusammentragen. Der in den östlichen Reichen wie Lydien oder Babylonien (Herodot I, 93 und 199) wohlbekannte Brauch hat bald auch in den großen Handelsstädten des Westens wie Korinth (Pind. Frg. 122 Sn.; Strab. VIII, 378 und XII, 599) Eingang gefunden oder in Städten, die sich auf sklavereiähnliche Formen der Abhängigkeit gründeten wie Lokri (Pind. *Pyth.* II, 15 ff.; Athen. XiI, 515 E; Iustin. XXI, 3, 2), und er muß über diese *emporia* auch nach Etrurien gelangt sein. Noch Jahrhunderte später wird Lucilius (Frg. 1271 Marx) über die Prostituierten von Pyrgi scherzen können; und in einer häufig vernachlässigten Stelle kann Plautus (*Cist.* 561 f.) zur Kurtisane eines Bordells sagen lassen: »Das ist nicht wie hier, wo du dir nach Etruskerart auf unwürdige Weise mit deinem Körper deine Mitgift verdienen mußt.«

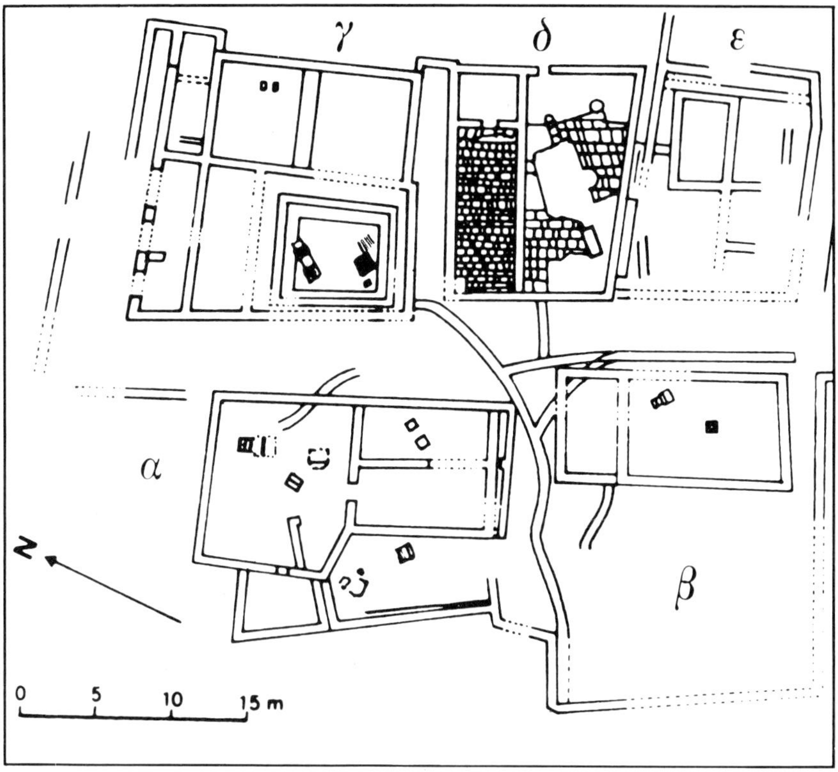

Abbildung 60: Plan des Heiligtums von Graviscae in seiner Endphase (4.–3. Jahrhundert v. Chr.). α) Tempel der Hera-Uni mit Altar im Zentrum des großen quadratischen Hofes; β) Tempel der Demeter-Veii und der Kore-Phersipinai mit Altar im Inneren; ψ) Tempel der Aphrodite-Turan mit zahlreichen Altären im Hof, der über dem griechischen Heiligtum der ersten Hälfte des 6. Jahrhunderts v. Chr. liegt; δ) Großer abgegrenzter Bezirk für die Feiern zu Ehren des Adonis, mit Pflasterung, die einen Platz freiläßt für den ›Garten‹, sowie mit dem Kasten für die ›Bestattung‹ des Gottes (die Deutung des Bezirks ist durch eine kürzlich entdeckte Inschrift gesichert); ε) Versorgungstrakt.

Die Bedeutung dieser Einrichtung als Mittel zur ›Befreiung‹ für die Sklavenbevölkerung ist von D. Musti für Lokri klar herausgearbeitet worden, und auch in den Handelszentren Etruriens mag das eine wichtige Rolle gespielt haben. Neben Aphrodite finden wir in Graviscae Hera und Demeter, die einerseits die Verbindung zu Samos bzw. Sizilien und andererseits eine auf die Familie und den Getreideanbau gegründete Reziprozität symbolisieren. Bei der Untersuchung der Namen griechischer Händler fällt sowohl die enge Verbindung auf, die mit den in

Naukratis in Unterägypten engagierten Kreisen und mit den Adligen des kleinasiatischen ionischen Griechentums besteht, wie auch die Zunahme von Weihinschriften zwischen 530 und 500 v. Chr., von denen eine »von dem Diener« stammt. Um das Heiligtum herum bildet sich also eine soziale Schicht von Fremden, Händlern, Handwerkern (unter den Weihgeschenken befinden sich Farbstoffe, wie sie in der Malerei verwendet werden), von ›Dienern‹ und ›früheren Dienern‹; es handelt sich hier um eine Klasse, die in gewisser Weise der römischen *plebs* entspricht und die sozial und politisch zwar am Rande der *polis* steht, aber doch über das Heiligtum und seine sozialen Mechanismen stets eingegliedert ist. Die *servitus* der Fremden und Flüchtlinge, die ihnen früher vom *princeps* auferlegt wurde, findet nunmehr eine andere Kontrollinstanz, aber auch ein Zentrum der ›Befreiung‹: Der ›Schutz‹ der Göttinnen ist sehr viel gütiger als der des *princeps*. Nicht zufällig gewähren die großen Heiligtümer des Ostens wie die von Naukratis und Ephesos nach der Beobachtung von D. Van Berchem großzügig Asylrecht, und dieses Recht findet auch sogleich bei der Gründung der Tempel des römischen *plebs* auf dem Aventin eine Heimstatt.

Auf diese Einrichtungen gestützt wächst der Handel im Verlauf des gesamten 6. Jahrhundert v. Chr. mit rasender Geschwindigkeit, um zwischen dem vorletzten und letzten Viertel des Jahrhunderts seinen Höhepunkt zu erreichen. Hauptbeteiligte waren, wie bereits gesagt wurde, die ionischen Griechen Kleinasiens und darunter vor allem die Samier, Milesier und Phokäer. Die Eroberung Ioniens und Ägyptens durch die Perser zwischen 546 und 525 v. Chr. wird diese ionische Handelstätigkeit zusammenbrechen lassen und die Bewohner von Phokäa zwingen, nach Westen auszuwandern. Auf ihrer Fahrt lassen sich die Flüchtlinge in Alalia (Aleria) auf Korsika nieder, direkt im traditionellen Einflußbereich der Etrusker, und betreiben von dort aus Kaperfahrten entlang den etruskischen Küsten. Die etruskische Antwort läßt nicht auf sich warten, und die Flotte von Caere bringt im Bund mit der Karthagos, das nicht weniger als Etrurien in seinem sardischen Besitzstand bedroht ist, den Schiffen der Phokäer eine empfindliche Niederlage bei (Herodot I, 167). Diese sind daraufhin gezwungen, Alalia in die Hände der Etrusker fallen zu lassen, die diesen Ort bis zur Eroberung durch Rom zu einer völlig einzigartigen Kolonie machen, einem *emporium* mit höchst unterschiedlichen kulturellen Einzelzügen, das in jüngerer Zeit durch französische Ausgrabungen ans Licht gebracht wurde.

An die Stelle der kleinasiatischen Griechen treten im Osten wie im Westen die Aigineten, für deren Handelstätigkeit Graviscae ein beeindruckendes Dokument überliefert hat, nämlich das Weihgeschenk eines Ankers aus Marmor an Apollon Aiginetas von seiten eines gewissen Sostratos, bei dem es sich sicher um denselben Sostratos handelt, der von Herodot als der größte aller Kaufleute gefeiert wird, mit dem »kein anderer den Vergleich aufnehmen kann« (Herodot IV, 152). Doch Aigina gründet nun auch an der Adriaküste, vielleicht auf den Spuren der Phokäer (Herodot I, 163), eine Reihe weiterer *emporia*, denen im folgenden Jahrhundert noch mehr Glück beschieden sein sollte als jenen an der tyrrhenischen Küste, wenn auch dann unter attischer Kontrolle: Adria, wo griechische, den Aigineten zuzuschreibende Weihgaben schon aus dem 6. Jahrhundert v. Chr. bekannt sind, und Spina, wo man am Ende des 6. Jahrhunderts v. Chr. zu landen beginnt. Diese neuen *emporia* zeugen von der wachsenden Bedeutung der nördlichen etruskischen, keltischen und venetischen Märkte, die sich in dieser Zeit auch einem äußerst intensiven Handel öffnen, der sowohl von der etruskischen Poebene wie von dem jetzt rasch aufsteigenden nördlichen Etrurien seinen Ausgang nimmt.

Der Warenaustausch ist wie immer mit der Ankunft griechischer Handwerker verbunden. Dem Zustrom korinthischer Kulturtradition zwischen dem Ende des 7. Jahrhunderts und der Mitte des 6. Jahrhunderts v. Chr. folgt eine Welle von Handwerkern, die wie die Hauptbeteiligten am Handel ostgriechischer Herkunft sind. Es ist indes bemerkenswert, wie die sprachlichen Entlehnungen des Etruskischen aus dem Griechischen eine fast einheitlich dorische Prägung zeigen (die offensichtlich der vorangehenden ›etrusko-korinthischen‹ Phase zuzuschreiben sind), während sprachliche Entlehnungen aus dem ionischen Griechisch sehr selten vorkommen. Die etruskische Sphäre im Süden war in der stürmischen Zeit zwischen Mitte und Ende des 7. Jahrhunderts v. Chr. besonders aufnahmebereit gewesen und hatte ohne Schwierigkeit konzentriert eindringende kulturelle Elemente absorbiert, die offenbar die Welle der etruskisch-korinthischen Phase aus dorischen Bereichen dorthin gespült hatte: Ein großer Teil der etruskischen Terminologie im

*

Abbildung 61: ›Hydria Caeretana‹ aus Caere mit einer dionysischen Szene. Ungefähr 530 v. Chr. (Rom, Museum der Villa Giulia).

Zusammenhang mit Vasen, Festmahl oder Geräten sind wie die Namen von Helden und Gottheiten dorischen Ursprungs. Das Fehlen sprachlicher Entlehnungen aus dem Ionischen ist bezeichnend für jene gesellschaftliche Randstellung der Fremden, die sich in der entsprechenden Phase ergab und von der weiter oben die Rede war.

Das Wirken ionischer Vasenmaler ist für verschiedene Städte des Südens belegt. In Vulci kennen wir die sogenannte pontische Schule (Abb. 65), die von der Mitte des 6. Jahrhunderts v. Chr. an aktiv ist, sowie zur gleichen Zeit einen weniger bedeutenden Maler, der die Amphoren der Northamtongruppe dekoriert; gegen Ende des Jahrhunderts ist dort die fruchtbare Schule des Malers von Mykale tätig (Abb. 62), auf die kurz darauf der etruskisierte Arnth Praxias aus Chalkis folgt, der rotfigurige Vasen produziert (Abb. 64). In Caere arbeitet zu dieser Zeit der bedeutende Maler der ›Hydien von Caere‹ (Abb. 61) mit seiner Schule und der (oder die) Maler der ›*dinoi* Campana‹. Einigen dieser Vasenmaler und wahrscheinlich auch wandernden ionischen Künstlern sind monumentale bemalte Platten in Caere und ein guter Teil der Wandmalereien in Gräbern von Tarquinii aus der zweiten Hälfte des 6. Jahrhunderts v. Chr. zuzuschreiben. Nach dieser Zeit ist die Existenz einer oder mehrerer lokaler Werkstätten von Freskenmalern erkennbar. Unter ihnen ragt Aranth hervor, Sklave des Heracanas, der für die Tomba dei Giocolieri verantwortlich zeichnet (Abb. 66 und 67). Wir erinnern in diesem Zusammenhang daran, daß es von Beginn des 6. Jahrhunderts v. Chr. an neben dieser Produktion eingewanderter Handwerker und neben den zunächst korinthischen und dann attischen Importen eine Massenproduktion feinen Tischgeschirrs aus Bucchero oder einfacher Keramik gibt, die eine wenig anspruchsvolle, aber sehr umfangreiche alltägliche Nachfrage befriedigt. Dieser Umstand ist von großer Bedeutung, indem er die Entwicklung beachtlicher neuer und aufstrebender städtischer Schichten bestätigt, von denen bereits die Rede war.

Die steigende Nachfrage des privaten Konsums findet ihre Entsprechung in einem Anwachsen des gemeinschaftlichen Bedarfs vom dritten Viertel des 6. Jahrhunderts v. Chr. an bis zum ersten Viertel des folgen-

*

Abbildung 62: Hydria des Malers der Vase Vatikan 238 aus der Schule des Malers von Mykale, von unbekannter Herkunft. Es ist darauf vielleicht die rituelle Einkleidung des Hopliten dargestellt. Beginn des 5. Jahrhunderts v. Chr. (Rom, Museum der Villa Giulia).

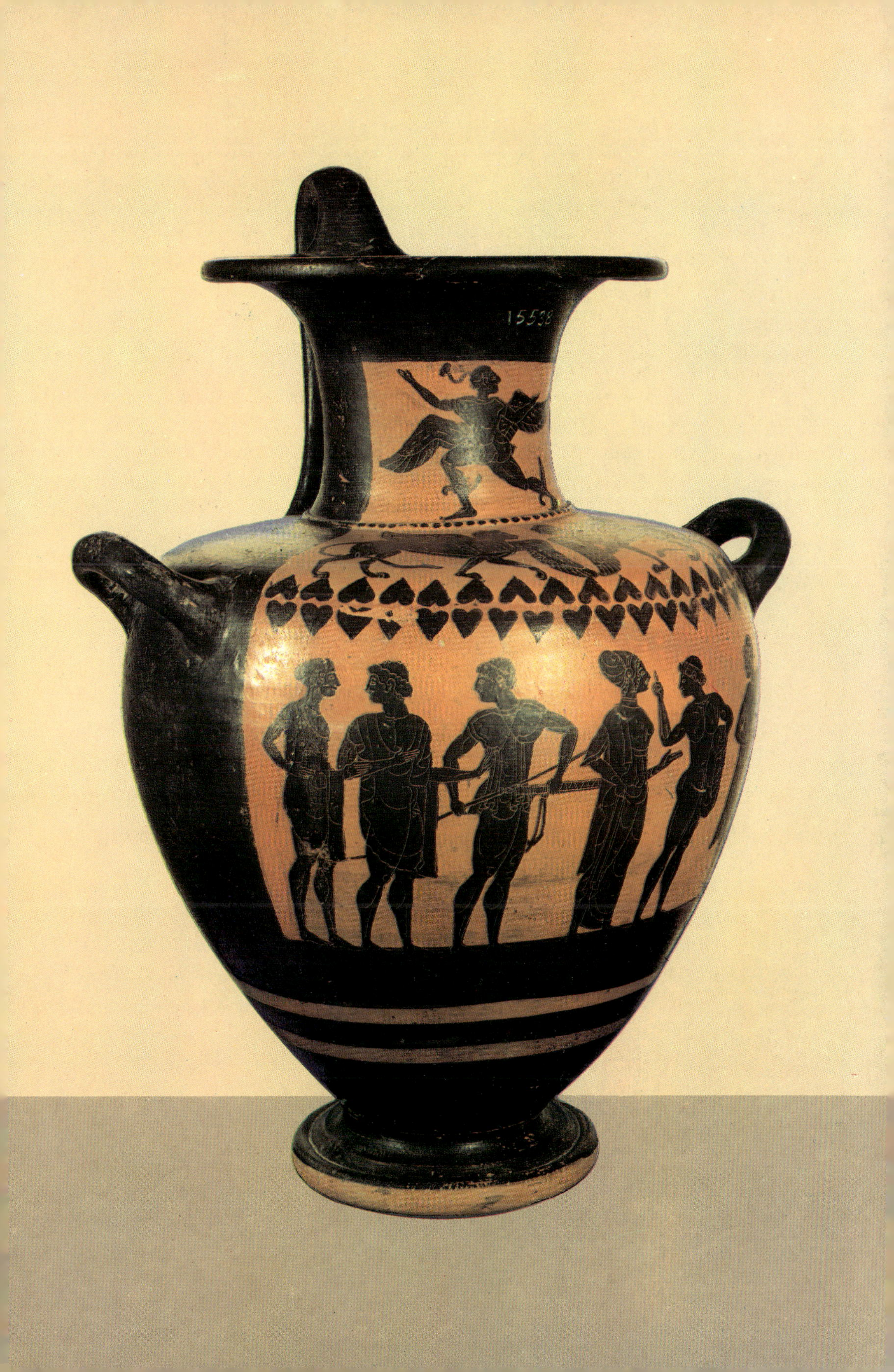
15538

den Jahrhunderts – eines Bedarfs, der sich fast ausschließlich auf die sakrale Bautätigkeit konzentriert. Dafür sind Schulen von *plastae* tätig, die Architekturornamente aus Terrakotta herstellen (Abb. 63, 68, 72 und 73); die Zentren der Produktion sind Caere und Veii, aber auf Anfrage arbeiten diese Handwerker auch in anderen Städten, wie bereits im vorangehenden Kapitel erwähnt wurde. Technisch und stilistisch sind sie der Verarbeitung von Bronze verbunden, dem Bronzeguß und der Bearbeitung von Bronzeblech, einem Kunsthandwerk, das mit Sicherheit in Vulci und Caere beheimatet ist (Abb. 69 und 70). Diese enge Verbindung zwischen Terrakottaplastik und Bronzeverarbeitung berechtigt uns zu der Annahme, daß es auch in Veii eine Tradition künstlerischer Metallverarbeitung gab. Dort ist nämlich am Ende des 6. Jahrhunderts v. Chr. eine Gruppe bedeutender Terrakottakünstler tätig, Urheber der Dekoration des Tempels von Portonaccio (Abb. 71), die zu Recht mit der Schule des Vulca in Verbindung gebracht wird, jenes einzigen uns namentlich bekannten etruskischen Künstlers, der den 509 v. Chr. geweihten Tempel des Jupiter Capitolinus ausgeschmückt haben soll. Diese Schule und die Künstler von Caere sind für die an den Vorbildern der griechischen Kolonien orientierte technische und stilistische Umstellung der Bauornamentik aus Terrakotta verantwortlich. Es ist kein Zufall, wenn in Rom im Jahre 496 v. Chr. die Dekoration des großen plebeischen Heiligtums der Ceres, des Liber und der Libera zwei griechischen Künstlern, Damophilos und Gorgasos, zugeschrieben wird (Plin. *N. H.* XXXV, 154), deren Namen sie nach aller Wahrscheinlichkeit als Sikelioten (auf Sizilien ansässige Griechen) ausweisen.

Die etruskische Industrie zur Herstellung von Gefäßen und Metallgerät, die für Populonia und Vulci mit Sicherheit belegt ist, erlaubt uns, die Aspekte des Warentauschs auf der vornehmlich etruskischen Seite zu erfassen. Zunächst soll daran erinnert werden, daß die Etrusker wie die Griechen ihre eigenen *emporia* hatten: Der *vicus Tuscus* war die etruskische Handelsniederlassung von Rom. Des weiteren zeigen uns die aus Weinamphoren und etruskisch-korinthischer Keramik bestehenden Ladungen zweier auf dem Weg nach Gallien untergegangener Schiffe sowie die wahrscheinliche Einrichtung eines etruskischen *emporium* an der provençalischen Küste in Sainte-Blaise die scharfe Konkurrenz mit dem phokäischen Marseille und die Zielrichtung des Seehandels auf die Siedlungen des südlichen Gallien und Kataloniens; die Produktion von metallenem Gebrauchsgerät hingegen war eher auf das Zentrum der itali-

Abbildung 63: Stirnziegel mit Mänadenkopf aus Caere. Dies ist die am häufigsten vorkommende Art des Abschlusses für Flachziegel in der gestalterischen Phase der zweiten Hälfte des 6. Jahrhunderts v. Chr., in Verbindung mit den Reliefplatten aus Terrakotta (Abb. 68). 540 v. Chr. (Rom, Museum der Villa Giulia).

schen Halbinsel und die Poebene hin ausgerichtet, von wo es über die Alpenpässe nach Mitteleuropa gelangte. Die Bedeutung dieses ganzen Marktes für das gesamte etruskische Binnenland ist überdeutlich und wird auch durch die Einrichtung des *emporium* von Spina unterstrichen. Das erklärt einerseits die Blüte des Metallhandwerks in Populonia und Vulci im 6. und 5. Jahrhundert v. Chr. und andererseits die explosionsartige Entwicklung der etrurischen Poebene mit den überreichen Grabausstattungen von Spina und Felsina (Bologna) und der ›zweiten Kolonisation‹ der Poebene; letztere wird besonders deutlich durch die namenlose, eindeutig nordetruskisch geprägte Stadt bei Marzabotto belegt. An die ›zweite Kolonisation‹ erinnert sogar der Mythos des

Heroen Aucnus aus Perusia als Gründer von Felsina und Mantua (Serv. *Aen.* X, 198; vgl. Sil. It. V, 7).

3. Die politischen Institutionen

Das bisher von der etruskischen Gesellschaft entstandene Bild zeigt, wie der große Fortschritt der Städte des Südens auf Kosten der wirtschaftlichen und sozialen Führungsstellung der aristokratischen Gruppen erreicht wurde. Die Erfordernis engerer Zusammenarbeit, die sich aus Arbeitsteilung und sozialer Mobilität ergab, fand ihren klarsten Ausdruck in der Einführung der Hoplitentaktik. Die Möglichkeit, zahlreiche gutbewaffnete Truppen in die Schlacht zu führen, stand in offenem Gegensatz mit den Kontrollmöglichkeiten, die der aristokratischen Macht zugrundelagen. Die starken Rivalitäten der verschiedenen *gentes* untereinander, die nur zum Teil durch dynastische Verbindungen aufgrund von Heirat und gegenseitigem Austausch von Gaben ausgeglichen wurden, hatten zwar zu Beginn die reichsten Gruppen begünstigt, haben am Ende aber zur Entwicklung eines Bürgerheeres geführt und damit jenen städtischen Schichten breiten Raum gegeben, die nicht in den aristokratischen Produktionsprozeß eingegliedert und nicht den wirtschaftlichen und soziopolitischen Fesseln der Unterordnung von *penestai* unterworfen waren. Wenn es denn stimmt, um nochmals den Satz von Marx zu wiederholen, daß die militärische Organisation für die antike Gesellschaft »eine der Bedingungen ihres Daseins als Eigentümerin« ist, so gibt die *classis* der Reform des Königs Servius Tullius, wie sie von A. Momigliano rekonstruiert wurde, den besten Eindruck von dem historischen Zeitpunkt, von dem die Rede ist. Ebenso kann man, um bei dem Beispiel Roms zur Zeit der etruskischen Monarchie zu bleiben, anhand der Aufnahme von *conscripti* (beigeordneten Senatoren) und von *minores gentes* in den Senat, in der Verdoppelung der Zahl der Reiterzenturien und der Erhöhung der Zahl der vestalischen Jungfrauen von vier auf sechs (wobei alle diese Maßnahmen dem König Tarquinius Priscus zugeschrieben werden) die politischen Folgen der Erweiterung der Bürgerschaft und ihrer politischen Rechte beobachten, wie sie die Nekropolen des südlichen Etrurien zwischen dem Ende des 7. und der Mitte des 6. Jahrhunderts v. Chr. in verschiedenem Ausmaß widerspiegeln. Die

Abbildung 64: Stamnos mit aufgemalten roten Figuren aus Campagnano, der Schule des Praxias nahestehend. Es sind Szenen aus der Palästra dargestellt. Erstes Viertel des 5. Jahrhunderts v. Chr. (Rom, Museum der Villa Giulia)

servianische Heeresreform, die das Aufgebot auf der Grundlage des Zensus in Zenturien einteilt, besiegelt schließlich die neue der städtischen Form entsprechende Klassenrealität auf politisch-militärischer Ebene; sie überwindet – aber zerstört nicht – den ›föderativen‹ Charakter der alten Einheiten der Gaue und Dörfer, die auf die vorangehende Einteilung in Kurien zurückgingen.

Die weiteren Einrichtungen, die die Quellen der etruskischen Monarchie in Rom zuschreiben, sind gleichfalls für das Verständnis der bisher beschriebenen wirtschaftlichen und sozialen Phänomene Etruriens sehr aufschlußreich. Vor allem wird die ›Erfindung‹ des *aes signatum* (Bronzebarren mit einem eingeprägten Symbol), die von Timaios (bei Plin. *N.H.* XXXIII, 43) dem Servius Tullius zugewiesen wird, durch den Fund eines solchen Barrenfragments in einem Heiligtum von Gela (Südsizilien) bestätigt, der auf das zweite Viertel des 6. Jahrhunderts v. Chr., also genau auf die Zeit des römischen Königs datiert werden kann. Dieses *aes signatum* höchst archaischen Charakters mit dem sogenannten ›Trockenen Zweig‹ als eingeprägtem Symbol ist sicher keine Münze im klassischen Sinne des Wortes, sondern ein vormonetäres Tauschmittel, dessen Wert durch das eingeprägte Bild garantiert wird. Wie dem auch sei, es ist ein untrügliches Anzeichen sowohl für die Existenz einer ›politischen‹ Autorität, die für den Barren garantiert, als auch für die Bedürfnisse einer Wirtschaft, die dabei ist, den Rahmen des prähistorischen Austauschs zu sprengen. Leider wissen wir nicht, wo dieser Typ des *aes signatum* letztendlich geprägt wurde: Die Fundorte scheinen bezeichnenderweise auf den südetruskischen Bereich zu deuten und den hohen Entwicklungsstand der etruskischen Städte im Süden sowohl in wirtschaftlicher wie in politischer Hinsicht zu bestätigen. Desgleichen weisen andere den etruskischen Königen Roms zugeschriebene Neuerungen auf diese Entwicklung hin: Dem Tarquinius Priscus, der zwischen dem Ende des 7. und dem Beginn des 6. Jahrhunderts v. Chr. regiert haben soll, wird die schon erwähnte Erweiterung der Bürgerschaft zugeschrieben sowie die Errichtung gewaltiger Bauten wie einer ersten Stadtmauer, der Kanalisierung der Wasserläufe innerhalb des Stadtgebiets (*cloaca maxima*), des Circus Maximus und die Begründung des Stadtkults des Jupiter Capitolinus. Neben der Gründung verschiedener Heiligtümer, von denen noch zu sprechen sein wird, weist man dem König Servius Tullius die wichtige politisch-militärische Reform der timokratisch aufgebauten Zenturiatskomitien zu sowie die damit zusammenhängende Aufteilung des Bürgergebiets in vier, mit Ortsnamen bezeichnete städtische Tribus und im ländlichen Bereich in Landtribus, die zum Teil nach Orten, zum Teil nach *gentes* benannt wurden. Das von

*

Abbildung 65: Stirnwand der Tomba dei Tori, dem ältesten ausgemalten Grab Tarquiniis mit Darstellungen von Menschen (Achill lauert Troilos auf, apotropäische und symbolische Szenen). Werk eines Malers aus dem pontischen Kreis. 540 v. Chr.

Abbildung 66: Detail aus der Tomba degli Auguri in Tarquinii. Rechts ein Priester in der Geste der Ehrfurchtsbezeugung vor einer geschlossenen Tür, dem Symbol des Grabes; links *phersu* (griech. *prosopon*, lat. *persona*), ein maskierter Gladiator auf der Flucht. Werk eines ionischen Malers um 530 v. Chr.

den Quellen überlieferte Bild wirkt sehr homogen. Die Abfolge der Ereignisse ist nicht nur plausibel, sondern sie stimmt auch gut mit dem zusammen, was auf den vorangehenden Seiten auf der Grundlage der archäologischen Dokumentation gezeigt worden ist. Ob sich diese Prozesse auch in den fortschrittlicheren etruskischen Städten organisch und vollständig vollzogen haben, wissen wir nicht und werden wir vielleicht auch niemals erfahren; aber worauf es ankommt ist die Gewißheit, daß das Heranreifen der durch die städtische Entwicklung eingeleiteten Prozesse kaum zu einem anderen Ergebnis führen konnte, sei es nun in Rom oder im südlichen Etrurien.

4. Die religiösen Vorstellungen

Wenn das Heranreifen dieser Entwicklungen sich auf der Ebene des materiellen Lebens und der Institutionen nicht sozusagen schmerzlos vollziehen konnte, so sollten auch die religiösen Vorstellungen grundlegende Veränderungen erfahren, die ihrerseits auf den institutionellen Bereich zurückwirkten. Am auffallendsten ist unter diesen Veränderungen die zunehmende Betonung der öffentlichen Formen des Kults, und zwar zum Nachteil der privaten Kulte, die die ›Paläste‹ beherrschten und der gentilen Struktur der Gesellschaft wegen im Mittelpunkt standen. Jede prähistorische Gesellschaft kennt gemeinschaftliche Kulte, die ihre Weltanschauung, ihr Verhältnis zur Natur, die Bedürfnisse, Hoffnungen und Ängste des primitiven Menschen zum Ausdruck bringen, und die Villanovakultur macht da gewiß keine Ausnahme. Seltene Hinweise auf diese religiösen Vorstellungen finden sich in den monströsen Gestalten auf einigen Vasen und Urnen – das bedeutendste Beispiel ist die Bronzevase von Bisenzio mit der Darstellung bewaffneter, um ein solches Monstrum tanzender Männer, die vielleicht neben die *larvae* und *manes* des römischen Grabkults zu stellen sind. Sofern heilige Orte existieren, ist es der Archäologie nicht gegeben, sie aufzufinden, denn in jener Phase ist das Heilige noch nicht als solches »gekennzeichnet«. Die ersten schwa-

*

Abbildung 67: Detail aus der Tomba dei Giocoliere in Tarquinii, mit einem Mann fortgeschrittenen Alters, der sich auf einen Sklaven stützt. Aus derselben Malerschule wie die Tomba degli Auguri. 520 v. Chr.

chen Belege für eine »Kennzeichnung« des Heiligen in Etrurien stammen aus dem letzten Viertel des 7. Jahrhunderts v. Chr., dem wir mit Sicherheit die ältesten Votivgaben der Heiligtümer wie dem von Portonaccio in Veii zuweisen können sowie die ältesten Gaben im Heiligtum von Satricum (Latium), auf dem römischen Kapitol und bei S. Maria della Vittoria auf dem Quirinal. Bis 620 v. Chr. bleiben die Heiligtümer von der neuen Zirkulation des Reichtums unberührt und leben offensichtlich weiterhin ihre archaische Existenz der vorangehenden Jahrhunderte mit bescheidenen Festen und Riten, die schwerlich archäologische Spuren hinterlassen. Nach diesem Datum und im Verlauf des 6. Jahrhunderts v. Chr. finden wir allmählich immer bedeutendere Reste von Heiligtümern außerhalb und innerhalb der Städte, von Gebäuden, Architekturornamenten aus Terrakotta, Altären, Umfassungsmauern heiliger Bezirke, von Weihgaben und Opfergruben. Das Sakrale erlebt, wie logischerweise zu erwarten, parallel zum Politischen seinen Aufstieg. Es ist in dieser Hinsicht bemerkenswert, daß in einigen Fällen dieselben Personen, von denen Weihgaben in Heiligtümern gefunden wurden, auch als Spender von Grabbeigaben auftauchen: Das ist z. B. der Fall bei Laris Velchaina, einem Adligen aus Caere, der einige Bucchero-Vasen von höchst ungewöhnlicher Form im latinischen Heiligtum von Satricum stiftete und eine ähnliche Vase auch einem Toten schenkte, der vermutlich in Caere in einem Grab bestattet war (TLE^2 23, ca. 600 v. Chr.; vgl. TLE^2 866). Ein anderes Beispiel ist Avile Acvilnas, der bereits erwähnte Stifter zweier identischer Bucchero-Vasen an einen Herrscher von Ischia di Castro und einer ähnlichen Vase im Heiligtum von Portonaccio in Veii (TLE^2 915–916; ca. 580 v. Chr.), oder der ebenfalls bereits erwähnte Ara(n)th Spuriana, Stifter eines schönen Panthers aus Elfenbein im Heiligtum der Fortuna und Mater Matuta in Rom, der vielleicht mit dem Besitzer der Tomba dei Tori in Tarquinii identisch ist (TLE^2 78, ca. 550 v. Chr.). Heiligtümer und Gentilgräber gehören also in denselben Zusammenhang und dasselbe System wirtschaftlicher und sozialer Beherrschung.

In diesen Rahmen vor allem fügt sich die ›Aufwertung‹ der großen Kultzentren aus vorgeschichtlicher Zeit ein. Das Beispiel des außerhalb der Stadt liegenden ›Heiligtums der dreizehn Altäre‹ von Lavinium ist typisch. Neben einem Hügelgrab des beginnenden 7. Jahrhunderts v. Chr., das um die Mitte des 6. Jahrhunderts v. Chr. geöffnet wurde und im Mittelpunkt einer Opferhandlung stand (worauf eine umgestürzte

Abbildung 68: Reliefplatte aus Terrakotta (Tarquinii) mit der Darstellung eines Reitergefechts. Diese Reliefplatten gehören mit den Stirnziegeln der Abb. 63 zusammen. (Tarquinia, Museum)

Amphore und ein Krug aus Bucchero, die aufs Sorgfältigste wieder in dem Hügel begraben wurden, hinweisen), entsteht ein großes und reiches Heiligtum mit zwölf Altären, das bis weit in die republikanische Zeit als Ort eines panlatinischen Kultes fortbestehen soll: Das Grab, das Gegenstand frommer Verehrung war und im späten 4. Jahrhundert v. Chr. in einen Heroentempel umgewandelt wurde, ist mit Sicherheit identisch mit dem, das Dionys von Halikarnassos noch in augusteischer Zeit gesehen und als Grab des Äneas erkannt hat (I, 64, 4–5). Während des schwierigen Prozesses der sozialen Integration im städtischen Rahmen greift man also auf die ältesten religiösen Bindungen als naheliegendes Instrument für den Zusammenhalt der Gemeinschaft zurück, so wie man in die städtische Struktur die kollektiven Werte einzubringen sucht, als ob die Stadtwerdung die Entstehung des *ethnos* wiederhole: Vielleicht beträgt gerade deswegen z.B. in Rom die Zahl der Kurien 30 wie in alter Zeit die Zahl der latinischen Völker, oder das Grab des Romulus wird deswegen der zentrale Platz für die Versammlung des römischen Volkes, wie es das Grab des Äneas für alle Völker Latiums ist.

Über Etrurien sind wir bedauerlicherweise sehr viel schlechter unterrichtet als über Latium. Doch gibt es immerhin einige wertvolle Hinweise wie z.B. das berühmte, aber leider noch nicht aufgefundene Fanum Voltumnae von Volsinii. Für diesen Ort erinnert die Überlieferung in historischer Zeit an jährlich abgehaltene panetruskische Feste mit Spielen (und wahrscheinlich einem Markt), die nach einer Unterbrechung von über 200 Jahren, infolge der Zerstörung und Plünderung Volsiniis durch die Römer im Jahre 265 v. Chr., in augusteischer Zeit fast archäologisch genau rekonstruiert werden. Unsere Quellen sprechen von Versammlungen von *lucumones* oder *principes*, die stellvertretend für die »zwölf Völker« (*duodecim populi, dodeka hegemonias*) einen König wählten (Liv. I, 8, 1–3; Serv. *Aen.* VIII, 475), dem die Repräsentanten der übrigen *populi* ihren eigenen Liktor (Diener, Leibwächter) zur Verfügung stellten. Daher, so die Quellen, stammen die zwölf Liktoren der römischen Konsuln und Nachfolger der Könige im *imperium*, eines der vielen Details zur Machtrepräsentation der römischen Könige und Beamten, die von den Etruskern entlehnt sind.

Über die Verläßlichkeit dieser Quellen und die Bedeutung des föderativen etruskischen *imperium* ist viel diskutiert worden. Angesichts der Unsicherheiten ist man am Ende im allgemeinen zur bequemsten Lösung übergegangen, nämlich die gesamte Überlieferung abzulehnen, und zwar trotz der übereinstimmenden Wiederkehr dieser Erinnerungen in der annalistischen Tradition, trotz der Restauration in augusteischer Zeit, in der man sicher besser als wir über etruskische Geschichte unterrichtet war, und auch trotz der genauen Parallelen, die die Existenz des Latinerbundes bietet. Auch wenn es unmöglich bleibt, die religiösen und juristischen Einzelheiten genauer zu fassen, kann man doch immerhin folgendes feststellen: Während die Erinnerung an eine ›Wahl‹ des Königs in den Quellen entweder im Zusammenhang mit der Königszeit oder in Rekonstruktionen auftaucht (was beides mehr oder weniger identisch ist), werden für historische Zeit Andeutungen über *coniurationes* gemacht, »feierliche Eide« der *populi*, und es werden Hinweise auf eine »Hegemonie« einer Stadt über die anderen – wie es z.B. für Tarquinii in den Kriegen gegen Rom 358–351 v. Chr. gilt – sowie auf einen ge-

*

Abbildung 69: Bronzestatuette einer *kore* unbekannter Herkunft. Sie ist das Werk eines Bronzehandwerkers ionischer Schule und wurde vielleicht in Vulci hergestellt. 520 v. Chr. (Rom, Museum der Villa Giulia).

wählten *sacerdos* (Priester) gegeben (Liv. V, 3–8). Mit anderen Worten sei an die Stelle des innerhalb des Stammes eingesetzten Königs ein Priesterkönig getreten, der *sacerdos*, der unter den *principes* und Oberbeamten der zwölf etruskischen »Republiken« gewählt worden sei und kraft seines politisch-religiösen Vorrangs auf der Basis der formalen und religiösen Verpflichtungen der *coniuratio* gemeinsame Entscheidungen im politischen und militärischen Bereich herbeigeführt habe. Die alte Stammessolidarität wurde durch eine politische Solidarität ersetzt, die sich aufgrund der wirtschaftlichen, sozialen und militärischen Führungsstellung einer *polis* zu einem bestimmten Zeitpunkt ergab (und die de facto von allen als solche anerkannt wurde); dies geschah unter Leistung eines Eides vor *Voltumna, deus Etruriae princeps*, dem »Gott-Fürsten Etruriens« (Varr. *l. l.* V, 46).

Innerhalb dieses Heiligtums also formiert sich der Zwölfstädtebund Etruriens, vielleicht in Anlehnung – wofür die Zahl der teilhabenden Städte spricht – an die zwölf Städte des kleinasiatischen Ionien, wie Franz Altheim meint. Mit Sicherheit besteht ein enger Zusammenhang mit jenem Teil Etruriens im Einzugsbereich des Tiber, wo die Interessen (und die Territorien) der ältesten Zentren des Landes aufeinanderstoßen: Veii, das zum Tiber hin ausgerichtet ist, und Tarquinii, das über den Lago di Bolsena hinweg auf Volsinii blickt. Es ist daher nicht verwunderlich, wenn die etruskische Niederlassung von Rom am Flußhafen des Tiber, der *vicus Tuscus*, als religiösen Bezugspunkt jene Statue des Vortumnus-Voltumna, des wandlungsreichen und zweideutigen Gottes (Prop. IV, 2, 1 ff.) besitzt, der nach der Vorstellung diejenigen, die sich in der Niederlassung aufhalten, über den Tiber zurück nach Etrurien geleitet.

Ein anderes wichtiges panetruskisches Zentrum befand sich in Tarquinii. In der Nähe dieser großen Metropole wurde, so will die Legende, der weise Götterknabe Tages aus der Erde geboren, der den Tarchon in der Kunst der *haruspicina*, der Eingeweideschau, unterwies. In dieser komplizierten Art der Weissagung wurden vier bis fünf der jungen *principes* einer jeden Stadt von Kindesbeinen an unterrichtet; sie bildeten

*

Abbildung 70: Bronzehelm mit dekorierten Wangenklappen. Dieser klassische etruskische Helm des 6. Jahrhunderts v. Chr. stammt aus dem Einzelgrab eines Hopliten in Vulci, der mit Schild, bronzenen Beinschienen, Eisenschwert und eisernen Lanzen beigesetzt war. 520 v. Chr. (Rom, Museum der Villa Giulia).

den *ordo haruspicum*, jenes mächtigste Priesterkollegium Etruriens unter der Führung eines *summus haruspex*. Das Ansehen und die Bedeutung der Haruspizes sind vermutlich beträchtlich, werden sie doch nach dem Gesetz von Rom gerufen, um ihre Ansicht über die Bedeutung der Vorzeichen zu äußern und mögliche Vorkehrungen vorzuschlagen. Wie noch zu zeigen sein wird, ist dies vermutlich ein wesentliches Mittel der führenden etruskischen Schichten, Kontakt mit der Führungsschicht Roms aufzunehmen und die herrschende Stadt unauffällig mittels der Antworten des Haruspex über die Stimmung der *principes* zu unterrichten. Das Heiligtum der wunderbaren Geburt, das vielleicht dem Tinia-Jupiter geweiht war oder dem Voltumna selbst, der auf einem berühmten Spiegel aus Tuscana neben dem Knaben Tages abgebildet ist, ist ziemlich glaubhaft mit dem großen, nach dem ›Altar der Königin‹ benannten Tempel in Tarquinii identifiziert worden; oberhalb villanovianischer Schichten findet sich dort ein erster Abschnitt eines Tempelgebäudes, das, nach den erhaltenen Architekturornamenten aus Terrakotta zu urteilen, genau in jene Zeit um die Mitte des 6. Jahrhunderts v. Chr. gehört.

Noch ein weiteres Heiligtum ist von panetruskischer Bedeutung oder genießt zumindest bemerkenswertes Ansehen in Etrurien, nämlich der Tempel von Portonaccio in Veii, von dem schon mehrmals kurz die Rede war. Der Menerva in ihrer Eigenschaft als Göttin des Orakels geweiht (die delphischen Themen der dem Bildhauer Vulca zugeschriebenen Giebelfiguren spielen auf eine solche Gabe der Göttin an), steht das Heiligtum im Mittelpunkt der Aufmerksamkeit der königlichen Dynastie von Veii, der Tolumnii, und der großen Persönlichkeiten der archaischen Zeit, aber es wird auch nach der Eroberung durch die Römer weiterhin von größter Wichtigkeit sein. Die in dem Heiligtum verehrte Gottheit ist, wie schon angedeutet wurde, die Hauptgöttin von Falerii, und die Lage des Tempels außerhalb der Stadt spricht für seine Bedeutung als Mittelpunkt jener Hegemonie Veiis über das faliskisch-capenatische Gebiet, die schon in der Villanovazeit bestand und bis zum Fall des römischen Veii andauert. Auch in diesem Fall haben die Ausgrabungen im

*

Abbildung 71: Latona mit dem Kind Apoll im Arm, Giebelskulptur des Tempels von Portonaccio in Veii. Die Statue ist derselben Werkstatt zuzuweisen wie der berühmte ›Apoll von Veii‹, der mit dem Namen des Vulca in Zusammenhang gebracht wird. Ungefähr 500 v. Chr. (Rom, Museum der Villa Giulia).

Heiligtum Häuser aus der Villanovazeit zutage gebracht, die unter einem Tempelgebäude aus der ersten Hälfte des 6. Jahrhunderts v. Chr. liegen, das seinerseits gegen Ende des Jahrhunderts durch einen neuen Tempel ersetzt oder auch nur mit den Skulpturen aus der Schule des Vulca neu dekoriert wird.

All diese neugestifteten Tempel befinden sich außerhalb der Stadtmauern (der von Tarquinii wird bis zur Errichtung der neuen Stadtmauer im späten 5. Jahrhundert v. Chr. außerhalb liegen), und ihre Lage scheint den Knotenpunkten der ältesten Geschichte Etruriens zu entsprechen: Das Heiligtum des Voltumna liegt im Zentrum etruskischer Kontrolle über das mittlere und obere Tibertal und ist auf das Innere des Landes hin ausgerichtet, auf Perusia und die umbrische Ebene, wo es einen Ableger in Hispellum (Spello) bis in konstantinische Zeit haben wird. Der Tempel von Tarquinii, Heiligtum der religiösen Weisheit, erinnert mit den beiden Namen Tages und Tarchon an die Vorherrschaft der Stadt in ältester Zeit über ganz Etrurien, dessen sämtliche *poleis* sie angeblich gegründet hat, bis sie mit einer anderen Gruppe von zwölf Städten auch die Poebene kolonisiert haben soll. Der Tempel von Veii belegt dessen Vorherrschaft über den Unterlauf des Tiber, über die Falisker sowie die entsprechende ruhmreiche Periode in der Villanovazeit. Die politische und ideologische Bedeutung dieser Heiligtümer ist in historischer Zeit sicher sehr groß gewesen. Feste und damit verbundene Märkte machten sie zudem zum Treffpunkt von Menschen aus allen Himmelsrichtungen. Wenn das Fanum Voltumnae vor den Toren des heutigen Orvieto tatsächlich auf dem Campo della Fiera, der Festwiese, lag, so hätte die Hartnäkkigkeit dieser Tradition weit über die Antike hinausgereicht. Die Heiligtümer als Orte panetruskischer Feste und Märkte – sie sind aber auch Sammelplatz ungeheurer Schätze und Werte für die städtischen Gemeinden, wenn es stimmt, daß die Römer in Volsinii (sicher im Fanum Voltumnae) 2000 Bronzestatuen erbeuten konnten.

Diese Funktionen erklären, warum die ältesten Kultzentren Etruriens und Latiums im 6. Jahrhundert v. Chr. so häufig nachgeahmt oder kopiert wurden und dabei Heiligtümer von beachtenswerter Ausdehnung

*

Abbildung 72: Kopf eines Kriegers von der Terrakottadekoration des Tempels der Mater Matuta von Satricum in Latium, Werk etruskischer Koroplastiker, die vielleicht aus Caere stammten. 490 v. Chr. (Rom, Museum der Villa Giulia).

42

Abbildung 73: Kopf eines bärtigen Mannes von der Terrakottadekoration des Tempels der Mater Matuta von Satricum, Werk eines etruskischen Künstlers und vielleicht den Zeus darstellend. 490 v. Chr. (Rom, Museum der Villa Giulia).

und Bedeutung meist dort entstanden, wo sich schon vorgeschichtliche Kultplätze befunden hatten. Die etruskischen Heiligtümer sind weniger bekannt und scheinen nicht so zahlreich zu sein wie die latinischen, und auch ihr (angeblicher oder tatsächlicher) panetruskischer Charakter ist nicht in gleichem Ausmaß belegt. Parallel zur ›Wiederbelebung‹ dieser alten Kultplätze vollzieht sich die Entwicklung der bereits geschilderten Heiligtümer an den Handelsplätzen. Doch sind die dort geübten Formen des Kults nicht traditioneller, sondern orientalischer Herkunft und durch die religiöse und kulturelle Vermittlung der Griechen geprägt. Beide Institutionen scheinen (in verschiedener Form und verschiedenem Ausmaß) die Einrichtung des Asylrechts zu kennen.

Der andere gemeinsame Faktor dieser beiden verschiedenen Arten von Tempelgründungen ist das hellenische Erscheinungsbild des Kults und der religiösen Repräsentation. Die Religion als Basis und Mittel zur Festigung der herrschenden Ideologie hatte dem Vordringen der griechischen Kultur und der äußerlichen Angleichung an die hellenische Tradition lange Zeit – und mit gutem Grund – widerstanden. Bis zum Ende des 7. Jahrhunderts v. Chr. sind die einzigen Elemente des griechischen Mythos, die man tiefer in die etruskische Kultur eindringen sieht, die monströsen Sphinx-, Chimären-, Gorgonen-, Kentauren- und Pegasusfiguren, die als Einzelelemente in die lokalen Darstellungen aufgenommen werden, weil sie sich so gut in die phantastische frühgeschichtliche Tierwelt eingliedern, deren Bild fest im kollektiven Bewußtsein verwurzelt ist. Doch schon zu Beginn des 6. Jahrhunderts v. Chr. ist das Element des Mythos in der etruskischen und latinischen Kultur vorhanden, wenn man auch dem erzählenden Aspekt (der in den Werken eingewanderter Griechen von Aristonothos bis zum Maler der ›Hydrien von Caere‹ erscheint) die symbolische Abstraktion vorzieht, wie z.B. den Minotaurus als Terrakottaornament an der Kurie und der Regia in Rom, der die beliebte Gestalt des Ungeheuers mit dem symbolischen Gehalt des Mythos vom Labyrinth verbindet, das – unter anderem – auch Urbild der Stadt ist.

Gleichwohl dringt auch der Mythos – meist griechischen, selten lokalen Ursprungs – allmählich in die Ideologie der Gesellschaft ein und dient von der zweiten Hälfte des 6. Jahrhunderts v. Chr. an der Symbolisierung kultischer, genealogischer und sozialer Verhältnisse.

Abbildung 74: Schwarzfigurige *Hydria* unbekannter Herkunft mit mythischer Kampfszene, Werk des Mykale-Malers, der Vase im Vatikan G91 mit Gigantomachie sehr nahestehend. 510–500 v. Chr. (Triest, Museum).

5. Tyrannis und Republik

Das 6. Jahrhundert v. Chr. bietet in seinen ökonomischen und sozialen, seinen institutionellen und ideologischen Aspekten ein besonders komplexes Bild. Die städtische Struktur verweist in den privaten Bereich zurück, was vorher eher öffentlich gewesen war: Das aristokratische Zeremoniell wird nunmehr auf den familiären Bereich der Haus- oder Grabkulte beschränkt, während Prosperität und Warentausch sich auf die Kultausübung in den Heiligtümern hin ausrichten. Die Kontrolle der städtischen und religiösen Einrichtungen wird somit entscheidend für die *principes*, die aber dabei einer stark in Bewegung geratenen gesellschaftlichen Schichtung und gewaltigen Klassenkonflikten Rechnung tragen müssen, durch die die traditionellen Produktionsbedingungen in Frage gestellt werden. Kleinbauern und mittlere Grundbesitzer, Sklaven, *clientes* und Fremde drängen sich in den archaischen Städten und vertreten Interessen und Grundeinstellungen, die denen der *principes* in Stadt und Land widersprechen. Die wenigen bekannten Beispiele von ›Palästen‹ sind uns sehr hilfreich bei der Skizzierung dieses fortschreitenden Konflikts. Der Gebäudekomplex von Murlo im von der städtischen Entwicklung wenig berührten Norden ist zwar gewiß kein Einzelfall, aber er beherrscht doch mit Sicherheit für das ganze 6. Jahrhundert v. Chr. die Hochebene von Pian Tesoro. Der ›Palast‹ von Acquarossa im Herzen des südlichen Hinterlandes, umgeben von den großen und mächtigen Städten Vulci, Tarquinii und Volsinii, ist lediglich ein besonders prachtvoller Herrschersitz unter vielen anderen innerhalb der Siedlung. Aber einige Einzelheiten erscheinen besonders interessant, vor allem die jüngste Reihe von Reliefplatten (ca. 540 v. Chr.), die nicht mehr die Festlichkeiten der *gentes* zeigt wie die vorangehende Serie (ca. 560 v. Chr.), sondern zwei mythische Themen, nämlich Herakles und den Nemeischen Löwen sowie Herakles und den Kretischen Stier innerhalb einer Gruppe von Hopliten zu Fuß und auf dem Wagen. Mythische Szenen haben die rituellen Szenen ersetzt, auch wenn es sich dabei um einen besonderen Mythos handelt, nämlich die Taten eines Helden, der dem großen Tyrannen jener Zeit, dem Peisistratos von Athen, besonders nahestand. Damit steht im Einklang, daß auf der anderen Seite der Straße, außerhalb des ›Palastes‹, doch ganz nah und buchstäblich in einer Achse mit dessen Eingang, ein rechteckiges Gebäude liegt, das nach Grundriß, Maßen und Bautechnik nichts anderes sein kann als ein kleiner Tempel,

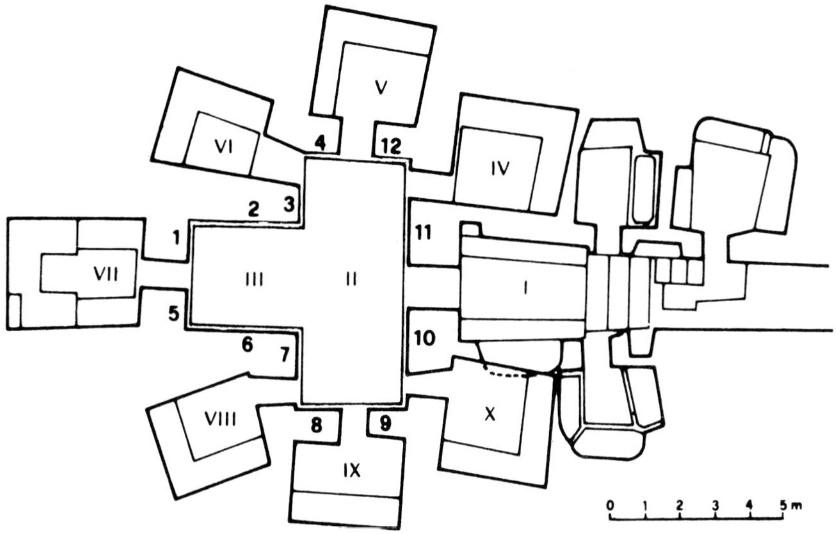

Abbildung 75: Plan der Tomba François in Vulci. Die arabischen Ziffern bezeichnen die Lage der einzelnen Fresken: 1–2. Kampf der Heroen in Vulci; 3. Tötung des Cnaeus Tarquinius Romanus durch Marce Camitlnas; 4. *Vel Saties*; 5–6. Opferung der trojanischen Gefangenen; 7. Eteokles und Polyneikes; 8. Nestor; 9. Phoinix. 10. Aiax und Kassandra; 11. Sisyphos und Amphiaraos; 12. *Thanchvil Verati*.

während die Grube für die Reste der Opfer an die Ahnen sich in der Mitte des Innenhofes befand. Der *princeps* des ›Palastes‹ von Acquarossa kann also nicht mehr, wie der Herr von Murlo, den gemeinschaftlichen Kult innerhalb des gewaltigen Innenhofes einschließen, sondern muß ihn außerhalb ansiedeln. Die Unterschiede zwischen diesen beiden Situationen sind demnach groß: Der *princeps* von Murlo ist absoluter Herrscher, König im eigentlichen Sinne des Wortes; der *princeps* von Acquarossa mag vielleicht denselben königlichen Titel getragen haben, aber de facto war seine Macht dadurch eingeschränkt, daß das religiöse Charisma nicht mehr innerhalb des ›Palastes‹, sondern außerhalb bewahrt war und gemeinschaftlichen Charakter hatte, wie auch die Darstellung der rettenden Heroen und der Hopliten zeigt. In Wahrheit, wenn auch nicht dem Namen nach, ist er nicht mehr »König«, sondern *tyrannos*.

Die wenigen gesicherten Daten über die politische Geschichte des südlichen Etrurien und Roms im 6. Jahrhundert v. Chr. stammen aus der römischen Literatur sowie aus der etruskischen Überlieferung über

Mastarna (Macstrna) und die Brüder Vibenna; auf letztere findet man Hinweise in der Rede des »Etruskologen« und Kaisers Claudius anläßlich der Aufnahme gallischer Aristokraten in den Senat, die vollständig auf der sogenannten Bronzetafel von Lyon wiedergegeben ist und die Tacitus paraphrasiert (*Ann.* XI, 23), die aber vor allem in den auf ca. 340 v. Chr. datierten Fresken der Tomba François von Vulci erzählt wird (Abb. 75). Diese höchst interessante Darstellung zeigt Macstrna, den Servius Tullius der römischen Legende, bei der Befreiung der beiden Brüder Caile und Aule Vipinas (letzterer ist erwiesenermaßen eine historische Persönlichkeit, denn er weiht um 580 v. Chr. im Heiligtum von Portonaccio eine Bucchero-Vase [TLE^2 35], während andere mit ihm verbündete Helden die Oberhand gewinnen über einen Laris Papathnas aus Volsinii, einen Pesna Arcmsnas aus Sovana, einen Venthi Caules (?) aus Falerii (?) und einen Cneve Tarchunies aus Rom (TLE^2 297–300). Über diese Szenenfolge ist unendlich viel geschrieben worden, aber die reinen Fakten sind relativ spärlich. Als Herkunftsort der siegreichen Helden gilt Vulci. Die Gleichsetzung des Macstrna mit Servius Tullius nimmt Claudius vor, der insbesondere die etruskische und römische Version miteinander vergleicht. Die Tötung des Cneve Tarchunies, auch wenn sie durch die Hand eines sonst unbekannten etruskischen Helden namens Marce Camitlnas erfolgt, würde also den Zeitpunkt darstellen, an dem Servius an die Stelle des Königs Tarquinius tritt, des Tarchunies der Fresken, der hier allerdings einen anderen Vornamen, nämlich Cneve statt Lucius trägt. Die etruskische Überlieferung bewahrte die Erinnerung an Auseinandersetzungen zwischen Vulci und einigen mit Rom verbundenen etruskischen Städten, darunter Volsinii und Falerii (?) im Tibertal und Suana (Sovana) im Hinterland von Vulci. Diese Erinnerung ist in den Hauptsträngen der römischen Überlieferung gänzlich verlorengegangen, die dagegen aus Servius den Sohn einer Sklavin macht, der auf wunderbare Weise zur Welt gekommen war und durch Heirat mit der Witwe des Tarquinius, Tanaquil, der Herrschaft teilhaftig wurde. Doch die römische Legende berichtet für unseren Zusammenhang noch interessantere Dinge wie die nächtliche Vereinigung des Servius mit der Göttin Fortuna sowie die Erscheinung der Tanaquil »am Fenster«, die den neuen König ankündigte. Dies sind Einzelheiten, die sehr deutlich das östliche Charisma umschreiben, angefangen von der *hierogamia* – der »göttlichen Hochzeit« – bis zu dem Bild der Frau am Fenster, die ähnlich wie die Aphrodite »am Fenster« in der königlichen Tradition Zy-

perns als »Königsmacher« auftritt. Die traditionelle Monarchie ist zu diesem Zeitpunkt durch die mit der städtischen Entwicklung zusammenhängenden politischen und sozialen Konflikte entscheidend geschwächt (das Eindringen einer etruskischen Monarchie in Rom ist selbst ein klares Anzeichen dafür), und der König braucht nun ein göttliches Charisma als Legitimation seiner Macht. Dieses Charisma wächst ihm nicht mehr aufgrund der alten Traditionen der Weissagung durch den Vogelflug zu, durch das *augurium* und das *auspicium*, sondern vielmehr aufgrund der Traditionen der weit entfernten östlichen Welt, durch die Aphrodite von Zypern, die »älteste der Parzen«, die mit Fortuna gleichzusetzen ist, der Göttin des Schicksals und des Zufalls. Träger dieser Ideen waren, wie wir bereits gesehen haben, die Händler (vor allem Ostgriechen), die nun in die Umgebung der Kulte der *emporia* abgedrängt wurden. In Rom wird von Servius Tullius zwischen dem ersten und zweiten Viertel des 6. Jahrhunderts v. Chr. mit größtem Aufwand vor der *porta Carmentalis* und in der Nähe des Tiberhafens ein der Fortuna und der Mater Matuta geweihtes Heiligtum erbaut, mit einer hölzernen verschleierten und vergoldeten Statue, ähnlich der griechischen Aphrodite Morpho; auf dem Dach, das aus der zweiten Bauphase des Tempels stammt (540 v. Chr.), symbolisieren eine bewaffnete Göttin und Herakles die heilige Hochzeit und lassen zugleich den Einzug des Helden auf dem Olymp anklingen – ein Mythos, der dem Peisistratos gefiel: er hatte die Herrschaft erobert, indem er, von einer als Athena verkleideten Schauspielerin – einer Sklavin! – geleitet, auf der Akropolis einzog. Die Anspielung auf den Tyrannen könnte nicht deutlicher sein, aber noch interessanter ist, daß dies nicht auf der Akropolis zur Schau gestellt wird, wie es Peisistratos tut, sondern in der Nähe des *portus* und in der Form phönikisch-zypriotischer Traditionen, die durch die ostgriechischen Händler vermittelt sind. Das Heiligtum dient Fremden und Bürgern als Treffpunkt und wird zu einem idealen Zentrum für plebeische Schichten. Servius läßt im übrigen noch ein weiteres, nicht weniger bedeutendes Heiligtum auf dem der Plebs heiligen Hügel errichten, nämlich das der Diana Aventinense, das Beziehungen mit Nemi und Massilia (Marseille) pflegt und Asyl bietet.

*

Abbildung 76: Bronzekandelaber mit einer kleinen Herkulesfigur als Säulenhalter, Produkt ›mittleren‹ Niveaus der Werkstätten von Vulci aus frühklassischer Zeit. Zweites Viertel des 5. Jahrhunderts v. Chr. (Rom, Museum der Villa Giulia).

Ähnlich scheint es in Caere gewesen zu sein. In Pyrgi, dem circa 13 km vom städtischen Zentrum entfernten Hafen, wo vielleicht schon in der ersten Hälfte des 6. Jahrhunderts v. Chr. – nach den wenigen Resten von Architekturornamenten aus Terrakotta und der Anlage einer großen Verbindungsstraße zu urteilen – ein Kultplatz bestanden hatte, wird um 510 v. Chr. ein großer Tempel mit dem einzigartigen Grundriß eines griechischen Peripteros errichtet. Es handelt sich dabei um das Heiligtum der Geburtsgöttin Eileithyia und der Ino-Leukothea, Göttin des Meeres und der Schiffahrt; so bezeichnen griechische Quellen die vielseitige etruskische Gottheit Uni, die Herrin der Geburt und des Lichts und Beschützerin der Schiffahrt, der die römische Iuno entspricht. Der Vergleich mit dem Heiligtum der Mater Matuta und der Fortuna drängt sich auf, und die Errichtung eines zweiten Tempels neben dem ersten, vielleicht 20 Jahre später (wir werden noch darauf zurückkommen), besiegelt die Analogie mit dem Kult in Rom. Kurz vorher jedoch illustriert eine andere Baumaßnahme im Stadtgebiet von Caere noch deutlicher die politisch-religiösen Tendenzen dieser Gesellschaft. In geringer Entfernung von Caere in der Gemarkung Montetosto wird gleich neben einem gewaltigen Hügelgrab aus dem Anfang des 7. Jahrhunderts v. Chr. um 530 v. Chr. ein sehr großes Gebäude errichtet, dessen Grundriß dem der ›Paläste‹ von Murlo und Acquarossa ähnelt. Es ist das große Verdienst des Entdeckers G. Colonna, in diesem Gebäudekomplex den Ort bereits erwähnten Heroenkults erkannt zu haben, der den von den Caeriten nach der Schlacht bei Alalia erschlagenen Phokäern entgegengebracht wurde. In der Tat erzählt Herodot (I, 167), daß die bei der Schlacht gefangengenommenen Griechen von den Bewohnern von Caere getötet worden seien; das Aufkommen einer Pest habe die Caeriten dazu veranlaßt, sich an das Orakel von Delphi zu wenden, und dieses habe als Sühne die Einrichtung von Spielen zu Ehren der erschlagenen Phokäer empfohlen. Die Steinigung dieser Gefangenen gehört in den Rahmen des archaischen Brauchs, gefangengenommene Feinde zu erschlagen, um die Ahnengeister zu besänftigen. Dieser Brauch ist den Etruskern wohlbekannt, wie die Fresken der Tomba François zeigen. Es ist leicht vorstellbar, daß die Steinigung der Phokäer bei dem großen Tumulus stattgefunden hat, der vielleicht der *gens* eines

*

Abbildung 77: Sogenannter Malavolta-Kopf aus Veii, das größte Meisterwerk der dortigen Plastik. Kurz nach der Mitte des 5. Jahrhunderts v. Chr. (Rom, Museum der Villa Giulia).

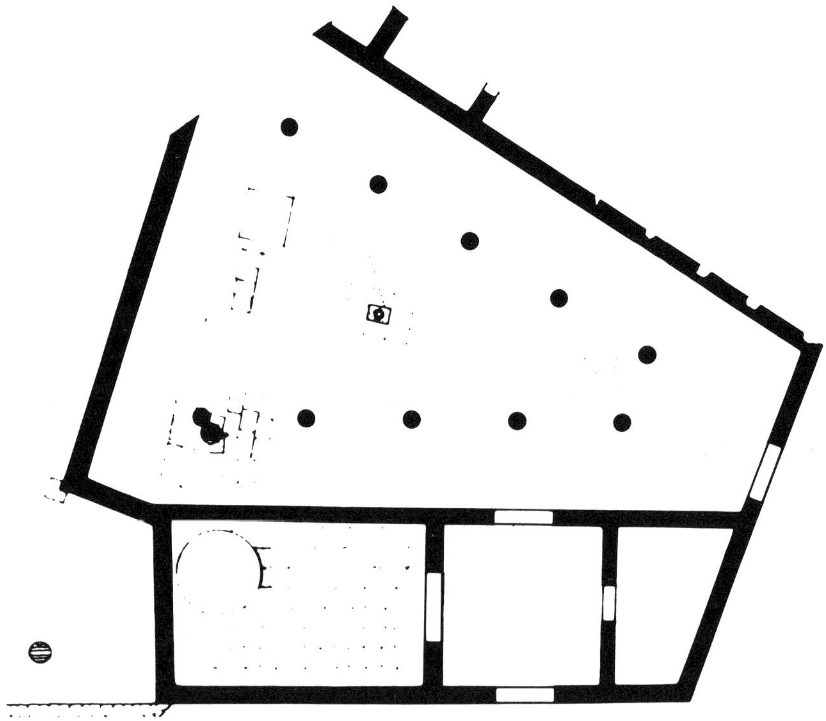

Abbildung 78: Plan der Regia in Rom gegen Ende des 6. Jahrhunderts v. Chr. Man beachte den großen mit Säulen umgebenen Hof und den für die ›Paläste‹ typischen dreifach unterteilten Flügel. Im linken Saal befindet sich das große Herdfeuer; diesen sowie den rechten Raum hat man für die *sacraria* der Ops und des Mars anzusehen (aus Brown).

der Vorkämpfer in der Schlacht bei Alalia gehörte. Die Sühne hätte sich im Geiste einer wahren Vergeltung vollzogen, indem man den palastartigen Grundriß aufgenommen oder beibehalten hätte (sofern an dieser Stelle vorher der ›Palast‹ der im Tumulus bestatteten *principes* gestanden hätte), und die Absicht wäre es gewesen, die Wettbewerbe, Spiele und Feste jener für den ›religiösen Frevel‹ verantwortlichen Vorfahren durch Wettbewerbe und Spiele zu Ehren der heroisierten phokäschen Opfer zu ersetzen. Es ist nicht weiter schwierig, an Gegebenheiten wie der Errichtung des monumentalen Tempels von Pyrgi die Absicht zu einer antiaristokratischen Aussage abzulesen und eine Festigung der wirtschaftlichen, politischen und ideologischen Kraft der Plebs von Caere. Diese ehemalige Randgruppe rückt zwischen 530 und 520 v. Chr. ins Zentrum und benutzt dabei, in neuer Form, die alten, durch den ›Palast‹ gesetzten Zeichen der Macht für einen typisch griechischen Kult und mißt den griechischen Kulten des *emporium* die gleiche oder sogar größere Bedeutung zu als den alteingesessenen Lokalkulten. In denselben Jahren bahnt sich in Rom das Ende der Monarchie an. Das traditionell auf 509 v. Chr. datierte Ereignis vollzieht sich unter anderem durch die Ersetzung des *rex* durch einen *rex ad sacra*, einen ›König‹ für das religiöse Zeremoniell, dem die Regia als Sitz zugeteilt wird. Die amerikanischen Ausgrabungen haben ergeben, daß tatsächlich am Ende des 6. Jahrhunderts v. Chr. an dem Platz, wo jahrhundertelang Hütten und Gebäude mit sakralen Kennzeichen (vielleicht ›Wohnpaläste‹ der etruskischen Könige) standen, ein Gebäude mit dem bereits bekannten Grundriß eines ›Palastes‹ errichtet wird, das Sitz des *rex sacrificulus* sowie der sehr alten königlichen Kulte von Mars und Ops (der ›Überfluß‹) ist und wo sich das große Herdfeuer befindet (Abb. 78). Der Gebäudetyp des ›Palastes‹ gehörte auch in Rom mit dem Sieg des Öffentlichen über das Private endgültig der Vergangenheit an. Aber daß die sozialen Konflikte in Rom in gewisser Hinsicht wohl anders verliefen als in Caere, zeigt uns die Tatsache, daß in Rom der Kult der Fortuna und der Mater Matuta zugleich mit der Einrichtung der Republik aufgegeben wird, während man in Pyrgi um 450 oder 470 v. Chr. im Heiligtum des entsprechenden Kults der Uni im *emporium* einen weiteren Tempel errichtet. Das Schicksal des *demos* war in diesen beiden Städten ebenso unterschiedlich wie in den verschiedenen Teilen ›Großetruriens‹.

Kapitel VII

Der Konflikt

1. Die ›Krise‹ des 5. Jahrhunderts v. Chr.

Zu den beliebtesten Gemeinplätzen bei der Rekonstruktion der etruskischen Geschichte gehört der von der ›Krise‹ des 5. Jahrhunderts v. Chr. Hier soll dieser Mythos nicht entzaubert werden, sondern es soll vielmehr präzisiert werden, welcher Art diese Krise gewesen sein könnte und welchen Sinn es hat, für diese Periode von einer Krise zu sprechen. Der Eindruck einer ›Krise‹ entsteht in erster Linie aufgrund des archäologischen Materials, das insgesamt ärmer und kulturell weniger lebendig erscheint als das des vorangehenden Jahrhunderts. Vom zweiten Viertel des 5. Jahrhunderts v. Chr. an werden tatsächlich in Etrurien weniger Tempel und weniger Grabbauten errichtet, die Importe der einstmals so beliebten attischen Keramik nehmen schlagartig ab, die lokale Produktion an Kunstgegenständen verringert sich und verliert an Qualität. Doch betrifft dieses Erscheinungsbild nicht ganz ›Großetrurien‹, sondern nur die am meisten entwickelten Gegenden des Kerngebiets, während sich im etruskischen Bereich der Poebene die im vorangehenden Jahrhundert begonnene Entwicklung mit unveränderter Intensität fortgesetzt und im kampanischen Bereich dem schon zu Mitte des 6. Jahrhunderts v. Chr. einsetzenden Niedergang der Küstenstädte eine Kontinuität des Wohlstandes in den Binnenstädten wie Capua, Cales und Nola gegenübersteht. Aber auch in den von der ›Krise‹ betroffenen Zonen erlaubt eine genauere Betrachtung der archäologischen Quellen die Feststellung, daß diese ›Krise‹ keine allgemein verbreitete und einheitliche Erscheinung war, sondern sich vor allem gegen jene aufstrebenden Schichten richtete, die im Laufe des 6. Jahrhunderts v. Chr. neben die alten aristokratischen Familienstämme getreten waren. Wir finden nämlich in Caere oder Tarquinii noch viele Grabstätten – im allgemeinen zwischen dem Ende des 6. und den ersten Jahrzehnten des 5. Jahrhunderts v. Chr. errichtet –, die als Grabbeigaben große rotfigurige attische Vasen aus dem 5. Jahrhundert v. Chr. von beachtenswerter Qualität enthalten; in Vulci und Volsinii (die zu jener Zeit, nach den Importen attischer Vasen zu urteilen, geradezu eine ›Achse‹ bildeten) dauert der Zustrom von Reichtümern an, auch wenn wir keine so monumentalen Grabbauten mehr kennen wie im vorangehenden Jahrhundert.

Der Rückgang der privaten Nachfrage in diesen Zonen ist unbezweifelbar, aber von Veii einmal abgesehen (dort wie bei der nahegelegenen großen latinischen Rivalin verschwinden die Nekropolen geradezu) betrifft er die breite Nachfrage und nicht die spezifische, von Gruppen äußerst begrenzten Umfangs ausgehende. Letztere können auf der Grundlage dessen, was Gräber wie die Tomba dei Vasi Greci im Tumulus 2 der Nekropole von Banditaccia in Caere zeigen (siehe S. 112), leicht der herrschenden Klasse mehr oder minder alter Prägung zugeordnet werden. Dem Rückgang der breiten Nachfrage entspricht auch ein einschneidender Rückgang des öffentlichen Bedarfs. Die Entwicklung oder völlige Neuaustattung sämtlicher großer Tempelbauten des südlichen Etrurien kann der Zeit zwischen dem Anfang des 6. und dem ersten Viertel des 5. Jahrhunderts v. Chr. zugewiesen werden, doch nach dieser Epoche kommen auch einfache Erneuerungen der Terrakottadekoration oder selbst nur die Ersetzung von Terrakottaelementen äußerst selten vor; man muß mindestens bis zum 4. Jahrhundert v. Chr. warten, bis man wieder eine ebenso eifrige Bautätigkeit wie in der archaischen Zeit beobachten kann.

Man hat stets versucht, diesen allgemeinen Rückgang der Nachfrage auf vereinfachende und mechanische Weise mit der neuen Situation im Mittelmeerraum nach den Perserkriegen und mit der gleichzeitigen ethnischen Unruhe auf der italischen Halbinsel in Verbindung zu bringen. Natürlich ist ein gewisser Zusammenhang zwischen diesen beiden Faktoren und dem scheinbaren Zusammenbruch einer einstmals blühenden Wirtschaft nicht ganz zu leugnen, doch reichen sie allein nicht aus, um einen solchen Rückgang der Nachfrage zu erklären.

Die ›Krise‹ der großen Städte des Südens steht in Wahrheit im Zeichen einer oligarchischen Rückwendung und deren materieller und kultureller Konsequenzen. D. Musti hat in besonders scharfsinniger Weise die Wirtschaftsformen der archaischen Aristokratie in Griechenland untersucht und hat herausgearbeitet, wie in extremen Oligarchien die Tendenz zu »heimlicher Vermögensanhäufung« vorherrscht: Eine bekannte, von Musti angeführte Passage bei Platon (Rep. VIII, 548 a–c) unterstreicht die Habgier und den Geiz der Oligarchien, die indes zugleich ihren Reichtum »nicht zur Schau tragen«, ihn »im Dunkeln verehren«. Dieses Verhalten wird später auch von Theophrast in seinem ›Charakter des Oligarchen‹ betont (*Char.* 26). Die Vermögensanhäufung der Oligarchen ist weder öffentlicher noch privater, sondern allein »kultischer« Natur (Thuk. I, 141, 3), ist »entrückt« (um Mustis Terminologie zu benutzen), nicht investiv, fern. Wie bei den Spartanern ist der Reichtum vielleicht in den Schatzkammern der großen panetruskischen Heiligtümer zu suchen und vor allem in Volsinii. Das würde den erwähnten fortgesetzten Wohlstand der Stadt erklären, der in bisweilen direktem Verbund mit Vulci besteht und des öfteren in unseren Quellen erwähnt wird, und zwar bis zur Unterwerfung durch Rom, die im Jahr 280 v. Chr. besiegelt wird.

Diese oligarchische Neigung, den Reichtum »nicht zur Schau zu tragen«, ist also in erster Linie für den schlagartigen Rückgang der öffentlichen und privaten Nachfrage verantwortlich und für die Konzentration der wenigen Schätze in sehr wenigen Gräbern wie der ebenfalls erwähnten Tomba dei Vasi Greci in Caere. In diesem Zusammenhang ist auch die offenkundige Ablehnung des Geldes als Tauschmittel durch die etruskischen Städte der archaischen und klassischen Zeit bezeichnend: Auf den zögernden ersten Schritt, der mit dem *aes signatum* (siehe S. 171 f.) noch in den ersten Jahrzehnten des 6. Jahrhunderts v. Chr. gemacht wird, folgt (mit einer Ausnahme in Populonia) bis zum 4. Jahrhundert v. Chr. kein weiterer. Ebenso finden andere Phänomene in der wahrscheinlichen Rückwendung eine Erklärung: Ich denke hier an die merkbare Abnahme des Schriftgebrauchs oder an das Fehlen von Weihinschriften mit Amtsbezeichnungen, was alles auf ein Zurücktreten des Politischen im Vergleich zur archaischen und spätarchaischen Zeit hindeutet, so als ob man lokale und private Werte stärken wolle, im Gegensatz zu der vorangegangenen kosmopolitischen Einstellung und zur Pracht des öffentlichen und privaten Aufwands, der zwischen der Mitte des 6. und den Anfängen des 5. Jahrhunderts v. Chr. getrieben worden war.

Natürlich reift all dies in der Zeit der sozialen Spannungen heran, und die oligarchische Rückwendung, wenn es sie gegeben hat, war nicht all-

umfassend; die in der vorangehenden Situation enthaltene Zersplitterung des sozio-ökonomischen Rahmens schließt jede homogene Entwicklung aus. Aufgrund des Zusammenwirkens der höchst unterschiedlich verlaufenden Auseinandersetzungen in Regionen verschiedensten Entwicklungsniveaus sowie der allgemeinen Dynamik der Halbinsel und des Mittelmeerraums entsteht die schwierigste Phase der etruskischen Geschichte.

2. Stadt und Land

Das vorangehende Jahrhundert war im erkennbaren Konflikt zwischen *polis* und ›Palast‹ zu Ende gegangen und innerhalb der einzelnen *poleis* im Konflikt zwischen Gruppen, Schichten und Klassen eines hochentwickelten und komplexen sozialen Gefüges. Am Ende des 6. Jahrhunderts v. Chr. werden Murlo und Acquarossa, an den äußersten Grenzen des »ländlichen« Teils des eigentlichen Etrurien gelegen, fast zu gleicher Zeit zerstört und nie wieder aufgebaut, während in Caere, der am weitesten entwickelten Stadt der gesamten etruskischen Welt, das Modell des ›Palastes‹ Sitz des Heroenkults vor den Toren der Stadt wird und das Heiligtum des *emporium* von Pyrgi seine bauliche Gestaltung erfährt (Abb. 80). Dies alles zeigt sehr deutlich den Konflikt zwischen Stadt und Land, der gänzlich zugunsten der Stadt ausgegangen – ist nach einem Jahrhundert der Spannungen, das in den am weitesten fortgeschrittenen *poleis* durch den Niedergang der Monarchie und das Auftauchen von Tyrannen gekennzeichnet war.

Wenn man diese Phase für das Gebiet ›Großetruriens‹ betrachtet, tritt klar hervor, daß der Konflikt zwischen Stadt und Land sich auf das gesamte etruskische Territorium ausweitet. In Veii verstärkt sich das schon in vorangehender Zeit bewährte Muster der verstreuten Besiedlung des Landes: Höfe wie der von Casale Pian Roseto haben ge-

*

Abbildung 79: Detail des Terrakottareliefs, das das hintere Ende des Firstbalkens des Tempels A von Pyrgi zierte; dargestellt ist eine geflügelte Athena, die Vase mit dem Balsam der Unsterblichkeit in der Hand haltend, die mit Abscheu vor der frevelhaften Geste des Tydeus gegenüber Melanippos zurückweicht. 480–70 (oder 450) v. Chr. (Rom, Museum der Villa Giulia).

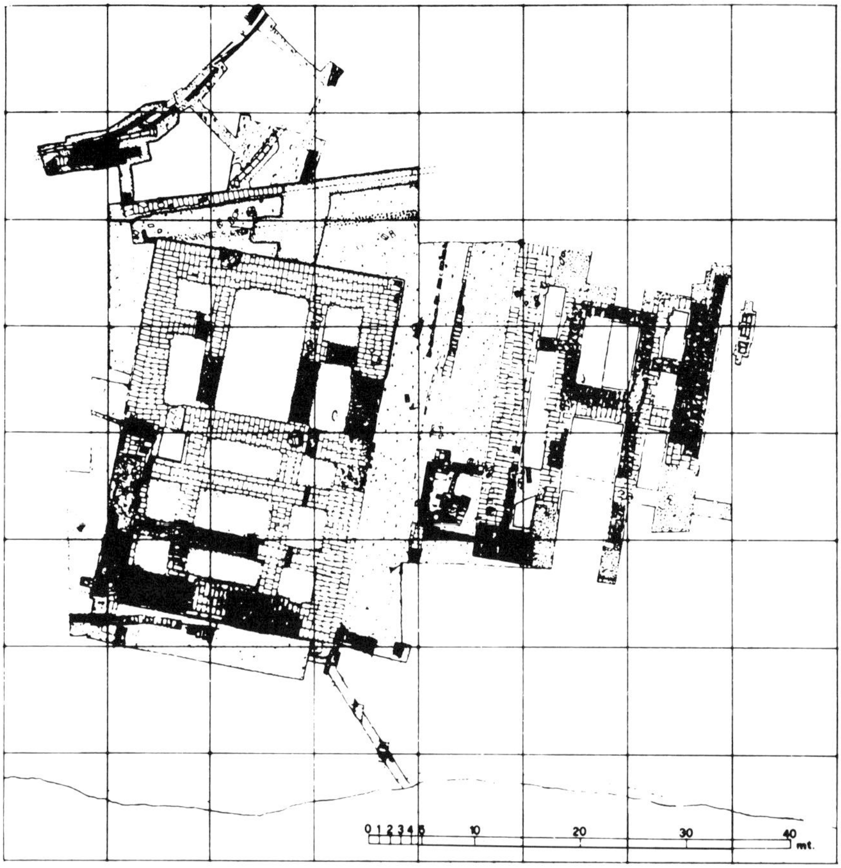

Abbildung 80: Plan des Heiligtums von Pyrgi. Rechts der Tempel B vom Ende des 6. Jahrhunderts v. Chr. mit kleiner Cella und dem Grundriß eines griechischen Peripteros, links der Tempel A aus dem Jahre 480 v. Chr. mit dem charakteristischen etruskischen Grundriß. Dazwischen liegt der Platz C mit einem chthonischen Altar und der später (3. Jahrhundert v. Chr.) ausgehobenen ›Grube‹, in der vor der Zerstörung zu bewahrende kostbare Gegenstände deponiert wurden; unter diesen Gegenständen befanden sich die mit Inschriften versehenen Goldplättchen. Im Rücken des Tempels A liegt das Propylaion am Eingang des Heiligtums, zu dem man über die große Straße von Caere nach Pyrgi gelangt.

rade im 5. Jahrhundert ihre Blütezeit, während die Stadt nunmehr von einem mächtigen Mauerkranz umgeben wird. Im faliskischen Territorium besitzt die Hauptstadt Falerii eine unbestrittene und absolute Vormachtstellung, nachdem das in engen Beziehung mit Veii stehende und vielleicht als Rivale gefährliche Zentrum von Narce von der Bildfläche verschwunden ist und alle kleineren Befestigungen der Gegend aufgegeben worden sind. Noch deutlicher ist das Phänomen im Einflußgebiet von Caere. Die Stadt mit ihrem Hafen ragt nun allein in einem gewaltigen Territorium hervor, das noch im 6. Jahrhundert v. Chr. mit einem dichten Netz von blühenden Siedlungen und Sitzen kleiner Lokalfürsten überzogen war: In den Siedlungen im Bereich der Tolfaberge findet man aus der Zeit nach dem ersten Viertel des 5. Jahrhunderts v. Chr. keine Gräber mehr, und einst wichtige Zentren wie Blera, San Giuliano und San Giovenale sind nun verlassen.

Übermächtig breitet sich auch Tarquinii im weiten Gebiet des Binnenlandes bis hin zum Lago di Bolsena aus. Die Zerstörung von Acquarossa ist im Zusammenhang mit dieser Expansion zu sehen und ebenso das Verschwinden des archaischen Tuscana, das vermutlich in denselben Zeitraum zu setzen ist. Tarquinii wird möglicherweise im 5. Jahrhundert v. Chr. mit einer Mauer umgeben, und sein Stadtgebiet wird dabei um das dreifache erweitert, während das Heiligtum von Graviscae im Verlauf des ersten und zweiten Viertels des 5. Jahrhunderts v. Chr. eine anspruchsvolle bauliche Gestalt annimmt, die indes bei der Ankunft von Griechen wieder reduziert wird. Dieselbe Erscheinung kann man in dem von Vulci beherrschten Gebiet beobachten. Diese Stadt befindet sich schon im späten 7. Jahrhundert v. Chr. in starker Ausbreitung, als sie das rivalisierende Marsiliana zerstört und, vermutlich in Übereinkunft mit Rusellae, Vetulonia aus dem Felde schlägt; sie setzt dann die Erweiterung ihrer Herrschaft in Richtung auf das Binnenland und Volsinii fort. Das archaische Suana, das vielleicht in Pitigliano zu suchen ist, wird bereits in der Mitte des 6. Jahrhunderts v. Chr. zur Zeit der legendären Taten des Macstrna zerstört; in dieselbe Zeit fiel wohl der Untergang der Siedlung von Poggio Buco, das im allgemeinen mit dem vorrömischen Statonia gleichgesetzt wird; auf das Ende des 6. Jahrhunderts v. Chr. hingegen datiert man die Aufgabe von Bisentium am Lago di Bolsena und der namenlosen Stadt von Castro, für die noch 20 Jahre vorher ein Fürstengrab mit einem bronzenen Kampfwagen belegt ist; in der Mitte des 5. Jahrhunderts v. Chr. schließlich wird das Zentrum von Saturnia im oberen Tal des Albegna aufgegeben. Es entsteht der Eindruck, daß Tarquinii sich vor allem entlang des Martatals ausdehnt und Vulci die Erweiterung seiner Herrschaft entlang des Fioratals sucht; erst später erlangte letztere Stadt wohl die Kontrolle über den Oberlauf der Albegna, wie die Aufgabe von Saturnia und die Entstehung der von Vulci geprägten Befestigung von Ghiaccio Forte eindeutig zeigen.

Weiter im Norden tritt Rusellae als die führende Stadt des Küstengebiets zwischen Vulci und Populonia hervor, nachdem Vetulonia wahrscheinlich im späten 7. und beginnenden 6. Jahrhundert v. Chr. unterworfen war. Für die letzten Jahrzehnte des 6. Jahrhunderts v. Chr., als Rusellae nicht nur das Küstengebiet, sondern auch das Binnenland eroberte, zeigen die Nekropolen der kleineren Siedlungen im Bogen der Lagune des Lacus Prilis, die aufgrund einer kürzlich durchgeführten topographischen Untersuchung bekanntgeworden sind, die Aufgabe des Siedlungsgebiets.

Die Eingliederung der Täler der Fiora und Albegna im Süden und des Ombrone im Norden in das Herrschaftsgebiet von Vulci und Rusellae setzt neben dem Interesse an fruchtbarem Ackerland auch ein Bedürfnis nach Kontrolle der natürlichen Verkehrswege voraus, die das Küstengebiet mit dem ausgedehnten Territorium verbinden, das neuerdings von der aufsteigenden Metropole Clusium beherrscht wurde. Es genügt, an den legendären Zug des Königs von Clusium, Porsenna, gegen Rom zu erinnern und an die Eroberung der latinischen Stadt, die einige Quellen dem Porsenna zuschreiben, um die vorrangige Bedeutung zu zeigen, die Clusium im Verlauf des 6. Jahrhunderts v. Chr. erlangt. Die blühende Industrie des ›schweren‹ Bucchero und die Importe schwarzfiguriger attischer Keramik von höchster Qualität belegen dieses Wachstum. Leider schränken die Raubgrabungen des letzten Jahrhunderts und der Mangel an wissenschaftlicher Aufarbeitung des Materials unsere Rekonstruktionsmöglichkeiten des historischen Geschehens für Clusium und den größten Teil des nördlichen Etrurien stark ein. Die große Bedeutung und die Vorherrschaft der Stadt über ein sehr ausgedehntes Gebiet von der Mitte des 6. Jahrhunderts v. Chr. an sind unbestreitbar; weitgehend im Dunkeln bleiben hingegen die – offenbar sehr harmonischen – Beziehungen zwischen der Stadt und einem Territorium, in dem für die gesamte spätarchaische Zeit und einen guten Teil des 5. Jahrhunderts v. Chr. wichtige Siedlungen nachgewiesen sind (Chianciano, Città della Pieve, Sarteano, Castelluccio di Pienza, Castiglione del Lago, um nur die größten zu nennen).

Wenn also Volsinii im Zusammenwirken mit Vulci eher dem südlichen Muster zu folgen scheint, das bis hinauf nach Rusellae und Populonia belegt ist und im Verhältnis von Stadt und Land ein klares Übergewicht zugunsten der Stadt zeigt, so scheint sich im weiter nördlich gelegenen Clusium die empfindliche sozioökonomische Situation eher im Gleich-

Abbildung 81: Tomba del pilastro dorico in Caere, Kapitell. Dies ist eines der wenigen monumentalen Gräber von Caere aus dem 5. Jahrhundert v. Chr., dessen äußerst nüchterne Dekoration sich auf den schweren dorischen Mittelpfeiler beschränkt. Der Typ findet im faliskischen Gebiet und in Veii Nachahmung.

gewicht zu befinden, auch wenn der städtische Ballungsraum zweifellos die Funktion eines Mittelpunkts besitzt. Dies könnte auch für die anderen Zentren des Nordens zutreffen. In Sperandio, der städtischen Nekropole von Perusia, finden sich wichtige Gräber des 6. und 5. Jahrhunderts v. Chr., doch fehlt es nicht an Belegen für eine ausgewogene Besiedlung des Landes; in Volaterrae stehen der Kargheit der wenigen Gräber des 5. Jahrhunderts v. Chr. eine intensive öffentliche Bautätigkeit gegenüber sowie wichtige Belege in der ländlichen Umgebung wie z.B. in der Gegend um Saena (Siena); in Arretium lassen Architekturornamente aus Terrakotta ähnliche Anstrenungen bei der sakralen Bautätigkeit des 5. Jahrhunderts v. Chr. erkennen, während das Verschwinden der spätarchaischen Grabsteine und Stelen im oberen Arnotal auf den Aufstieg des Zentrums von Faesulae weist, ohne daß jedoch ländliche Siedlungen wie Artimino aufgegeben wurden.

Diese Entwicklung im mittleren und nördlichen Etrurien, die sich von der des Südens unterscheidet, scheint einerseits in dem später einsetzenden wirtschaftlichen Wachstum und der daraus folgenden städtischen Konzentration in diesem gesamten Bereich eine Erklärung zu finden und andererseits in überzeugender Weise das komplexe Phänomen der ›zweiten Kolonisation‹ der Poebene zu erklären. Zu Ende des 6. Jahrhunderts v. Chr. nämlich erfahren die wenigen uns bekannten Siedlungen des etruskischen ›Zwölfstädtebundes‹ in der Poebene eine Umstrukturierung oder gar eine Neugründung. Im folgenden 5. Jahrhundert v. Chr. erleben diese Zentren, die in kultureller Hinsicht in engster Verbindung mit den etruskischen Gebieten jenseits des Apennin, mit Arretium, Perusia, Volaterrae und vor allem Clusium stehen, eine gewaltige Blüte. In Felsina (Bologna) herrscht eine Aristokratie, die zwar sicher neueren Ursprungs, aber deshalb nicht weniger stolz ist und sich mit der reichen Ausstattung ihrer Gräber und den kunstvoll dekorierten Stelen ebenso repräsentativ dazustellen sucht wie jene Aristokratie, die ihr eineinhalb Jahrhunderte früher im eigentlichen Etrurien vorangegangen ist und von der sie mehr oder weniger abstammt. Im *emporium* von Spina leben neben einer äußerst aktiven ›Mittelklasse‹ gemischter Herkunft, die sich aus Etruskern und Griechen, aber auch aus Venetern und Umbrern zusammensetzt und kulturell stark von Griechenland geprägt ist, einige Familien und Gruppen von beeindruckendem Reichtum. Dies bezeugen höchst luxuriös ausgestattete Gräber wie das Grab 136 A der Nekropole von Valle Pega oder das Grab 128 der Nekropole von Valle

Abbildung 82: Figuren an der Spitze eines Bronzekandelabers aus der Produktion von Vulci, gefunden in der Nekropole von Valle Pega; dargestellt sind Hermes und Maia (?). Zweite Hälfte des 5. Jahrhunderts v. Chr. (Ferrara, Museo Archeologico).

Trebba, die wunderschöne etruskische Bronzen aus der Produktion von Vulci und Dutzende von attischen Vasen höchster Qualität enthielten.

Diese etruskische Kultur der Poebene, die eine Begeisterung für alles Griechische zur Schau stellt, wie sie sonst nur Caere zeigt (Caere und Spina hatten ein eigenes Schatzhaus in Delphi zur Aufbewahrung der dem panhellenischen Heiligtum gestifteten Weihgeschenke), scheint mitten im 5. Jahrhundert v. Chr. dieselben sozioökonomischen Mechanismen und Produktionsverhältnisse aufzunehmen, die den äußersten Süden Etruriens ein Jahrhundert früher charakterisierten. Große Städte wie Marzabotto, die wie Spina durch eine regelmäßige Stadtanlage gekennzeichnet sind sowie durch eine ›Mittelschicht‹, die über geräumige, aber schlichte Wohnstätten verfügt, bilden den Mittelpunkt einer sehr vielversprechenden ausgeglichenen landwirtschaftlich-handwerklichen Produktion, die ihrerseits den Luxus der Hauptstadt Felsina und Spinas ermöglichen. Auf Spina, das *emporium* von unvergleichlichem Reichtum und wahre Handelszentrum der ganzen Region, das als teilweiser Ersatz für Adria entstanden war, konzentrieren sich nunmehr nahezu die gesamten griechischen Handelsaktivitäten; ihr Interesse ist die Verbindung zu der gewaltigen Kornkammer der Poebene sowie der Zugang zum »barbarischen« Mitteleuropa, das mittlerweile eine beträchtliche Präsenz etruskischen Handels entlang den Verzweigungen der sehr alten Bernsteinstraße aufweist. Die teilweise, aber merkbare Umlenkung der griechischen Handelsströme hat vielfache Gründe, angefangen vom Übergang der Kontrolle in athenische Hände über den neuen Faktor Syrakus bis zu den veränderten Bedürfnissen der griechischen, etruskischen und venetischen Märkte. In unserem Zusammenhang geht es vor allem darum, die Scharnierfunktion herauszustellen, die die Etrusker der Poebene innerhalb eines Systems des Produktions- und Handelssystems übernehmen, das die Poebene selbst (die, wie wir gesehen haben, von einer allseits eingebetteten regionalen Wirtschaft lebt) sowie das eigentliche Kernland Etruriens umfaßt, das seinerseits spezielle Produkte wie Bronzen aus Vulci und Volsinii an die vielversprechenden adriatischen und mitteleuropäischen Märkte vermittelt. Der Schwerpunkt der Akkumulation und der Nachfrage hat sich also insgesamt von der tyrrhenischen Küste zur Kette des Apennin hin verlagert, was viele Phänomene erklärt, die auf den ersten Blick nichts miteinander zu tun haben, in Wahrheit aber alle zusammenhängen – angefangen von der zunehmenden Dominanz des Tibertals und in erster Linie Volsiniis über den Rückzug der Städte des Südens bis zu der ›ausgeglichenen‹ Entwicklung im mittleren und nördlichen Etrurien und der gewaltigen Blüte der Poebene.

Das kampanische Etrurien hat seine eigene Geschichte, wie M.W. Frederiksen so klar herausgearbeitet hat, und bildet eine etruskische ›Provinz‹ für sich. Ihre größte Ausbreitung erreichen die Etrusker in dieser Region zweifellos im 6. Jahrhundert v. Chr., als sie in das Hinterland der griechischen Kolonien am Golf von Neapel und Paestums vordringen und dort ein riesiges Gebiet kontrollieren, das von Cales bis in das Gebiet nördlich des Flusses Sele reicht. Wenn das berühmte Fürstengrab von Cumae (Kyme) tatsächlich das Grab eines Ende des 8. Jahrhunderts v. Chr. in Kyme eingebürgerten etruskischen Aristokraten ist, dann bedeutet die Anwesenheit der Etrusker in Kampanien wenn nicht den Konflikt, so doch sicher die dialektische Auseinandersetzung mit der griechischen Seite. Der Episode des etruskischen Zuges gegen Kyme im Jahre 524 v. Chr. (Dion. Hal. VII, 2–12), auf die wir noch zurückkommen werden, steht die Gastfreundschaft gegenüber, die Aristodemos, der Tyrann von Kyme, dem geflohenen etruskischen König Roms, Tarquinius Superbus, gewährt (Liv. II, 21, 5). Die oligarchischen Tendenzen der Etrusker mit dem bezeichnenden Hervortreten eines starken Reiteradels nach griechischem Vorbild werden wiederum in der Gastfreundschaft offenbar, die man den von Aristodemos aus Kyme vertriebenen Oligarchen entgegenbringt, und sie finden von seiten der archäologischen Quellen eine gewisse Entsprechung in Gräbern des 6. Jahrhunderts v. Chr. mit Heroenkult oder auch in vereinzelten, reich ausgestatteten Gräbern des 5. Jahrhunderts v. Chr. wie der sogenannten Tomba di Brygos in Capua. Doch war die Kontrolle über das gewaltige Gebiet um Capua, wo eine spezielle etruskische Kultur mit eigenen architektonischen und handwerklichen Traditionen blüht, keineswegs gesichert. Pompeji als bekanntester Fall ist beispielhaft: Während das archaische Inschriftenmaterial ausschließlich aus etruskischen Inschriften auf Bucchero besteht, ist das wichtigste sakrale Gebäude ein ganz und gar griechischer Tempel; der Name der Stadt dagegen ist sicher oskischen Ursprungs. Die starke kulturelle und ethnische Vermischung des kampanischen Zwölfstädtebundes deutet auf sehr unbeständige Produktionsverhältnisse mit einem die übrige Region dominierenden Capua und einem Übergewicht der Stadt gegenüber dem Lande hin, das bis zum beginnenden 6. Jahrhundert v. Chr. dicht mit Dörfern besiedelt ist.

Dieses Übergewicht wird aus Capua noch für Jahrhunderte eine Stadt von äußerstem Reichtum und einen Ort luxuriöser Lebensführung machen.

3. Der internationale Rahmen

Mit dem späten 6. Jahrhundert v. Chr. werden die den literarischen Quellen zu entnehmenden Informationen sehr viel reicher und aussagekräftiger: Die Welt der Etrusker ist nun nicht mehr ein weit entfernt liegendes, reiches, von Piraten bevölkertes Land, wie es die ältesten Texte beschrieben hatten, sondern eine reale wirtschaftliche und politische Größe auf dem großen Schachbrett der Halbinsel und des Mittelmeerraums.

Der »Pyrrhussieg« der Phokäer bei Alalia besiegelt ein Einverständnis zwischen Etruskern und Karthagern, das, wie es scheint, lange Zeit überdauern sollte und das noch Aristoteles (*Pol.* III, 9, 1280 a, 38 ff.) als »Handelsvertrag« und »Abmachungen über die Importe« bezeichnet. Diese Abmachung dürfte sich ihrem Charakter nach kaum von dem berühmten römisch-karthagischen Vertrag unterschieden haben, der auf das Jahr 509 v. Chr. datiert wird. Die Angelegenheiten der Flüchtlinge von Phokäa und die zur selben Zeit oder kurz vorher erfolgte Eroberung der vormals phönikischen Kolonien Sardiniens durch Karthago hatten dieses Einverständnis notwendig gemacht, um den Fluß der Handelsbeziehungen zwischen Etrurien und den großen Inseln des Tyrrhenischen Meeres wieder in Gang zu bringen, der seit Beginn der Eisenzeit bestanden hatte.

Der Fall Lydiens und Phokäas, der Sturz des Polykrates auf Samos, die Eroberung Ägyptens (mit dem sich daraus ergebenden Niedergang von Naukratis) markieren im Osten des Mittelmeerraums das Erscheinen Persiens auf der Bildfläche, während im Westen die Neuordnung nach der Schlacht bei Alalia erfolgte. Die Reaktion der Griechen läßt nicht lange auf sich warten; das kurze Zwischenspiel der Beherrschung des Meeres durch Ägina löst die ostgriechische Vorherrschaft in der Ägäis ab, aber der verhängnisvolle ionische Aufstand und die Perserkriege stürzen ein Netz von Ost-West-Beziehungen, das Jahrhunderte überdauert hatte, in eine endgültige Krise. Die Überlieferung will, daß

Abbildung 83: Der ›Mars‹ von Todi, Meisterwerk des Bronzehandwerks von Volsinii, das derselben Werkstatt zugeschrieben wird wie die Terrakottadekoration des Tempels von Belvedere. Die Statue gehörte in das Heiligtum von Monte Santo bei Todi. Ende des 5. Jahrhunderts v. Chr. (Vatikan, Museo Gregoriano Etrusco).

die Schlacht zwischen Griechen und Persern bei Salamis und die zwischen Griechen und Karthagern bei Himera auf Sizilien am selben Tag des Jahrs 480 v. Chr. geschlagen worden seien. Wenn man einmal von dem Eindruck des Künstlichen absieht, den dieses Zusammentreffen erweckt, und von seiner gegen die Barbaren gerichteten Ideologie, dann erkennt man darin das Bewußtsein der Alten vom Zusammenhang zwischen den Auswirkungen der beiden griechischen Siege, nämlich dem endgültigen und sichtbaren Aufstieg der beiden Mächte Athen und Syrakus, die nach wenig mehr als einem halben Jahrhundert in Konflikt miteinander geraten sollten.

Nach der Auseinandersetzung mit Karthago wendet sich Hieron, der Tyrann von Syrakus, gegen die Etrusker und bringt ihnen in den Gewässern vor Kyme im Jahre 474 v. Chr. eine gewaltige Niederlage bei. Etruskische Helme, als Kriegsbeute in Olympia geweiht, die die Inschrift »Hieron von Syrakus von den Etruskern« tragen, sind ein klarer archäologischer Beleg dafür. Von diesem Moment an macht sich die Präsenz von Syrakus im Tyrrhenischen Meer drückend bemerkbar: Auf Pithekusa wird ein Stützpunkt eingerichtet und ›Strafexpeditionen‹ syrakusanischer Flotten greifen auch nach dem Fall der Deinomeniden-Dynastie Etrurien an. Athen seinerseits, als wahrer Erbe des archaischen Ionien, reiht das Tyrrhenische Meer und den Westen unter die Zielgebiete für die Ausdehnung seines Einflusses ein. Vor allem in den Jahrzehnten unmittelbar vor dem Peloponnesischen Krieg fehlt es nicht an merklichen Anzeichen für eine intensive Propagandatätigkeit (und nicht nur das) von seiten Athens gegenüber der italischen Halbinsel, angefangen von der Beteiligung an der Gründung von Neapolis nach der Schlacht bei Kyme bis zur bedeutungsträchtigen Neugründung von Sybaris unter dem Namen Thurii im Jahre 443 v. Chr. (beide Städte traten im übrigen als die hauptsächlichen Vermittler zwischen Ionien und Unteritalien auf). Aber vor allem ist das starke attische Interesse an den etruskischen Märkten im Norden mit dem *emporium* von Spina bedeutungsvoll. Die Produkte einiger athenischer Keramikwerkstätten waren fast ausschließlich auf den etruskischen Markt ausgerichtet.

Die Niederlage von Kyme sollte vor allem das Schicksal der Küstenstädte im Süden grundlegend beeinflussen, doch die inneren Schwierig-

*

Abbildung 84: Goldplättchen von Pyrgi. Dies ist die Inschrift, deren ›Übersetzung‹ das phönikisch beschriftete Plättchen wiedergibt (Rom, Museum der Villa Giulia).

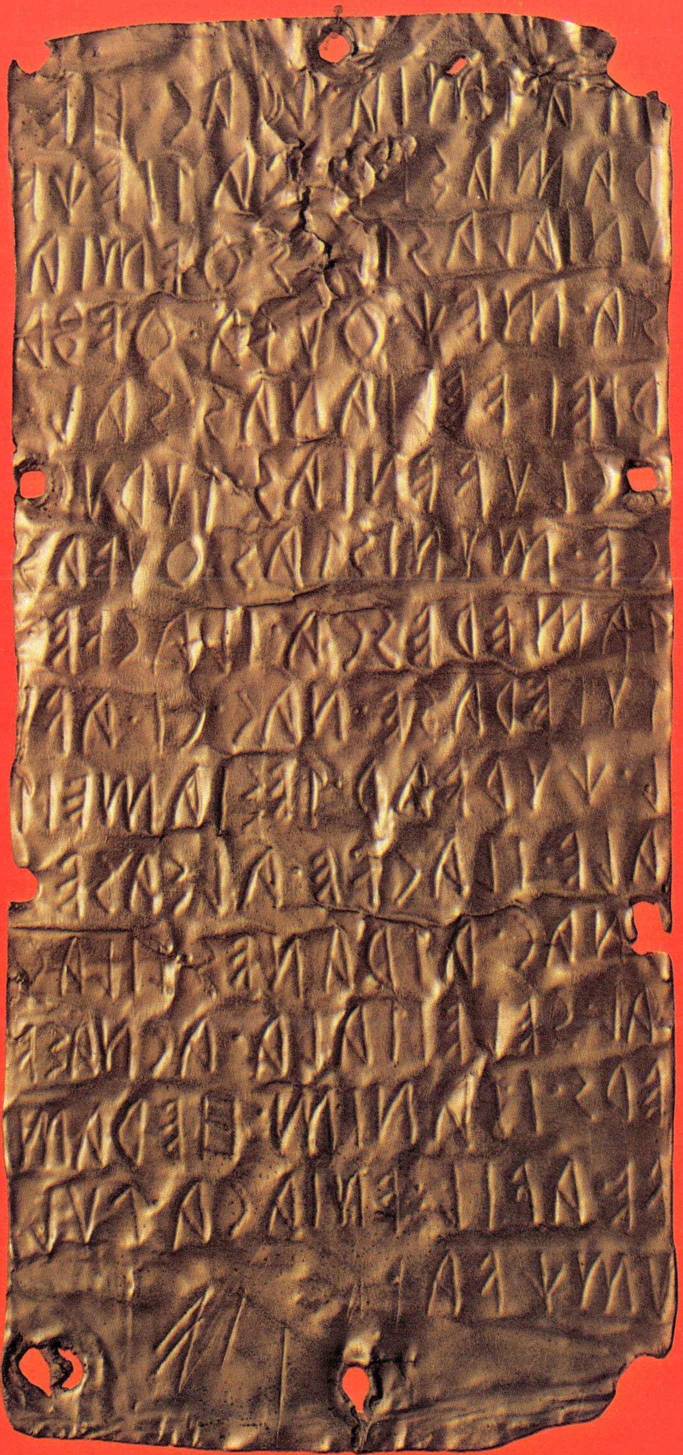

keiten auf der Halbinsel im 5. Jahrhundert v. Chr. hatten Folgen für ganz Etrurien. Die lokale Überlieferung der ›Chronik von Kyme‹, die bei Dionys von Halikarnassos erhalten ist (XII, 2–12), verzeichnet im Jahre 524 v. Chr. eine großangelegte Invasion von Etruskern aus der Poebene in Kampanien, unter Beteiligung von Umbrern und Dauniern und infolge des von keltischen Horden ausgeübten Drucks. Wie Livius mit der keltischen Sage von Bellovesus und Segevesus (V, 33–35) zeigt, bestand der Druck von seiten der Kelten sehr früh, spätestens von 600 v. Chr. an. Diese Einfälle von den Alpentälern am Rande der Poebene aus müssen häufig gewesen sein, und das erklärt die darauffolgende Auswanderung etruskischer Bevölkerungsgruppen aus der Region der Emilia; daß sich Umrer und Daunier dazugesellten, ist im Zusammenhang mit den Beziehungen der Etrusker der Poebene und Kampaniens mit den jeweils dort ansässigen Bergvölkern zu sehen. Der Angriff auf Kyme vom Jahre 524 v. Chr. beweist zugleich, daß vor der ›zweiten etruskischen Kolonisation‹ der Poebene unruhige Jahrzehnte lagen und daß sehr alte Bindungen zwischen dem eigentlichen etruskischen Kernland der Poebene und Kampanien bestanden. Wenn also für diese Zeit in Volsinii und in Todi, seinem wichtigsten umbrischen Gegenpart, Personen keltischen Ursprungs nachgewiesen werden können, so ist das sicherlich kein Zufall.

Noch in diesen Jahren ergeben sich wichtige politische Veränderungen. Die Festigung städtischer Strukturen in Latium, die sich parallel zur Entwicklung in Etrurien vollzieht, führt in Rom und vermutlich auch in anderen latinischen *poleis* zur Geburt der Republik. Häufig ist dieses Phänomen als ›Ende der etruskischen Herrschaft‹ über Latium interpretiert worden. Dieses Vorurteil, das die Existenz einer Dynastie etruskischen Ursprungs im 6. Jahrhundert v. Chr. als Beweis für eine wirkliche Herrschaftsausübung durch ein im übrigen als einheitliche politische Formation gar nicht vorhandenes Etrurien ansieht, versäumt anzuerkennen, daß der kosmopolitische Charakter der archaischen Aristokratie mit der jeweils vorherrschenden ethnischen Basis – und mit der sprachlichen Realität – nichts zu tun hat: die Inschrift vom Forum, *lex*

*

Abbildung 85: Bronzehelm aus dem Grab von San Raffaele in Todi. Er wurde in einem fürstlichen Grab aus dem dritten Viertel des 5. Jahrhunderts v. Chr. zusammen mit ungefähr 60 attischen *kylikes* gefunden und ist ein geläufiges Produkt der Werkstätten in Vulci oder Volsinii aus der Mitte des 5. Jahrhunderts v. Chr. (Rom, Museum der Villa Giulia).

Abbildung 87: Die Chimäre von Arretium. Die hochberühmte große Bronze, die dem Zeus-Tinia geweiht ist, ist das erste Produkt der Werkstätten Arretiums von dieser Bedeutung. Ende 5. – Anfang 4. Jahrhundert v. Chr. (Florenz, Museo Archeologico).

sacra und daher öffentliches Dokument, das mit Sicherheit aus der Zeit der etruskischen Monarchie stammt, ist auf lateinisch geschrieben und nicht auf etruskisch, und dasselbe gilt für die in Satricum entdeckte Inschrift mit der Erwähnung eines Publius Valerius, der vielleicht mit dem ersten Konsul Roms, Publius Valerius Publicola, identisch ist. Daher sind die häufigen Namen etruskischen Ursprungs in den Fasten der frühen Römischen Republik nicht etwa Ausdruck der Kontinuität einer etruskischen ›Herrschaft‹, sondern des Fortdauerns des Kosmopolitentums der herrschenden Klasse in den ersten Jahrzehnten des 5. Jahrhun-

*

Abbildung 86: Rotfigurige Trinkschale aus Vulci mit der Darstellung eines mythischen Raubes. Die Schale ahmt attische Gefäße aus der Zeit von 480–70 v. Chr. nach und wird für ein Produkt des beginnenden 4. Jahrhunderts v. Chr. gehalten. Mit größerer Wahrscheinlichkeit aber stammen dieses und andere Einzelstücke aus Vulci, die attische Originale (bisweilen sehr genau) wiederholen, aus der Mitte des 5. Jahrhunderts v. Chr. (Vatikan, Museo Gregoriano Etrusco).

derts v. Chr. und jener sozialen Beweglichkeit, die bereits im vorangehenden Jahrhundert zu erkennen war. Doch gerade die Konsolidierung der politischen Institutionen nach dem Ende der Monarchie ist ein Anzeichen dafür, daß diese soziale Beweglichkeit nunmehr in Gefahr war. Zu Beginn des 5. Jahrhunderts v. Chr. sind einige der letzten Eingliederungen auswärtiger *gentes* in Rom festzustellen: Die Ankunft der Claudier mit ihren *clientes* aus dem Sabinerland im Jahre 495 v. Chr. und die vermutliche Ankunft der Veturii aus Praeneste zu Ende des 6. Jahrhunderts v. Chr. sind die einzigen Fälle, die uns die Quellen mit einiger Sicherheit belegen.

Noch bedeutsamer ist das Bild der Veränderungen um den tyrrhenischen, etrusko-latinischen Bereich herum. Die klar erkennbare Entwicklung des vorangehenden Jahrhunderts hatte tiefgreifende sozioökonomische Mechanismen in Gang gesetzt, die jetzt dazu beitragen, daß die formlose Masse von Bevölkerungsgruppen italischer Sprache aus einer jahrhundertelangen untergeordneten Stellung auftaucht. Die Dynamik dieser Mechanismen ist für uns im einzelnen nicht erkennbar, und sie können sicher nicht auf einfache und einheitliche Prozesse reduziert werden; gerade z.B. die Stammeseinteilung, die zwischen Sabinern, Umbrern, Picentern oder Samniten unterscheidet und innerhalb dieser Stämme weitere Unterscheidungen trifft wie zwischen Sidicinern oder Naharten, läßt zwar die Herausbildung verschiedener Entwicklungsebenen erkennen, ist aber sicher nicht das Ergebnis eines einzigen historischen Augenblickes oder eines einheitlichen Entwicklungsmodells. Derjenige Teil dieser Welt, der am Rande der stärker entwickelten etruskischen und latinischen Gebiete liegt und mit diesen in Berührung steht, findet mit Sicherheit früher zu einer klar definierten inneren Klassenstruktur und treibt seinerseits benachbarte Gruppen zu einer Weiterentwicklung der Produktivkräfte an.

Am Ende des 6. Jahrhunderts v. Chr. ist diese ganze Welt in Bewegung. An den südlichen Grenzen Latiums erscheinen – vielleicht aus Umbrien kommend – die Volsker, die Rom im Jahre 502 v. Chr. Pometia und Cora entreißen, dann in Richtung auf die Küsten ziehen, Antium, Circei und Tarracina erobern und sich schließlich an den südlichen Hän-

*

Abbildung 88: Terrakottakopf aus Falerii, den Zeus darstellend und vom Zeus des Phidias in Olympia abgeleitet; es handelt sich um das Meisterwerk der wiedererstandenen Koroplastik in Falerii zu Ende des 5. Jahrhunderts v. Chr. (Rom, Museum der Villa Giulia).

gen der Albanerberge in Velitrae (Velletri) niederlassen. Dieser Einfall in den latinischen Bereich, der das frühere Latium auf wenig mehr als das Albanergebiet, Praeneste, Tibur (Tivoli) und Rom reduziert, ist der einzige, über den wir genauere und chronologische Angaben besitzen, doch lassen die Auseinandersetzungen der ersten Jahrzehnte des 5. Jahrhunderts v. Chr. zwischen Latinern, Aequern und Hernikern einen Zusammenprall auf breitester Front vermuten. Die inneren Auswirkungen dieser äußeren Bedrohung lassen nicht auf sich warten. Aus dem 5. Jahrhundert v. Chr. datieren die paläosabellischen Inschriften von Penna S. Andrea in den vestinischen Abruzzen, die die Existenz einer sich selbst als *viri Sabini* bezeichnenden Aristokratie belegen. Noch eindeutiger ist die Situation im umbrischen Todi: Während man noch 450 v. Chr. ein Fürstengrab mit zahllosen kostbaren Gegenständen wie attischen Vasen, etruskischen Bronzen und Goldschmuck als Beigaben findet, tauchen von 440 v. Chr. an Dutzende von aristokratischen Gräbern hohen Ausstattungsniveaus auf, die erkennen lassen, daß man sich nunmehr einer völlig strukturierten Aristokratie gegenübersieht. Eine ähnliche Aristokratie, die allerdings zu weniger prachtvollem Aufwand neigt, zeigt sich im fortgeschrittenen 5. Jahrhundert v. Chr. in den abgelegenen Nekropolen von Alfedena und Pozzilli bei Isernia mitten im Gebiet der Samniten und bezeugt, wie die Rückwirkungen dieses Prozesses bis in die zentralen Regionen dieser Landschaften vordringen. Auch hier kann man in den Zonen, die im engsten Kontakt mit dem etruskischen Kampanien stehen, eine sprunghafte Entwicklung von der Mitte des 5. Jahrhunderts v. Chr. an beobachten: Die Nekropolen von Caudium z.B. sind voller attischer Vasen und eine Hellenisierung der Bestattungsbräuche ist offensichtlich. Diese komplexen Erscheinungen stehen in enger Verbindung mit den Ereignissen, die im letzten Viertel des 5. Jahrhunderts v. Chr. das Gesicht der italischen Halbinsel verändern werden.

4. Der Klassenkampf

Die Entstehung der Republik in Rom bringt auf den ersten Blick keine sichtbaren politischen Veränderungen mit sich. Die Unterscheidung zwischen Patriziern und Plebejern spielt auf politischer Ebene zunächst offenbar keine Rolle, denn für die ersten 25 Jahre der Republik enthalten die Konsularfasten plebejische (und etruskische) Namen. Parallel dazu setzen sich die griechischen Importe bis 470 v. Chr. fort und die Bautätigkeit kommt nicht zum Stillstand: plebejische Gründungen auf dem Aventin (der Tempel des Merkur 495 v. Chr.; der Tempel der Ceres, des Liber und der Libera 496–93 v. Chr.), stehen Gründungen am Forum mit starkem ›politischem‹ Akzent gegenüber (der Tempel des Saturn 501–493 v. Chr.; der Tempel des Kastor 484 v. Chr.). Die soziale Spannung zwischen den beiden Teilen der Gesellschaft ist offensichtlich. Die Plebs unterstreicht ihre Prägung durch den Handel (Merkur-Hermes), ihre Ideologie und ihre Ansprüche auf Überlebensgarantie und Integration bei der Heirat (Ceres-Demeter). Die Aristokratie hingegen betont die zentrale Bedeutung des Forums, die ›männliche‹ und ›latinische‹ Seite der landwirtschaftlichen Tätigkeit (Saturn) und das aristokratische, spartanische Symbol der Ritterschaft (die Dioskuren). Wirtschaftliche und politische Krise setzen bald ein: Die ›Abschließung der Stände‹ von seiten des Patriziats im Jahre 486 v. Chr., die von den politischen Ämtern ausschließt, wer nicht Mitglied einer *gens* ist (die Plebejer also), sowie die dramatischen Fragen der Lebensmittelversorgung der Stadt aufgrund der *frumentationes* des Jahres 480 v. Chr., der Privatkrieg der Fabier gegen Veii (477 v. Chr.) als letztes, anachronistisches Beispiel für eine streng gentile Auffassung der sozio-politischen und militärischen Verhältnisse – all das sind eng miteinander zusammenhängende Ereignisse und sie markieren den Beginn eines mehr als ein Jahrhundert andauernden Konflikts zwischen Patriziern und Plebejern. Ausgeschlossen vom Handel und dem Recht auf Heirat, aufgrund des Rückgangs der öffentlichen und privaten Nachfrage verarmt, von der Schuldknechtschaft unterdrückt, aber doch gezwungen, im Heer zu dienen, organisieren die Plebejer, um das Heiligtum auf dem Aventin geschart, ihren Widerstand gegen den wirtschaftlichen Einbruch und den von der patrizischen Oligarchie gewollten Ausschluß von der Politik. Die Patrizier ihrerseits gehorchten ohne Zweifel den wirtschaftlichen und politischen Notwendigkeiten der Herrschaft ihrer Klasse angesichts der Schwierigkeiten, die mit den Einfällen der Volsker und mit der *pax Persica* im Mittelmeerraum aufgekommen waren. Die Etappen dieser Auseinandersetzung brauchen hier nicht wiederholt zu werden: Allein die Eroberung Veiis im Jahre 396 v. Chr. sollte in ausreichendem Maße Produktionsmittel zur Befriedigung der plebejischen Forderung nach Land zur Verfügung stellen und so den Weg für eine Reihe von politischen und wirtschaftlichen Verbesserungen ebnen wie unter anderem den Zugang der Plebejer zum Konsulat und zu den Priesterämtern (Licinisch-Sextische Gesetze, 367 v. Chr.; Lex Ogulnia, 300 v. Chr.) sowie die Abschaffung der Schuldknechtschaft (Lex Petilia-Papiria, 326 v. Chr.); schon 445 v. Chr. war indes die archaischste und konservativste soziale Beschränkung, das Eheverbot, abgeschafft worden (Lex Canuleia).

Wie sieht es zur gleichen Zeit in Etrurien aus? Der äußerste Süden erfährt im Verlauf des 5. Jahrhunderts v. Chr. Veränderungen radikaler Art. In Veii sprechen einige Anzeichen für eine hervorragende Bedeutung städtischer und ›plebejischer‹ Schichten, die einer seit langer Zeit im Niedergang befindlichen Aristokratie gegenüberstehen: Es ist kein Zufall, daß man mitten in der vom äußeren Druck durch Rom bestimmten Krise im Jahre 428 v. Chr. in Veii einen ›König‹ kennt (Cass. Dio XLIV, 4, 3 und LI, 24, 4; Liv. IV, 17–20) und daß man im Jahre 403 v. Chr. von neuem eine ›Monarchie‹ einrichtet (Liv. V, 1, 3ff.), die sich aus den Mitgliedern der großen, bereits im 7.–6. Jahrhundert v. Chr. bekannten Familie der Tolumnii (TLE[2] 36, 38) zusammensetzt. Für Caere ist der ›demokratische‹ Charakter der Ereignisse des späten 6. Jahrhunderts v. Chr. bereits herausgestellt worden; im Rahmen dessen ist es nicht verwunderlich, daß die Figur eines lokalen *tyrannos* namens Thefarie Velianas auftaucht, der uns durch zwei etruskische Inschriften und eine phönikische auf einer Goldtafel von Pyrgi belegt ist (TLE[2] 873–74 (Abb. 84). Dieser »König über Caere«, wie ihn der phönikische Text bezeichnet, ist wahrscheinlich in das beginnende 5. Jahrhundert einzuordnen und läßt wenig Zweifel in bezug auf den Charakter seines Königtums zu. Nicht nur daß er dem großen Heiligtum des *emporium* prachtvolle Geschenke weiht, sondern er erwähnt ausdrücklich die Hilfe der großen Göttin Ischtar-Uni von Pyrgi bei seiner Eroberung der Macht, betont so den charismatischen und göttlichen Charakter seiner Einsetzung als König (was ganz und gar der Beziehung des Königs Servius Tullius zur Göttin Fortuna entspricht) und bezieht sich mit der phönikischen Übersetzung seiner Weihung auf die zypriotische Prägung des

*

Abbildung 89: Votivstatuette, den Mars darstellend, unbekannter Herkunft. Dies ist ein typisches, wenn auch qualitätvolles Stück des nördlichen Bronzehandwerks ›mittleren‹ Niveaus, von dem sich die Produktion gängiger Votivgaben im umbrischen Gebiet vom 5. Jahrhundert v. Chr. an ableitet. Zweite Hälfte des 5. Jahrhunderts v. Chr. (Rom, Museum der Villa Giulia).

Kultes von Pyrgi. Der Bezug zum römisch-karthagischen Vertrag von 509 v. Chr., der in diesem Zusammenhang des öfteren hergestellt wurde, kann letztlich nicht aufrechterhalten werden: Als Begleiterscheinung dieses Vertrags wird in Rom der ›phönikische‹ Kult von S. Omobono aufgegeben, und die Bestimmungen schreiben nicht etwa die Weihung wertvoller Geschenke im Heiligtum des *emporium* vor, sondern die Aufsicht des Herolds oder eines öffentlichen Beamten (*keryx* oder *grammateus*), unterstellen also die Kontrolle des Handels staatlicher Autorität und weisen damit die *hiera*, die kultischen Dinge, ganz so wie die »zur Reise notwendigen Dinge« der privaten Sphäre des *emporos* zu (Pol. III, 22, 5–8). Thefarie Velianas unterstreicht hingegen mit seinen Weihungen die Unterstützung derjenigen Teile der Gesellschaft, die sich mit dem Heiligtum des *emporium* von Pyrgi und mit seiner religiösen und politischen Aussage identifizieren: Dieses Heiligtum, das fürwahr vom Rande in das Zentrum gerückt ist, wird für lange Zeit Ort der wertvollsten Weihungen der Bürger bleiben, und zwar in einem Ausmaß, daß Dionys von Syrakus mehr als ein Jahrhundert später, im Jahre 384 v. Chr., einen Streifzug zu seiner Plünderung unternehmen und dabei reiche Beute machen wird (Aristot. *Oecon.* II, 1349b; Diod. XV, 14, 3–4; Polyaen. V, 2, 21; Aelian. *Var. Hist.* I, 20; Strab. V, 2, 8; Serv. *Aen.* X, 184). Es ist also nicht verwunderlich, daß der Name von Caere mit der legendären Gestalt des Königs oder Tyrannen Mezentius in Verbindung gebracht wird und daß Caere noch in der Mitte des 4. Jahrhunderts v. Chr., also sozusagen an der Schwelle zur Eingliederung in den römischen Staat, von einem König Orgolnius beherrscht worden sein soll, der von Aulus Spurinna, dem *preator* von Tarquinii, vertrieben wurde. Und Caere sollte nicht zufällig Bezugspunkt der römischen Plebs auf der Flucht vor den Galliern werden, so wie Veii für eben diese Plebs nach dem Galliersturm den möglichen neuen Staatsherd und Mittelpunkt repräsentiert.

Während Veii und Caere radikale Demokratie und Tyrannis erproben, zeigen die anderen Städte des Südens in unterschiedlich starker Ausprägung und mit beachtlichen Schattierungen das Gesicht der Oligarchie. Tarquinii vor allem scheint in dieser Richtung führend: Von den Nekro-

*

Abbildung 90: Votivstatuette, einen Opfernden darstellend. Wie das Stück der vorangehenden Abb. 89 handelt es sich um ein charakteristisches Beispiel der ›Durchschnittsware‹ aus dem nördlichen Etrurien. Erste Hälfte des 5. Jahrhunderts v. Chr. (Rom, im Kunsthandel).

polen und dem relativen Rückgang der Importe war bereits die Rede. Das Heiligtum des *emporium* von Graviscae, das um 470 v. Chr. eine beeindruckende Neugestaltung erfährt, empfängt danach keine griechischen Kaufleute mehr, und der Kult wird in sehr einfachen Formen von Personen, die offensichtlich Sklaven sind, vollzogen. Was an Handel bestehen bleibt wird offenbar verlagert, wohl in Übereinstimmung mit Regeln wie den im römisch-karthagischen Vertrag festgelegten, während sich im Umkreis des Heiligtums nur Sklaven, wie es scheint des klassischen Typs, bewegen. Als Tarquinii im Jahre 413 v. Chr. auf die Aufforderung Athens an die etruskischen Städte eingeht, sich gegen den gemeinsamen Feind Syrakus zu verbünden (Thuk. VI, 88, 6), und daraufhin ein Kontingent entsendet, das vielleicht auf Bundesebene zusammengestellt war und von dem *praetor* Velthur Spurinna befehligt wurde, da hat dieses Kontingent die bescheidene Stärke von wenig mehr als 100 Hopliten. Dies ist, wie mir scheint, ein Beweis nicht nur für den Niedergang der etruskischen Seefahrt, sondern auch für die begrenzte soziale Basis von Tarquinii und den mit ihm verbündeten Städten, die nur eine so geringe Zahl an Soldaten aufbieten konnten. Von Vulci und Volsinii war vorher schon die Rede: Es kann kein Zweifel bestehen, daß Volsinii in dieser Epoche eine entscheidende Bedeutung im südlichen Bereich zukam, die in der künstlerischen Kraft seiner Koroplastik und seines Bronzehandwerks Ausdruck findet; eine enge Bindung besteht zu Vulci, wo ebenfalls das Bronzehandwerk (dessen Produkte in beachtlicher Zahl nach Spina gelangen, zweifellos durch Vermittlung Volsiniis) und die Vasenmalerei in Blüte stehen – letztere einzig dort inmitten des allgemeinen Niedergangs der etruskischen Vasenproduktion. Die Krise tritt in diesem Gebiet zu Anfang des 4. Jahrhunderts v. Chr. zutage, als Falerii, das im Bereich des mittleren Laufs des Tiber und in den Verbindungen zum umbro-sabinischen Binnenland in Konkurrenz zu Volsinii steht, weitgehend dessen Erbe antritt, und zwar sowohl in der handwerklichen Produktion von Keramik, die auf lokaler Ebene von attischen Töpfern hergestellt wird, als auch beim Handel mit den Nachbar-

*

Abbildung 91: Detail des Sarkophages von Torre San Severo. Dieser Sarkophag stellt zusammen mit den ausgemalten Gräbern von Porano und Settecamini eines der wenigen Beispiele aristokratischer Bestattungen aus dem Volsinii des 4. Jahrhunderts v. Chr. dar, bezeichnenderweise in weiter Entfernung von der Stadt. Mitte des 4. Jahrhunderts v. Chr. (Orvieto, Museo Civico).

völkern. Die Gründe für diese Veränderung liegen zum großen Teil im Dunkeln, aber sie findet mit Sicherheit zur gleichen Zeit statt wie die Krise in Veii und wie der steile Aufstieg des angrenzenden umbrischen Gebiets, wo in Todi vom 4. Jahrhundert v. Chr. an der Markt von faliskischen Produkten beherrscht wird, und zur Zeit von Tarquiniis Vorherrschaft im Bund. Es ist nicht ausgeschlossen, daß man einen vereinten Druck von Umbrern und Kelten in Rechnung stellen muß, die gegen Ausgang des 5. Jahrhunderts v. Chr. in diesem Gebiet um Clusium auftauchen (Liv. V, 35, 3). Die Folgen sind weitreichend: In Vulci erlebt die Bronzeindustrie einen erschreckenden Niedergang und die Gräber werden selten, während die Aristokratie von Volsinii die Stadt verläßt, um sich auf dem Lande anzusiedeln, wo sie in Porano und Settecamini ihre nach dem Vorbild Tarquiniis prachtvoll ausgemalten Grabbauten errichtet. Die Blütezeit der Oligarchie scheint hier um fast ein Jahrhundert später stattzufinden als in Tarquinii.

Die nördlichen *poleis* erleben zu dieser Zeit die Phase des scheinbaren ›Gleichgewichts‹ von Stadt und Land. Wie schon angedeutet wurde, könnte der Grund für dieses ›Gleichgewicht‹ nicht allein in ihrer später einsetzenden Entwicklung liegen, sondern vor allem der ›zweiten Kolonisation‹ der Poebene als Ventil für den demographischen Überdruck zu verdanken sein, deren Ausgangspunkte mit ziemlicher Sicherheit im nordetruskischen Gebiet gesucht werden können. So werden die sozialen Spannungen beschwichtigt und verzögert, was einem langsamen, aber sicheren Aufstieg der Oligarchie ohne Erschütterungen für das ganze 5. Jahrhundert v. Chr. breiten Raum läßt. Im Verlauf des 4. Jahrhunderts v. Chr. wird dieser Aufstieg brutal manifest werden.

Im Etrurien der Poebene nimmt der Konflikt der Klassen die Gestalt des ethnischen Konflikts an. Seit ältester Zeit von barbarischen Stämmen umgeben, haben die Etrusker der Poebene sicher in den venetischen Völkerschaften, mit denen sie seit langer Zeit in enger Berührung standen, Verbündete gefunden: Die venetische Situla aus der etruskischen Nekropole von Certosa ist vielleicht der deutlichste archäologische Beleg für die äußerst engen Beziehungen zwischen diesen verhältnismäßig hoch entwickelten Völkerschaften. Ganz anders sind die Beziehungen zu den Kelten. Der Bildvorrat der Stelen von Felsina zeigt viele Kämpfe gegen die Gallier, deren Einwanderung in die Transpadana nach Aussage der antiken Autoren (Pol. II, 17–18; Liv. V, 34–35) in mehreren Schüben erfolgte und in ihrem Verlauf nicht immer klar ist. Polybios spricht den

Grund für den Zusammenprall deutlich aus: Es ist »der Neid um die Fruchtbarkeit des Bodens« (II, 17, 3), derselbe Neid, der die Gallier zur Eroberung der gesamten Poebene und später weiter nach Süden in Richtung auf Clusium und Rom treiben wird. Viel wissen wir nicht über die Dialektik dieser Zusammenstöße. Die archäologischen Belege aus der etruskischen Zeit, von der vorher die Rede war, ergeben das Bild einer ausgedehnten, einheitlichen Region, mit der Stadt Felsina (Bologna) als Mittelpunkt, Spina als dem *emporium* der Region und einer Reihe von Städten (z.B. Marzabotto und Casalecchio am Reno) als Zentren der landwirtschaftlichen und handwerklichen Produktion. Zu Beginn des 4. Jahrhunderts v. Chr., als die wenigen bedeutenden Zentren praktisch verschwinden, scheinen Felsina und Spina noch bewohnt zu sein: Es finden sich schlichter ausgestattete Gräber mit, vor allem in Bologna, keltischen Merkmalen. Die Gallier sollen nach Aussage Plutarchs (*Cam.* 16) 18 etruskische Städte der Poebene erobert haben. Doch konnte angeblich der niedrige Entwicklungsstand der keltischen Stämme (Pol. II, 17, 10) den Mechanismus städtischer Organisation auf regionaler Ebene nicht problemlos am Leben erhalten. Die unsichere städtische Entwicklung des vorher von ihnen bewohnten Gebiets, die noch eineinhalb Jahrhunderte später, während der römischen Eroberungskriege, klar erkennbar ist, bestätigt diese ›Unfähigkeit‹, die in Wahrheit Folge der gesellschaftlichen Produktionsverhältnisse ist, die im Gegensatz zur städtischen Siedlungsform stehen.

Klarer einsehbar ist das Ende der etruskischen Herrschaft in Kampanien. Livius erzählt (IV, 37, 1–2), daß die Etrusker von Capua im Jahre 424 v. Chr., da sie »des Krieges müde« waren, die samnitischen Stämme in die *societas urbis agrorumque* aufgenommen hätten und diese hätten dann in der Nacht nach einem Fest die früheren Herren getötet. Das etrusko-samnitische *consortium* muß auf ziemlich frühe Zeit zurückgehen. Dafür sprechen nicht allein zahlreiche inschriftliche Zeugnisse italischer Namen in den etruskischen Städten Kampaniens vom späten 6. Jahrhundert v. Chr. an, sondern z.B. auch eine oskische Inschrift in etruskischen Buchstaben (Vetter 101) auf einem bronzenen *stamnos* des beginnenden 5. Jahrhunderts v. Chr.: Sie erinnert an die Weihung des Gefäßes durch einen Vater an seinen Sohn, einen Vinuchs, Sohn des Venel Peracis an Venel, Sohn des Vinuchs, und sie präsentiert uns damit zwei Italiker mit einer einzigartigen Mischung der Namensgebung (Venel ist ein etruskischer Vorname, Vinuchs ist oskisch) und von beacht-

Abbildung 92: Teilansicht der Felsennekropole von Castel d'Asso, ein typisches Beispiel für diese Art von Nekropolen in der Gegend von Tarquinii aus dem 4. Jahrhundert v. Chr.

licher aristokratischer Stellung. Die Samniten haben also vom Beginn des 5. Jahrhunderts v. Chr. an Zugang zum Bürgerrecht von Capua, nachdem sie bisher die Arbeitskräfte auf dem Lande gestellt hatten, und sie sollen die schwache etruskische Führungsschicht verstärken. Man hat fast den Verdacht, daß das Jahr 471 v. Chr., das Cato als Gründungsdatum Capuas ausweist, nichts anderes bedeutet als die von Livius berichtete Besiegelung der *societas urbis* (er weist den Namen Capua der samnitischen Seite zu, der etruskischen den Namen Volturnum). Ebenso könnte das von Diodor (XII, 21, 2) für den »Zusammenschluß des Landes der Kampaner« gegebene Datum von 438 v. Chr. einen anderen Schritt im ›Selbstbewußtsein‹ dieser einstmals unterdrückten Völker auf dem Wege zur endgültigen Übernahme der Macht im Jahre 424 v. Ch. bedeuten. Die auf Umsturz bedachte Bewegung der Samniten in Kampanien geht indes weit über den Bereich der etruskischen Herrschaft hinaus. Im Jahre 421 v. Chr. erobern sie Kyme (Diod. XII, 76) und zwingen Neapolis, sie in die städtische Gemeinschaft aufzunehmen (Strab. V, 4, 7). Es scheint, daß die Gegend um Pontecagnano im Süden unberührt bleibt, denn man findet dort noch im beginnenden 4. Jahrhundert v. Chr. etruskische Inschriften, obwohl das nicht weit entfernte Paestum in die Hand der Lukaner gefallen ist. Ist dies vielleicht ein Indiz für anders geartete Produktionsverhältnisse, die nicht wie im Gebiet von Capua auf Sklavenarbeit der Italiker auf dem Lande beruht?

Die sozialen Spannungen und Klassenkonflikte füllen also einen großen Teil des 5. Jahrhunderts v. Chr. aus, aber sie nehmen weder zeitlich noch inhaltlich einen einheitlichen Verlauf. In den bereits in archaischer Zeit am weitesten entwickelten Gebieten spielt sich der Konflikt innerhalb der bürgerlichen Gesellschaft ab und findet bisweilen radikale ›demokratische‹ Lösungen mit Rückgriff auf *tyrannoi* wie in Veii und Caere, bisweilen aber auch eine Lösung ganz strikter oligarchischer Art wie zuerst in Tarquinii und dann in Volsinii; der Rückgang der öffentlichen und privaten Nachfrage ist zugleich Symptom und Ursache der Rezession, der die am wenigsten geschützten Schichten trifft, eine rückläufige Entwicklung der wirtschaftlichen Tätigkeit in der Stadt auslöst und die in ihr Beschäftigten zu immer dringenderen Forderungen nach Land veranlaßt. Daher rührt die starke Expansion der größeren Zentren in Richtung auf das Land und die damit verbundene starke Konfliktträchtigkeit der Situation mit kriegerischen Auseinandersetzungen, die ihrerseits die Quelle weiterer wirtschaftlicher Schwierigkeiten sind.

An den beiden äußersten Grenzen ›Großetruriens‹, der Poebene und Kampanien, wird der innere Konflikt scheinbar zu einem äußeren gegen die Kelten und die Samniten. Im Falle Kampaniens allerdings blieben es in Wahrheit doch innere Spannungen, denn die Etrusker hatten sich der

Sklavenarbeit der ansässigen Bevölkerung bedienen müssen – zwar nicht für ihre erste Ausbreitung, aber sicher doch um zu der unzweifelhaften Hegemonie des 6. Jahrhunderts v. Chr. zu kommen, die auf die Vorherrschaft Capuas im Bereich der Produktionsbasis und der äußerst gemischten Kultur ausgerichtet war. Der Sturz der kampanischen Etrusker von 424 v. Chr. bedeutet praktisch die Ersetzung einer alten Führungsschicht durch eine neue, die sich rund ein Jahrhundert lang dank der *societas urbis agrorumque* an die Formen der Machtausbübung hatte gewöhnen können. Capua bleibt demzufolge weiterhin eine der reichsten und mächtigsten Städte Italiens. In der Poebene hingegen erfolgt der Sturz der etruskischen Herrschaft in diesem Falle tatsächlich durch äußere Einwirkung. Auch wenn die Etrusker sich möglicherweise in verschiedener Form der Kelten bedient haben (vor allem als Söldnertruppen), so erfolgte der Zusammenprall doch eindeutig frontal und in destruktiver Form nach jahrhundertelanger Zermürbung, gegen die auch die wahrscheinlich stattgefundene ›zweite Kolonisation‹ nichts hatte ausrichten können. Die gallische Besetzung des Gebiets hat, wie Guido Mansuelli feststellt, tendenziell erneut zur »dioikistischen«, zur nicht städtischen Siedlungsweise geführt, die Ausdruck der herrschenden Produktionsverhältnisse war. Doch scheint die fortgesetzte, wenn auch gebremste Aktivität des *emporium* von Spina und der Wiederaufstieg des *emporium* von Adria bedeutsam, die in verändertem sozioökonomischen Rahmen von neuem ein System des Austauschs bieten, das sich ursprünglich hauptsächlich an das keltische Gebiet gerichtet hatte. Die große Bedeutung dieser *emporia* für die griechische und keltische Welt Venetiens und Umbriens auch nach dem Ende der etruskischen Herrschaft wird durch das starke syrakusanische Interesse an der Zone belegt, das in der Gründung von Kolonien und von Festungen (*phrouria*) seinen Ausdruck findet; sie werden zwischen 390 und 380 v. Chr. von Dionys von Syrakus in das Gebiet entlang der Adriaküste zwischen Adria und Ancona entsandt, also im gleichen Zeitraum wie der Zug gegen Pyrgi (384 v. Chr.) und die wiederholten, gegen die Etrusker gerichteten Übereinkünfte zwischen dem Tyrannen von Syrakus und den Kelten.

Die von den Galliern bewirkte Destrukturierung ist tiefgreifend gewesen: Die Schwäche der etruskischen Strukturen in der Poebene, auf das aristokratische Felsina und seine Hegemonie im Zentrum ausgerichtet, konnte dem Angriff nicht standhalten, und die Auflösung der Führungsschicht war von der Versprengung beachtlicher Teile der etruskischen Bevölkerung begleitet, wie z.B. der rätischen Gruppe, die in den Tälern Rätiens fortgelebt hat. Dieser Diaspora schließlich verdankt man die Erhaltung etruskischer Traditionen in der Poebene, für die gelegentlich archäologische Belege zu finden sind wie die Bronzeleber von Piacenza, das Lehrmodell eines etruskischen Haruspex aus dem 3.–2. Jahrhundert v. Chr., und es gibt vor allem die historische Erinnerung, die in Städten und Familien überlebt hat, wie z.B. in der Familie des großen lateinischen Dichters Vergil.

Kapitel VIII

Der Wandel

1. Die Stadt im 4. Jahrhundert v. Chr.

Das beginnende 4. Jahrhundert v. Chr. sieht ein nunmehr auf sein klassisches historisches Gebiet reduziertes Etrurien, das seiner Herrschaftsbereiche in der Poebene und in Kampanien beraubt und gar in seinem äußersten Süden von einer anderen, ›barbarischen‹ Bevölkerung, den Latinern Roms, besetzt ist, die Veii und das dazugehörige Gebiet fest in ihrem Besitz haben. Die keltischen Horden rücken, nachdem sie das Etrurien der Poebene zerstört haben, nach Clusium vor, wohin sie nach der Legende von Arruns, einem aus privaten Gründen im keltischen Exil lebenden Aristokraten aus Clusium, gerufen worden sind, der die Gallier mit Hilfe der Verführungskraft des Weines in das Herz Etruriens gelockt haben soll. Diese romanhafte Ausgestaltung wird man natürlich nicht für bare Münze nehmen, aber es bleibt als Faktum, daß das keltische Vordringen in das etrurische Kerngebiet zu einer Sammlungsbewegung gentiler Kräfte führt. Auf dem Schlachtfeld von Clusium finden wir an der Seite der Etrusker sogar eine Gruppe römischer Aristokraten, die Fabier, die seit Jahrhunderten in enger Beziehung mit den etruskischen Eliten stehen. Von dort aus ziehen die Gallier weiter nach Rom, das, von Panik ergriffen, den Invasoren die Stadt preisgibt, während der größte Teil der Bevölkerung gerade in Etrurien Zuflucht sucht, und zwar in Veii und im nahegelegenen Caere, wohin man das Tempelgut in Sicherheit bringt. Der Galliersturm läßt auf dramatische Weise die Konsequenzen des schon fast hundertjährigen Kampfes zwischen Patriziern und Plebejern zutage treten: Einerseits die Niederlage des Heeres an der Allia sowie andererseits eine zum überwiegenden Teil plebejische Bevölkerung, die eine Klassensolidarität kennt und heftig dafür kämpft, Rom zugunsten Veiis aufzugeben, da die Verteilung des Landbesitzes und die soziale Vereinigung mit den veientischen und faliskischen ›Abtrünnigen‹ eine bessere Zukunft versprachen.

Auch in Etrurien sind die Auswirkungen dieses Geschehens spürbar. Wir haben gesehen, wie es in Volsinii, das einst das Zentrum der neuen Besiedlung des Landes im Bereich des Tiber war, oligarchische Zwischenspiele zu geben scheint, während Vulci der herausgehobenen Stellung beraubt wird, die es aufgrund seiner Verbindungen mit dem Tibertal im ganzen vorangehenden Jahrhundert eingenommen hatte. Falerii übernimmt nun weitgehend die wirtschaftliche Rolle Volsiniis, während Tarquinii, das schon bei dem unglückseligen Feldzug gegen Syrakus vom Jahre 413 v. Chr. eine führende Rolle gespielt hatte, noch an Bedeutung gewinnt. Für die beiden letzteren Städte muß die Veränderung von entscheidender Auswirkung gewesen sein. In Falerii siedeln sich von attischen Töpfern gegründete Werkstätten für dekorierte Keramik an, die während des ganzen 4. und eines Teils des 3. Jahrhunderts v. Chr. äußerst aktiv tätig sein werden. Die deutliche Öffnung gegenüber dem Handwerk, die beherrschende Stellung im Austausch vor allem mit dem umbro-sabinischen Bereich und die ausgedehnte Neubesiedlung des Territoriums, angefangen von Narce über Corchiano bis Carbognano, können nicht ohne Auswirkungen auf die gesellschaftliche Struktur geblieben sein, die bis dahin nach dem Zeugnis der Grabstätten durch eine bemerkenswerte Kontinuität zwischen archaischer und klassischer Phase gekennzeichnet war. In Tarquinii ist die Veränderung indes noch auffälliger. Zu Beginn des 4. Jahrhunderts v. Chr. bevölkert sich das weite, im vorangegangenen Jahrhundert von der Stadt eroberte Territorium, und es entstehen große, blühende Siedlungen, geradezu Kolonien der Stadt, die im Verlauf des ganzen 4. Jahrhunderts v. Chr. eine komplexe, der Mutterstadt ähnliche soziale Gliederung zeigen, die in Gräbern unterschiedlichen, d.h. aristokratischen und ›mittleren‹ Niveaus Ausdruck findet (Abb. 92). Ferentum, (in der Nähe des früheren Acquarossa) und Tuscana übernehmen die Funktion archaischer Siedlungen, und das gilt auch für Norchia, Castel d'Asso, San Giuliano und San Giovenale, die vielleicht mit den antiken Orten Orcla (?), Axia, Cortuosa und Contenebra identisch sind. Die dauernde und dezentralisierte Besiedlung dieser Gebiete, an der häufig *gentes* wie die Spurinas und Curunas beteiligt sind, die eindeutig aus Tarquinii stammen, läßt erkennen, daß die herrschende Stadt auf diese Weise ihre sozialen Probleme gelöst

Abbildung 93: Tomba della Sirena in Suana (Sovana). Suana im Einflußbereich von Vulci besitzt auch Felsennekropolen, doch sind die dortigen Gräber sehr viel reicher ausgestattet und dekoriert als die im Territorium von Tarquinii. Ende 4. – Beginn 3. Jahrhundert v. Chr.

hat, indem sie zugleich die Überreste einer halbfreien Klassenorganisation beseitigt und die möglichen Ursachen für einen Konflikt mit den Randgruppen des städtischen *demos* ausräumt, die in der spätarchaischen Phase entstanden sein könnten. Die Kolonisation des gewaltigen Territoriums unter der Herrschaft Tarquiniis stellt ein vergleichbares Phänomen zur römischen Kolonisation des Gebiets von Veii dar und ist vielleicht eine Antwort darauf. Gleichzeitig mit dieser Neubesiedlung des Territoriums erfolgt der Wiederaufbau des Heiligtums im *emporium* von Graviscae. Doch nicht ohne Grund geschieht das nicht nach den

Vorbildern der ›großen‹ Architektur, sondern unter Verwendung lokaler Architekturmuster, und die Besucher des Heiligtums sind offenbar Sklaven, deren Weihgaben Ausdruck einer ganz und gar untergeordneten religiösen Kultur sind. Man wird schließlich noch die wichtige Rolle Tarquiniis innerhalb der einzigartigen Kolonie von Aleria auf Korsika bemerken sowie die Entwicklung der Keramikwerkstätten Tarquiniis in der zweiten Hälfte des 4. Jahrhunderts v. Chr.

Das Vorbild Tarquiniis wiederholt sich in gewisser Hinsicht im Gebiet von Vulci, wo ebenfalls eine große Stadt im Zentrum eines ausgedehnten Gebiets liegt, das mit kleineren Siedlungen wie Regisvilla, Ghiaccio Forte, Magliano und Suana durchsetzt ist. Doch ist hier der unterschiedliche kulturelle und soziale Entwicklungsstand der einzelnen Siedlungen von jenen aristokratischen wie Suana (Abb. 93) bis zu den ›ärmlichen‹ und ländlichen wie Ghiaccio Forte Indiz für eine sehr viel weniger wirksame Kontrolle über das Gebiet, und auch das Niveau der handwerklichen Produktion in Vulci erscheint sowohl beim Bronzehandwerk wie in der Keramikherstellung eher bescheiden. Die weiter im Norden gelegenen Städte bieten auch wegen des bereits mehrmals beklagten Mangels an Dokumentation ein sehr viel undeutlicheres Bild. Einige Gemeinsamkeiten und Besonderheiten sind leidlich klar zu erkennen: Arretium (Arezzo) wird schrittweise zu einem großen Zentrum des Bronzehandwerks (Abb. 87); wichtige Keramikwerkstätten der ersten Hälfte des 4. Jahrhunderts v. Chr. in Clusium verlagern sich, wie es scheint, später nach Volaterrae, und ihre Produkte erlangen im nördlichen etruskischen Gebiet von Perusia bis Spina große Beliebtheit; Populonia bleibt das traditionelle Zentrum der tyrrhenischen Eisenverarbeitung. Über alles herrschen ohne Zweifel die Zentren von Clusium und Volaterrae, ersteres mit fester Hand über das Chianatal und ein ausgedehntes fruchtbares Territorium, letzteres ebenfalls über eine Einflußsphäre, die bis an die Küste und den Hafen von Vada Volaterrana, den Trasimenischen See und das Tibertal mit Perusia und Cortona reicht. Hier ist die Macht der alten Oligarchien unangetastet geblieben, und ihr Gesicht

*

Abbildung 94: Terrakottakopf einer Göttin aus dem Heiligtum von Pyrgi. Im 4. Jahrhundert v. Chr., vielleicht nach der Plünderung durch Dionys von Syrakus im Jahre 384 v. Chr., wurden die Tempel von Pyrgi neu ausgeschmückt. Zu dieser neuen Dekoration gehört dieser wunderbare Frauenkopf in Relieftechnik (Rom, Museum der Villa Guilia).

erscheint uns auf den ganz späten steinernen Sarkophagurnen aus dem Gebiet von Clusium.

Caere schließlich stellt sich als ein Sonderfall im Panorama des südlichen Etruriens dar. Die Stadt zeigt an der etruskischen und römischen Kolonisationstätigkeit um sie herum kein Interesse. Ihr Territorium, das im Vergleich zu dem anderer etruskischer Städte in dieser Zeit von geringer Ausdehnung ist, läßt abgesehen von der Ausnahme des Hafens von Pyrgi und einigen wenigen kleineren Zentren wie Castellina bei S. Marinella keine nennenswerten Spuren von Siedlungskonzentration erkennen. Caere scheint das im 5. Jahrhundert v. Chr. entstandene, auf der absoluten Vorherrschaft der Stadt über das Land beruhende Muster fortzusetzen, insofern es an der Tradition städtischer Schichten und der wichtigen Bedeutung der Aktivität im *emporium* für die Wirtschaft der Stadt festhält. Die anläßlich des Galliereinfalls gezeigte Solidarität mit Rom ist ebenso wie das Desinteresse gegenüber dem kurz vorher erfolgten Fall Veiis der Beleg für eine alte Rivalität mit Veii und die sich daraus ergebende Übereinstimmung mit der latinischen Stadt, die durch das zwischen Rom und Caere im Jahre 386 v. Chr. vereinbarte *hospitium publicum* sanktioniert wird (Liv. V, 50, 3). Letzteres wird 353 v. Chr. durch den bedeutungsvollen Abschluß einer *isopoliteia* mit *civitas sine suffragio*, dem Bürgerrecht ohne Wahlrecht, bekräftigt (Liv. VII, 20; Gell. XVI, B, 7). Die entsprechenden Listen heißen nach der zu Anfang genannten Stadt in der Tat *Tabulae Caeritum* (Fest. p. 262 L; Paul. Fest. p. 155 L). Die Übereinkunft mit Rom sichert Caere ein weites Hinterland, dem es als Mittler im Handel dient und das es mit seiner noch in Blüte stehenden handwerklichen Produktion versorgen soll. Rom indes wendet sich zum erstenmal dem Meer zu (in diese Jahre gehört die Gründung des *castrum* von Ostia) und erhält seinerseits in diesem Bereich Hilfestellung; nach Diodor (XV, 27, 4) hat nämlich Rom gerade in diesen Jahren, genauer 378/77 v. Chr., und nach Theophrast (*Hist. Plant.* V, 8, 2) in einer »früheren« Epoche den ersten Versuch gemacht – soweit wir wissen, mit wenig Erfolg –, Kolonien auf Sardinien und Korsika zu

*

Abbildung 95: Figürlicher *kantharos* mit dem Kopf des Herakles und einer Amazone (?) von unbekannter Herkunft; dies ist eines der auffälligsten Stücke aus einer Produktion von Clusium, die im nördlichen Etrurien weite Verbreitung gefunden hat und im 4. Jahrhundert v. Chr; in Spina für den Luxusgebrauch bestimmt war. Mitte des 4. Jahrhunderts v. Chr. (Rom, Museum der Villa Giulia).

gründen, offenbar, um die vermutliche Vorherrschaft Tarquiniis über Aleria zu brechen.

In Caere findet sich gar ein Grab des 4. Jahrhunderts v. Chr. von ›mittlerer‹ Ausstattung, in dem Angehörige der *gens* Claudia, etruskisiert Clavties, bestattet sind, deren Ehefrauen eine latinische Luvcili-Lucilia und eine Etruskerin namens Ursui aus Caere waren: *connubium* und *commercium*, durch die *isopoliteia* sanktioniert, konnten keinen deutlicheren Beleg erfahren.

In diesem Klima reift das Bündnis zwischen Falerii und Tarquinii heran, das im Krieg gegen Rom in den Jahren 358–51 v. Chr. konkrete Bedeutung gewinnt. Tarquinii hat seine Vorherrschaft über den Bund, die es schon zur Zeit des Peleponnesischen Krieges ausübte, weiter gefestigt. Falerii seinerseits ist nach dem Ende des alten Bündnisses mit Veii bestrebt, Sutrium und Nepi zurückzuerobern, die ihm im Jahre 383 v. Chr. von Rom genommen worden waren, und damit die Kontrolle über das untere Tibertal zurückzugewinnen, die von dem mit aller Macht vordringenden Rom bedroht war. Die Einzelheiten, die uns von Livius (VII, 12–22) und Diodor (XVI, 31, 7; 36, 4; 35, 8) überliefert wurden, gewinnen im Lichte der etruskischen Darstellung der Ereignisse in den *Elogia Tarquiniensia* neue Bedeutung. Diese Genealogie mit kurzen Biographien der Hauptpersonen, in lateinischer Sprache von einem späten Nachkommen der ursprünglichen Aufzeichner auf Marmor festgehalten, erinnert an einen Velthur Spurinna Lartis Filius, Führer des Zuges nach Sizilien vom Jahre 413 v. Chr., an einen Velthur Spurinna Velthuris Filius, Sohn des Vorangehenden und Vollbringer einer Reihe von Taten, die leider im Text nicht erhalten sind, sowie an einen Aulus Spurinna Velthuris Filius, vermutlich Sohn des Letztgenannten und *dux Tarquiniensis* im Krieg der Jahre 358–51 v. Chr. Nach dem Text des *Elogium* vertreibt Aulus Spurinna Orgolnius, den König von Caere, hilft Arretium aus einem *bellum servile* und erobert neun Befestigungen von den Latinern, offenbar stets gemeinsam mit den Faliskern. Nach den römischen Quellen besiegen die Tarquinier, die den Krieg nach einer Eidgenossenschaft der ›zwölf Völker‹ und somit als anerkannte Anführer des Bundes beginnen, die unter Führung eines Mitglieds der allgegenwärti-

*

Abbildung 96: Volutenkrater des faliskischen Aurora-Malers aus Falerii, anerkanntes Meisterwerk der ältesten faliskischen Vasenmalerei. Zweites Viertel des 4. Jahrhunderts v. Chr. (Rom, Museum der Villa Giulia).

2491

gen *gens Fabia* stehenden Römer und erschlagen 307 römische Gefangene auf dem Forum von Tarquinii; dann ziehen sie das schon römerfreundliche Caere in den Krieg und beenden nach dessen baldigem Abfall den Konflikt mit Rom durch einen Friedensschluß auf 40 Jahre.

Der Zug des Spurinna – dessen Grab zu den schönsten Gräbern des 4. Jahrhunderts v. Chr. gehört und unter dem Namen Tomba dell'Orco I erhalten ist (Abb. 103) – sollte der letzte etruskische Versuch einer umfassenden hegemonialen Politik sein. Als Verfechter einer erneuerten aristokratischen Ordnung, die in Tarquinii den Mittelpunkt ihrer Macht hatte und in der *praetura Etruriae* ihre politische Legitimation fand, bringt Spurinna »Ordnung in die Unordnung«, wie sie im Norden von den aufständischen Sklaven Arretiums hervorgerufen wird und im Süden von den Erfahrungen Caeres mit der Tyrannis und der römischen Kolonisation. Wenige Jahre später, 311 v. Chr., wird es Rom in seinem nun unaufhaltsamen Aufstieg zur Großmacht auf der Halbinsel und im Mittelmeerraum sein, das den Krieg in das Herz Etruriens trägt.

Wir sehen nun das Bild eines teilweise unveränderten, teilweise erneuerten Etrurien vor uns. In politischer Hinsicht sehen sich die großen Städte der Vergangenheit inmitten ihrer klar umgrenzten und von Befestigungen durchzogenen Territorien in einer offensichtlichen und gefestigten Vorherrschaft der Stadt über das Land bestätigt. Doch im Unterschied zu vorher gibt es nun eine klar definierte politische Organisation mit den Oberbeamten, den *praetores* (etruskisch: *zilath*) an der Spitze, mit Kollegien nachgeordneter Beamter (*camthi*, vielleicht lateinisch *aedilis; sarvenas, zelarvenas*, vielleicht die lateinischen *decemviri, vigintiviri*) und mit Priestern (*cepen*, sabinisch *cupencus; netsvis, haruspex; maru*, umbrisch-lateinisch *maro*). Von neuem ist es Tarquinii, das mit seinen Kolonien die hauptsächlichen Belege für die Beamtenschaft liefert: Man erkennt dort eine differenzierte Aufteilung mit verschiedenen *zilath* (*zilath eterau, zilath parchis, zilath cechaneri*; vgl. *camthi eterau*) und mit der Adelsschicht der Kolonien, die an den Ämtern der Mutterstadt teilhat (*zilath tarchnalthi amce = praetor Tarquiniis fuit:* TLE² 174). Im Vergleich dazu sind die Belege aus anderen Städten äußerst spärlich. Über Caere schweigen sich die Quellen aus, vielleicht aufgrund der besonderen politischen Situation der Stadt; aus Vulci sind neben dem geheimnisvollen weiblichen Titel einer *hatrencu* (TLE² 305; 906; 912; vgl. *atrencu* TLE² 314; 316) nur drei *zilath* überliefert (TLE² 324, 325, 907), ebensoviele wie aus Volsinii (TLE² 233; 255; 280), aus Volaterrae einer

(CII 360) und zwei für Clusium (TLE² 467; 552) gegenüber 26 Belegen aus Tarquinii und seinem Territorium. Der unbezweifelbare Vorrang Tarquiniis spiegelt sich in den zwei lokalen Belegen des Amtes eines *zilath mechl rasnal* (TLE² 87; 137) wider, in dem man das Amt des *praetor Etruriae* (wörtlich: *praetor populorum Etruriae*) wiederzuerkennen meint; der Titel ist aus dem Grab der Spurinnas bekannt, und man kennt ihn sonst nur in dem wunderbar ausgemalten Grab in Volsinii, das den adligen *Leinie* gehört (TLE² 233).

Die Übermacht Tarquiniis ist erdrückend, und allein Volsinii scheint dem Vergleich entfernt standzuhalten. Dieser Übermacht und ihren Folgen innerhalb des Bundes entspricht auch ein Drang zu wirtschaftlicher Entwicklung, der z.B. in der Münzprägung zum Ausdruck kommt. Auch wenn wir über die etruskische Münzprägung sehr viele Dinge nicht wissen – angefangen von der Chronologie der Serien des 5. Jahrhunderts v. Chr. aus Populonia (dem einzigen wirklichen Berührungspunkt des mediterranen Geldumlaufs mit dem etrurischen) bis hin zur Bedeutung der sizilianischen Silberprägungen mit der Legende *tyrre* (bei denen es sich wohl kaum um Münzen für die Bezahlung von Söldnern handeln kann) – so berechtigt doch das relativ frühe Datum der ersten Serien von Tarquinii dazu, diese Stadt für die politisch und wirtschaftlich aktivste im ganzen Etrurien des 4. Jahrhunderts v. Chr. anzusehen.

Von den dramatischen Jahren zu Ende des 5. Jahrhunderts v. Chr. an bildet sich ein neuer Typ der etruskischen Stadt heraus und Tarquinii ist sicher das Ausgangszentrum dieser Entwicklung. Bis zum Krieg gegen Rom ist es in der Lage, den Bund unter Kontrolle zu halten, und die übrigen Städte scheinen sich schrittweise, aber natürlich in unterschiedlicher Form, seinem Vorbild anzupassen, indem sie umgestalten, was noch von der alten gesellschaftlichen Ordnung geblieben ist (im Süden), oder diese völlig modernisieren und den neuen Bedürfnissen anpassen (im Norden). Eine Folge dieser Veränderung kann man vor allem in der wiederauflebenden öffentlichen Bautätigkeit erkennen, die im gesamten Süden wohlbelegt ist: Von der Mitte des 4. Jahrhunderts v. Chr. an nehmen Tarquinii, Falerii, Volsinii, Caere und Vulci – ebenso wie Rom und die großen Städte Latiums übrigens – von neuem eine fieberhafte Bautätigkeit auf, sei es bei öffentlichen Profanbauten mit der Wiederherstellung oder Vollendung von Befestigungsmauern, sei es mit der Errichtung, oder dem Wiederaufbau und der neuen Ausstattung von Tempelbauten, die oft monumentale Ausmaße hatten. Diese eifrige Bautätigkeit steht im Einklang mit einem entsprechenden Eifer der neuen Aristokratien des Südens im Bereich der Grabbauten, und es ergibt sich daraus das Bild einer in wirtschaftlicher und ideologischer Hinsicht erneuerten herrschenden Klasse.

2. Gesellschaftsstruktur und Produktionsweise

Die Erneuerung der *polis* vollzieht sich in ihrer ganzen Breite im Süden, wo sie klar und deutlich erkennbar ist, während der Norden mit Clusium, Rusellae, Populonia, Volaterrae, Arretium und Perusia nur einige der in den südlichen Städten auftauchenden wirtschaftlichen und sozialen Charakteristika aufnimmt und einer oligarchischen Struktur anpaßt, die vom sozialen Wandel des späten 5. Jahrhunderts v. Chr. im wesentlichen unberührt geblieben ist. Es ist bereits kurz von der Wiederaufnahme der handwerklichen Tätigkeit gesprochen worden, vor allem im Bereich der Keramikproduktion. Die neuen Werkstätten sind indes vornehmlich auf die Produktion für den internen Gebrauch (vor allem für den Grabkult) ausgerichtet, und nur einige wenige Exemplare von herausragender Qualität werden als Luxusgüter exportiert. Die Produktion von Clusium–Volaterrae ist im Gebiet von Cortona und Perusia beliebt, und gelegentlich finden sich Exporte nach Tarquinii, Orvieto, Todi, Populonia und Spina (Abb. 95). Kennzeichnend für diese Werkstätten ist die Begrenztheit ihrer Produktion und damit auch ihrer Verbreitung: Die Produkte der *kelebai* von Volaterrae sind nach der Klassifizierung von Beazley nur vier Vasenmalern zuzuweisen, die nicht einmal gleichzeitig tätig waren. Die mittleren Werkstätten dieser Art dürften nicht mehr als drei bis vier Beschäftigte gehabt haben, und in einer Stadt waren wohl höchstens ein bis zwei Werkstätten angesiedelt. Ausnahmen bilden aus unterschiedlichen Gründen Tarquinii, Caere und Falerii. Tarquinii hat mindestens drei Werkstätten figürlich dekorierter Keramik, deren Produktion ebenfalls für den internen Markt bestimmt ist und die gewöhnlich in begrenztem Umfang und unter starkem Einfluß von Caere und Falerii produzieren, entwickelt jedoch selbst in der zweiten Hälfte des 4. Jahrhunderts v. Chr. übermalte oder mit pflanzlichen Motiven dekorierte Formen mit den Kennzeichen einer handwerklichen

Produktion, die sich in Richtung auf ein Manufakturwesen hinbewegt. Um ein Beispiel zu nennen: Die Gefäße mit nur pflanzlicher Dekoration, die mit wenigen Ausnahmen (aus Vulci) ausschließlich aus der Stadt Tarquinii und ihrem ausgedehnten Territorium stammen, erreichen die Zahl von über 100 Stücken, was auf einen Standardisierungsprozeß hindeutet, der die Beteiligung von halbspezialisierten Arbeitskräften voraussetzt. In Falerii findet man in der ersten Hälfte des Jahrhunderts sowie in der zweiten Hälfte in Caere eine etwas größere Zahl von Werkstätten mit denselben Anzeichen einer Standardisierung der Produktion, die aber vor allem einen weiten Markt im Mittelmeerraum finden. Die bekannten Genucilia-Teller stellen das Musterbeispiel dieser Art von Produktion und Verbreitung dar. Höchst bedeutsam ist, wie Rom sich bestimmend in diese Entwicklung einschaltet. Um bei den Genucilia-Tellern zu bleiben: Der Fund eines besonderen Tellers in einem Brunnen der Regia, dekoriert mit demselben Schiffsbug wie das römische *aes grave*, ein weiteres Stück mit einem aufgemalten lateinischen Alphabet und schließlich das Exemplar mit dem seltenen – sicher lateinischen – Namen Genucilia, der der Serie als Bezeichnung dient und in einer Weihinschrift dreier Freigelassener eines Genucilius sen (ator) von Lucus Feroniae aus der gleichen Zeit wiederkehrt, lassen eine Kontrolle, wenn nicht gar die teilweise Leitung der Produktion durch die herrschende Schicht Roms vermuten. Die verstärkte Manufakturtätigkeit (mit bezeichnenden Verlagerungen der Werkstätten von Falerii nach Caere nach dem Krieg von 358–51 v. Chr.) mit all den Einzelheiten, die die aufkommende Produktionsweise einer Sklavenhaltergesellschaft erkennen lassen, entwickelt sich Hand in Hand mit der direkten Beherrschung durch Rom, wie die unmittelbar folgende, von der Schwarzfirnisware des römischen ›Atelier des petites estampilles‹ beherrschte Phase ganz deutlich zeigt (Abb. 97).

Leider fehlen uns qualifizierte Untersuchungen über andere Bereiche der Produktion und vor allem über das Bronzehandwerk. Die wenigen uns zur Verfügung stehenden Einzelkenntnisse über die dekorierten Spiegel etwa (Abb. 100) scheinen nach dem Alphabet der Inschriften auf Werkstätten im Süden hinzuweisen, aber leider ist angesichts der weitgestreuten Verbreitung des Materials und verschuldet durch antike und moderne Raubgrabungen eine Bestimmung der Herkunft kaum möglich (Abb. 101 und 102). In jedem Falle handelt es sich um eine Produktion, die der Keramikherstellung nicht unähnlich ist, doch ist die wirtschaftliche und soziale Bedeutung des Metallhandwerks sicher eine andere.

Der Aufschwung des lokalen Handwerks ist ein wichtiges Indiz für die wirtschaftlichen Entwicklungen, die sich im mittleren und südlichen Etrurien vollziehen. Es kann kein Zweifel daran bestehen, daß in den südlichen *poleis*, vor allem in Tarquinii, Vulci und in Falerii, die Neubesiedlung des Landes auch von einem Wiederaufstieg des kleinen und mittleren Landbesitzes begleitet ist. Für den Norden dagegen deutet der von Aulus Spurinna niedergeschlagene Sklavenaufstand von Arretium, der sich im Jahre 302 v. Chr. wiederholt (Liv. X, 4, 5) und das Eingreifen Roms herbeiführt, auf eine gesellschaftliche Organisation hin, die sich auf die archaische Sklavenhaltung gründet.

Abbildung 97: Schwarzgefirniste Schüssel mit aufgemalter Inschrift aus dem Tempel des Merkur bei Falerii. Bei der Inschrift handelt es sich um eine Weihung an den Gott (Titoi Mercui) durch Ädilen (*efiles*) vom Ende des 4., Beginn des 3. Jahrhunderts v. Chr. Die Weihung ist sehr wichtig, weil sie die Existenz des Amtes eines Ädilen in Falerii belegt sowie die Verbindung dieses Amtes mit dem außerhalb der Stadt liegenden Heiligtum bezeugt (Rom, Museum der Villa Giulia).

Abbildung 98: Rotfiguriger *stamnos* aus Falerii. Diese Vase, auch wenn sie qualitätvoll ausgeführt ist, stellt ein Beispiel für die faliskische ›Durchschnittsware‹ der zweiten Hälfte des 4. Jahrhunderts v. Chr. dar (Rom, Museum der Villa Giulia).

In den *poleis* des Südens gewinnt die neue Aristokratie bereits im späten 5. Jahrhundert v. Chr. Gestalt. Die tief eingegrabenen großartigen Grabkammern von Caere, Tarquinii oder Vulci liefern dafür jeden Beleg. Von den Gräbern des späten 5. und beginnenden 4. Jahrhunderts v. Chr. in Caere mit einfachen Pritschen und Nischen wie in der Tomba dei Maclae, der Tomba dei Sarcofagi und der Tomba delle Isrizioni (obere Kammer) geht man im Laufe des 4. Jahrhunderts v. Chr. zu reicherer Ausstattung und großangelegter interner Gliederung mit Pilastern und *heroa* über. Dabei werden häufig alte und neue Grabkammer miteinander verbunden, um so die Kontinuität der *gens* zu betonen, die auch durch die sehr große

Zahl von in das Tuffgestein gehauenen Liegen und Nischen dokumentiert wird; die Nekropolen von Caere zählen nicht mehr als ein Dutzend dieser Gräber. Für Tarquinii können wir dank der Wandmalereien, die die große archaische Tradition fortsetzen, die Entwicklung der neuen Aristokratie recht gut verfolgen. Von den nicht mehr als zwei oder drei Gräbern aus der ersten Hälfte des 4. Jahrhunderts v. Chr. führt der Weg zu dem Dutzend der zweiten Hälfte des Jahrhunderts und zu den mehr als 30 Gräbern (die zum Teil keine Wandmalereien, sondern lediglich Sarkophage enthalten) aus der Zeit zwischen dem 3. und der Mitte des 2. Jahrhunderts v. Chr. Aber noch beeindruckender ist jener große Platz der Nekropole mit dem Gentilgrab der Aninas, das buchstäblich umlagert ist von Dutzenden von kleineren und mittleren Gräbern höchst unterschiedlicher Ausstattung. Sie vermitteln ein sehr lebhaftes Bild von der spätklassischen und hellenistischen sozialen Gliederung und davon, wie diese sich sozusagen um die gentile Spitze der Gesellschaft herumgruppiert. Die relative Schwäche der neuen Aristokratie von Vulci macht sich indes in der sehr begrenzten Zahl großer gentiler Grabkammern bemerkbar, von denen es nicht mehr als ein Dutzend gibt. Der ganze gesellschaftliche Rahmen von Vulci mit seiner begrenzten handwerklichen Produktion und seiner Umstellung der Bestattungsform von aristokratischen Grabkammern, die die Struktur des Hauses nachahmten, auf in langgezogenen Gängen angelegte Gräber mit einer Reihe von kleinen Kammern für die Bestattung einzelner Toter oder von Ehepaaren zeigt eine zunehmend schlichtere Ausgestaltung, was auf eine nicht völlig gelungene soziale Veränderung und eine unbezweifelbare Abhängigkeit vom nahegelegenen Tarquinii zurückzuführen ist.

Die ›mittleren‹ Schichten ahmen die Bräuche und Haltungen der höherstehenden Aristokratie nach und legen geräumige, bisweilen ausgemalte unterirdische Grabkammern an, bestatten ihre Toten in Sarkophagen und fügen mehr oder weniger reiche Beigaben hinzu. Eine einfache statistische Berechnung zeigt den Anstieg der Gräber dieser

*

Abbildung 99: Becher mit der aufgemalten Figur eines Kriegselefanten aus Capena. Das Stück, das in zwei weiteren Beispielen bekannt ist (eines aus Aleria auf Korsika und eines aus Norchia im Territorium von Tarquinii), zählt zur Klasse der *pocola*, die zu den wichtigsten in Rom hergestellten Produkten zu Beginn des 3. Jahrhunderts v. Chr. gehört. Die Verbreitung dieser Gefäße ist ein deutliches Zeichen für das Übergewicht, das die in Rom produzierte Keramik zwischen dem 4. und 3. Jahrhundert v. Chr. erlangt.

Schicht in der Nekropole von Tarquinii auf die Zahl einiger hundert, denen noch die zahlreichen Gräber der abhängigen Städte hinzugefügt werden müssen. Diese Zahlen gelten annähernd auch für Caere, Falerii und Vulci, während sie für die Gräber von Volsinii sehr viel niedriger liegen. Auch hierin zeigt sich die komplexe soziale Struktur der *poleis*, die sich nach den sozialen Konflikten des 5. Jahrhunderts v. Chr. herausbildet.

3. Die Idealformen

Eine Untersuchung der idealen Formen der Aristokratie des 4. Jahrhunderts v. Chr. steht noch aus. Im Bildervorrat der Grabausstattung gibt es eine deutliche Veränderung. Die alte Welt des *oikos* mit ihren Spielen und Tänzen, Jagden und Festmählern, die schon im Verlauf der archaischen Stadtwerdung statt des ›öffentlichen‹ einen ›privaten‹ Charakter gewonnen hatte, verschwindet allmählich ab der Mitte des 5. Jahrhunderts v. Chr. Die letzten Gräber, die die archaische Tradition des Festmahls als überlebendes Element dieser ganzen Vorstellungswelt darstellen, sind die Gräber der Spurinnas in Tarquinii (die Tomba dell'Orco I, ca. 380 v. Chr., und die Tomba dell'Orco II, 330 v. Chr., Abb. 103 und 104) und das der Velcha (oder Tomba degli Scudi, 340 v. Chr.). Danach verschwindet auch dieses letzte Erbe archaischer kollektiver Festlichkeit. Doch die beiden genannten Gräber zeigen neben dem Niedergang der Symbole einer nunmehr überholten Mentalität auch die Herausbildung von Leitmotiven der neuen Ideologie. In dem Grab der Spurinnas sind die namentlich bezeichneten Teilnehmer des Festmahls von monströsen Figuren der Unterwelt umrahmt, von Charon-Figuren mit grüner Haut, die des öfteren in den Wandmalereien, auf den Sarkophagen und Urnen der folgenden drei Jahrhunderte wiederkehren als Verkörperung eines schrecklichen Jenseits voller Qualen. Im Grab der Velcha nimmt das Festmahl nur ein Viertel der Wandfläche ein; der Rest wird von der Dar-

*

Abbildung 100: Spiegel mit einer Ritzzeichnung des Adonis auf dem Schwan. Die Herkunft des Stückes ist nicht bekannt, es handelt sich um ein kunstvolles Produkt einer Bronzewerkstatt des Südens, vielleicht aus Vulci. Ende des 4. Jahrhunderts v. Chr. (Rom, Museum der Villa Giulia).

Abbildung 101: Kleiner Bronzekopf aus Tarquinii. Das Stück ist ein Beispiel des südlichen Bronzehandwerks von beachtlicher Qualität und stammt vielleicht aus Vulci vom Anfang des 4. Jahrhunderts v. Chr. (Tarquinia, Museum)

stellung des Erbauers des Grabes als Beamter in Begleitung von Liktoren, Musikern, Dienern und Verwandten eingenommen und von der Apotheose des Vaters des Erbauers, der von seiner Frau bis zu den Enkeln als Heros verehrt wird. Auch diese beiden Motive, das Gefolge des Beamten und die Heroisierung des Stammvaters, werden neben den Unterweltsgestalten zu den wichtigsten Bildelementen bis in die römische Zeit zählen.

Die Veränderung der Formen und der Mentalität, die ebenso schrittweise wie radikal vor sich geht, birgt in sich die ganze Bedeutung des großen sozialen Wandels dieses Jahrhunderts. Die endgültige Durchsetzung des Politischen bringt den Niedergang des Privaten mit sich, auch wenn in Etrurien im Unterschied zu Griechenland und ähnlich wie in Rom der politische Bereich niemals durch Mythen oder göttliche Perso-

Abbildung 102: Ovale Ciste mit getriebener Dekoration und gegossenem Griff aus Vulci. Dieses außerordentliche Exemplar eines typischen Hochzeitsgeschenkes für Frauen (daher auch das aphroditische Bildthema des Griffs) belegt das noch immer hohe Niveau des Bronzehandwerks in Vulci in der zweiten Hälfte des 4. Jahrhunderts v. Chr.

nifikation symbolisch dargestellt wird, sondern in der Sphäre der *gentes* geboren wird und vergeht. Die höchste Ebene der Abstraktion gesellschaftlicher Produktionsverhältnisse findet ihren Ausdruck in den Symbolen der Macht. Die Rutenbündel (*fasces*), das Purpurgewand, das Gefolge, die Musiker werden alle schon zur Abstraktion oder treten sogar isoliert und lediglich als Anspielung auf, wie die Schildembleme des Grabes der Pinies in Tarquinii (der Tomba Giglioli, Abb. 109) von 300 v. Chr. mit dem darauf abgebildeten Münzsymbol der Stadt und wie es später im Bildervorrat der römischen Gräber der Fall sein wird, der weitgehend ein Erbe dieser etruskischen Statusdarstellungen ist. So wie die Symbole und die von der *polis* verliehenen Attribute der Macht die ideale Darstellung des Prestiges sind, so entsteht nun (zusammen mit der bedeutsamen Wiederaufnahme der schriftlichen Tradition) das *elogium* mit der Aufzählung von Ämtern und Taten, die in abstrakter und metahistorischer Weise die Biographie einer Person in Erinnerung bringen kann. Aber die Abstraktion des Prestiges und die Herauslösung des Individuums haben einen Preis, nämlich den Einschnitt des Todes als Drama und die Angst vor dem Jenseits, was in der archaischen Ideologie des *oikos* dank der Verewigung irdischen Zeremoniells und des Festmahls nicht empfunden wurde. Der Aristokrat der archaischen Zeit verwischt den Übergang, indem er sich mit seinen *keimelia* umgibt und auf den Wänden des Grabes oder auf der Front der Urne den *dies festus* feiern läßt, der seine Rolle in der Gesellschaft bestätigt und sich in jenem anderen Leben fortsetzt. Der Aristokrat der hellenistischen Epoche hingegen erlebt diesen Übergang im Bewußtsein des Gegensatzes von Diesseits und Jenseits und versucht vergeblich, Oberwelt und Unterwelt zusammenzubringen, zuerst wie in der Tomba dell'Orca I–II, indem er Festmahl und Hades nebeneinanderstellt, dann wie in zahlreichen Beispielen des 3. und 2. Jahrhunderts v. Chr., indem er Gefolge der Dämonen und Gefolge der Beamten vermischt (Abb. 107, 110–112).

In diesem Klima entwickelt sich die wohlbekannte irrationale Tendenz der etruskischen Religion, die ihren Ausdruck in der übertriebenen Ritualisierung, in der Wiederholung des Zeremoniells und in der genauesten Beachtung der ›göttlichen Zeichen‹ findet. Die Tradition der *haruspicina*, die stete Wiederholung der Sprache, der Gesten und des kultischen Rituals sind Phänomene, deren großes Alter durch ikonographische Zeugnisse, durch besondere sprachliche Aspekte und durch den Vergleich mit den religiösen Verhältnissen der Halbinsel gesichert ist. Neu ist in dieser Phase die Zurschaustellung der religiösen Zeichen in *libri lintei*, auf Leinen gechriebenen Büchern, und der auf Rollen geschriebenen heiligen Texte, die aufgerollt auf den Sarkophagen liegen oder – wie bei dem bekannten Sarkophag des Laris Pulenas – entrollt

*

Abbildung 103: Detail aus der Tomba dell'Orco I in Tarquinii, die der Familie der Spurinas gehörte. Man sieht Velia Spurinai, vielleicht die Nichte des Familienoberhauptes, beim Festmahl mit ihrem Mann, der der Familie der Velcha angehörte. Zwischen dem ersten und dem zweiten Viertel des 4. Jahrhunderts v. Chr.

Abbildung 104: Detail der Tomba dell'Orco II in Tarquinii. Dieses Grab ist die Erweiterung der Tomba dell'Orco I. Für die orphisch-pythagoreischen Glaubensvorstellungen der Spitze der etruskischen Aristokratie ist die Darstellung der griechischen Unterwelt von großer Bedeutung, von der man hier ein Detail mit Hades, Persephone und Geryon sieht. 330–20 v. Chr.

Abbildung 105: Zeichnung der Tomba Torlonia in Caere. Es ist das raffinierteste und beeindruckendste unter den nicht sehr zahlreichen Gräbern höchsten Niveaus der Stadt. Bemerkenswert ist das kleine *naikos*, das über dem *dromos* liegt und auf der Zeichnung in der Mitte erkennbar ist. Zweite Hälfte des 4. Jahrhunderts v. Chr.

Abbildung 106: Das Innere der Tomba dell'Alcova in Caere. Der zentrale ›Alkoven‹ ist klar zu erkennen, ein richtiger kleiner Tempel mit zwei Pfeilern am Eingang und mit der Leichenbank für das Stammpaar, Zentrum des Heroenkultes der *gens*. Links oben ein Längsschnitt (in der Mitte die Pfeiler, links der Alkoven); unten links ein Grundriß (in der Mitte zwischen den wenigen wichtigen Leichenbänken der *naiskos*); rechts oben Querschnitt des Teils zum Eingang hin (links) und zum *naiskos* hin (rechts); rechts unten Querschnitt des Alkoven mit der Leichenbank. Zweite Hälfte des 4. Jahrhunderts v. Chr.

Abbildung 107: Ara Guglielmi aus Vulci. Dieser Altar ist ein wichtiger Beleg der ersten Hälfte des 3. Jahrhunderts v. Chr. für die Neigung auch in der ›Mittelschicht‹, den Verstorbenen zu heroisieren. Es handelt sich um einen Cippus in Form eines *naiskos*, innerhalb dessen sich das Abbild des heroisierten Toten befindet (Rom, Museum der Villa Giulia).

von einer Person im Priesterrang gezeigt werden. Dieses Vorgehen steht natürlich im Einklang mit der Zurschaustellung der Zeichen der Macht, seien sie staatlich oder religiös, die hier wie in Rom Teil ein und desselben Systems gentiler Herrschaft ist. Die besondere Entwicklung der religiösen Familientraditionen ist von entscheidender Bedeutung für die Herrschaft der *principes* im Inneren wie für ihr Prestige nach außen. Die Formalisierung der rituellen Handlungen verrät ihrerseits nicht nur etwas über die Methoden der Reproduktion der herrschenden Klasse, sondern zeigt auch die starke Distanz der *principes* zum Rest der Gesellschaft.

Im Bereich der religiösen Vorstellungen ist indes noch eine andere in-

teressante Erscheinung zu beobachten. In archaischer und spätarchaischer Zeit wird zwar der griechische Mythos, wenn auch nur für die herausgehobenen Dekorationen der öffentlichen Bauten, in deutlichen Anspielungen übernommen, doch geschieht das in ausgesprochen künstlicher Form: Sehr selten und im Grunde nebensächlich sind Darstellungen, die auf lokale mythische oder rituelle Traditionen zurückgeführt werden können. Im 4. Jahrhundert v. Chr. sehen wir indes zahlreiche und komplexe mythische Vorstellungen mit lokalen Komponenten hervorbrechen. Einige, wie die Darstellung auf dem Spiegel von Tuscana mit dem Mythos von Tages, betreffen die Sage vom Ursprung der Etrusker, andere, sehr seltene, sind echte Szenen etruskischer Mythologie, wie der Kampf des Laran mit dem Sohn des Cel auf einem Spiegel aus Populonia (TLE[2] 368). Der größte Teil indes besteht aus unbedeutenderen Figuren, die in Szenen des griechischen Mythos eingebaut sind; wieder sind diese Gestalten entweder offensichtlich dämonisch oder entstammen der Unterwelt, wie Vanth oder Tuchulcha, oder sie sind von doppelter Natur, himmlisch und chthonisch, wie Lasa, der mit seinen zahlreichen Beinamen einmal in der Eigenschaft der ›Magd‹ beim Ankleiden irdischer und göttlicher Frauen (die Moira der Frauen) auftreten kann, und ein anderes Mal in der Eigenschaft des unergründlichen Genius des letzten Schicksals der Menschen (die Moira des Menschen), oder wie Thalna, der Inbegriff des Genius des einzelnen und sogar der Götter. Diese letzteren Gestalten sind schwer zu definieren: Sie sind einerseits Ausdruck sehr archaischer und fest in Etrurien verankerter Mentalitäten, gleich jenen, die im Griechenland des 7. Jahrhunderts v. Chr. aus Aphrodite eine himmlische Göttin und zugleich eine Göttin der Unterwelt machten und sowohl von der Schönheit und Faszination sprachen wie von der »ältesten der Moiren« (Paus. I, 19, 2), sie nehmen aber andererseits auf die Fähigkeit des Hervorbringens Bezug, auf die Ideologie der Zeugungskraft, auf der die religiöse Tradition der Familie ruht. Mit Sicherheit muß man darin ein tief eingeprägtes Zeichen der gentilen Struktur im Bereich der kollektiven religiösen Tradition Etruriens erkennen. Das machtvolle Aufblühen solcher religiösen Vorstel-

*

Abbildung 108: Detail der Tomba degli Scudi in Tarquinii, die der Familie der Velcha gehörte. Dargestellt ist die Apotheose des Stammvaters in heroischer Kleidung und heroischem Gestus, während seine Frau die Nachkommen auffordert, ihn zu verehren. 350–40 v. Chr.

lungen in dieser Phase ist auf die sozio-ökonomischen und ideologischen Prägungen der neuen Ordnung des 4. Jahrhunderts v. Chr. zurückzuführen.

Der Volksglaube, in dem derselbe Aberglaube, dieselbe Schicksalsgläubigkeit und Erwartungshaltung im Bereich der Zeugung lebendig sind, wie sie der Religion der herrschenden Klasse eignen, findet seinerseits freien Auslauf in den Fruchtbarkeits- und Heilskulten, die archäologisch belegt sind durch die ungeheure Zahl von Fundorten mit anatomischen Exvotos aus Terrakotta (Abb. 115) – entsprechend den Körperteilen, deren Heilung erfleht oder erfolgt ist – und mit Kindern im Steckkissen, die zusammen mit Darstellungen männlicher oder weiblicher Geschlechtsteile der Hoffnung auf Nachkommenschaft als einzigem Reichtum des Bauern im Alter Ausdruck verleihen. Die Geschichte dieses religiösen Brauchs, die erst jetzt ins Blickfeld der Forschung rückt, ist von größtem Interesse für die Darstellung der Kultur der unteren Klassen. Die Praxis, anatomische Exvotos zu weihen, entsteht im Laufe des 5. Jahrhunderts v. Chr. im Gebiet von Veii und Falerii, wo die ›plebejische‹ Kultur ihre ältesten und tiefsten Wurzeln hat, und nicht ohne einen gewissen griechischen Einfluß, der mit den prägenden Kräften dieser Klasse und dem wachsenden Ansehen des Heilkults des Asklepios zusammenhängt. Von dort verbreitet sich der Brauch im ganzen südlichen Etrurien und vor allem in Caere und Tarquinii, aber besonders günstige Aufnahme findet er in der Umgebung Latiums in engem Zusammenhang mit der römisch-latinischen Kolonisation des 4. und 3. Jahrhunderts v. Chr. Von neuem läßt die Verbreitung die Beschränkung der sozialen Veränderung auf das südliche Etrurien erkennen (die Praxis strahlt bis nach Vulci aus und ist in Volsinii schwach belegt, doch im Norden dieser beiden Städte verschwindet sie fast ganz). Mit seinem regelmäßigen Auftreten innerhalb von Gebieten unterschiedlicher Kultur, stets nur in Verbindung mit römischen Kolonien wie etwa in Atri und Lucera, läßt dieser Brauch zugleich die soziale Basis und den Prozeß der Herausbildung der *koine* hervortreten, der etrusko-latinischen kulturellen Einheit, die sich im Zeichen landwirtschaftlicher und ›plebejischer‹ Bedürfnisse etabliert hatte. Im Norden spiegelt sich die konservative Tendenz im sozialen Bereich in der Kontinuität der religiösen Weihbräuche deutlich wider. Bevorzugt bleibt die alte, schon im 6. Jahrhundert v. Chr. bekannte Tradition, in den Heiligtümern Bronzestatuetten der Weihenden oder von Gottheiten zu stiften. Diese Gaben sind von erheb-

Abbildung 109: Detail der Tomba Giglioli in Tarquinii, die der Familie Pinie gehörte. An den Wänden sind Soldatenkleidung und Waffen abgebildet, so als ob sie dort aufgehängt seien; darunter befinden sich auch die Schilde mit dem Münzsymbol der Stadt. 330 v. Chr.

lich höherem Wert als die Exvotos aus Terrakotta und stellen eine getreuliche Nachahmung des nach aristokratischem Brauch üblichen Weihgeschenks aus Edelmetall. Bezeichnend für die Hegemonie des etruskischen Kernlandes über den umbro-sabellischen Bereich ist die Verbreitung

Abbildung 110: Sarkophag aus Tarquinii. Es handelt sich um den Normaltypus des 3.–2. Jahrhunderts v. Chr. mit dem zurückgelehnt liegenden Verstorbenen auf dem Deckel und den mit allegorischen Darstellungen verzierten Seitenwänden. Erste Hälfte des 3. Jahrhunderts v. Chr. (Tarquinia, Museum).

derselben Tradition am östlichen Abhang des Apennin im Laufe des 5. Jahrhunderts v. Chr., gerade zu der Zeit, als unter dieser Bevölkerung eine Ebene des ›Politischen‹ entsteht, die sich aus der aristokratischen Untergliederung und dem Prozeß der Stadtwerdung ergibt.

Ein weiteres mögliches Anzeichen für die kulturelle Veränderung innerhalb dieses Jahrhunderts ist die beachtliche Wandlung der alten etruskischen Sprache des 7.–6. Jahrhunderts v. Chr. zum Neo-Etruskischen des 4.–3. Jahrhunderts v. Chr., das durch eine starke Akzentuierung der Betonung auf der ersten Silbe und demzufolge durch eine merkbare Schwächung der nachfolgenden Silben gekennzeichnet ist (archaisches Etruskisch: Vestiricina, Neo-Etruskisch: Vestrcnie). Das Phänomen ist auch aus anderen Sprachen der Halbinsel, unter anderem dem Lateinischen, bekannt. Im Osko-Umbrischen wenig entwickelt, ist es keltischem Einfluß zugeschrieben worden. Diese Theorie ist zwar verführerisch, aber sie erklärt nicht alle Erscheinungen der umfassenden sprachlichen Veränderung, die zwischen dem 5. und 4. Jahrhundert v. Chr. er-

Abbildung 111: Sarkophag aus Tarquinii vom ältesten Typus mit einem Abbild der gesamten Figur des Verstorbenen auf dem Deckel und Tierdekorationen auf den Seitenwänden. Erste Hälfte des 4. Jahrhunderts v. Chr. (Tarquinia, Museum).

Abbildung 112: Sarkophag aus Tuscania vom jüngsten Typus mit dem zurückgelehnt liegenden Verstorbenen auf dem Deckel und einem langen Elogium sowie dem Gefolge des Beamten auf den Seitenwänden. 4. Jahrhundert v. Chr. (Vatikan, Museo Gregoriano Etrusco).

folgt. Es ist indes nicht unwahrscheinlich, daß eine solche Wandlung allgemein im Rahmen der bewegten Phase sozialer Veränderungen des 5. Jahrhunderts v. Chr. zu sehen ist, einer Periode, über die wir wegen des bereits erwähnten Niedergangs der schriftlichen Aufzeichnungen wenig unterrichtet sind.

Von großem Interesse sind schließlich die Grundzüge der künstlerischen Produktion. Der allgemeine Aufschwung der handwerklichen Tätigkeit im Süden Etruriens durchläuft zwei deutlich erkennbare Stadien in Verbindung mit den unterschiedlichen Entwicklungsphasen der ersten und zweiten Hälfte des 4. Jahrhunderts v. Chr. Ich brauche kaum

Abbildung 113: Kleine Tonmaske unbekannter Herkunft. In der zweiten Hälfte des 4. Jahrhunderts v. Chr. setzt sich in Tarquinii (und später in Vulci) der Brauch durch, diese kleinen Theatermasken zu weihen, offensichtlich als Ersatz für Leichenfeiern, die auch Theatervorstellungen umfaßten. Bemerkenswert ist die völlige Hellenisierung des Theaterspiels – es handelt sich um Masken rein griechischer Art –, und das zeigt, wie in Etrurien das griechische Theater, Tragödie wie Komödie, Eingang gefunden hat, noch bevor das in Rom geschah. Ende des 4. Jahrhunderts v. Chr.

Abbildung 114: Weibliche Terrakottafigur eines Giebelreliefs vom Tempel von Celle di Falerii. Dies ist eines der herausragendsten Werke der faliskischen Koroplastik. Drittes Viertel des 4. Jahrhunderts v. Chr. (Rom, Museum der Villa Giulia).

noch einmal festzustellen, daß die politische und soziale ›Öffnung‹ mit ihrer beträchtlichen Erweiterung der Bürgerschaft (ein Phänomen, wie man sich erinnern wird, das im 4. Jahrhundert v. Chr. in weiten Teilen des antiken Italien zu beobachten ist, angefangen von dem neuen Block aus Patriziern und Plebejern in Rom) Künstler aus der griechischen Welt in beachtlicher Zahl anzieht. Es war die Rede von den attischen Vasenmalern, die sich zu Beginn des 4. Jahrhunderts v. Chr. in Falerii angesiedelt hatten; in Caere tauchen im späten 4. und 3. Jahrhundert v. Chr.

Abbildung 115: Terrakottakopf, Weihgabe aus Falerii. Es handelt sich um einen der ältesten erhaltenen Köpfe aus der ersten Hälfte des 4. Jahrhunderts v. Chr. und um einen Vorläufer jener weitverbreiteten ›plebeischen‹ Praxis, anatomische Exvotos aus Terrakotta in den Heiligtümern zu weihen (Rom, Museum der Villa Giulia).

wieder Griechen auf, wie Weihinschriften an Hera belegen, und diesmal finden sie sich im städtischen Heiligtum von Manganello und nicht mehr in jenem von Pyrgi, das durch die veränderten Funktionen der nunmehr in das römische System eingegliederten Stadt zunehmend überflüssig wurde. Auch wenn die griechische Präsenz zu diesem Zeitpunkt nur teilweise bestimmend für die Entwicklung künstlerischer Formen ist, sind doch die beiden Stadien der bildenden Kunst zunächst dem attischen Vorbild und dann erst dem italischen und sizilischen eng verbunden. Indes wird die handwerkliche Tätigkeit im Unterschied zur archaischer Zeit nicht mehr weitgehend Gruppen vom Status der Metöken überlassen. Demzufolge ist die Aufnahme der verschiedenen griechischen Formen kein kurzfristiges Phänomen, das sich nur aufgrund der fortgesetzten Ankunft weiterer Künstler und Handwerker mit einem ähnlichen

Abbildung 116: Kopf einer Göttin von der Terrakottadekoration des Tempels von Scasato di Falerii. Wie das Beispiel der vorangehenden Abbildung zeigt dieses Stück das sehr hohe Niveau der spätklassischen und frühhellenistischen koroplastischen Schule von Falerii sowie das starke Engagement der herrschenden Klasse von Falerii für die großen öffentlichen Bauvorhaben und die sakrale Architektur. Ende des 4. – Beginn des 3. Jahrhunderts v. Chr. (Rom, Museum der Villa Giulia).

Bildervorrat erneuert, sondern die aufgenommenen Formen erfahren eine eigene, unabhängige und lokale Entwicklung und tragen dazu bei, daß jener künstlerische Geschmack einer etrusko-latinischen *koine* entsteht, der von so großer Bedeutung für die römische bildende Kunst sein sollte. Dieser Geschmack der *koine* bildet sich in greifbarer Form in der zweiten Hälfte des 4. Jahrhunderts v. Chr. heraus und steht im Zeichen eines bemerkenswerten Eklektizismus, für den zum Teil der Eklektizismus der griechischen Kolonien und zum Teil die Randlage Etruriens selbst verantwortlich ist: Von den hellenistischen Formen nimmt diese *koine* auf, was immer an Eklektischem in ihnen enthalten war, und weist anderes zurück. Man wird bis zur *luxuria asiatica*, jener Frucht des römischen Imperialismus, warten müssen, um eine wesentliche Erneuerung dieser Tradition zu sehen, die sonst allein durch den zunehmenden Einsatz von Sklaven als Arbeitskräften in der handwerklichen Produktion bedroht wird und von dem daraus folgenden Qualitätsverfall und der Sterilität der Produkte, die in einer noch nicht entwickelten Form des Manufakturbetriebs entstehen.

Kapitel IX

Die Romanisierung

1. Die Kriege gegen Rom

Unter Führung Tarquiniis und im Bewußtsein der Stärke des neuen historischen Blocks, der sich in einigen Städten des Südens gerade herausgebildet hatte, hatte Etrurien mit seinem Angriff auf Rom im Jahr 358 v. Chr. versucht, seine Hegemonie zurückzugewinnen. Der Krieg war ohne greifbares Ergebnis zu Ende gegangen, wenn man einmal von dem zeitlich begrenzten Teilsieg absieht, den Tarquinii mit der Besetzung des Konsulats durch den Etruskern verbundene Patrizier und Plebejer wie die Fabier und die Manlier errang: Zehn Jahre nach dem Ende des Krieges ist die innere Situation Roms wieder völlig ausgeglichen.

Als Römer und Etrusker 311 v. Chr. von neuem die Schwerter kreuzen, hat Rom den latinischen Bund zerstört, befindet sich auf dem Wege zu einer großangelegten Expansion in Richtung auf den äußerst fruchtbaren und reichen Süden mit Kampanien und Apulien und hat einen neuen wichtigen Handelsvertrag mit Karthago geschlossen. Der Krieg (Liv. IX, 29–41; Diod. XX, 35, 1–5; 44, 8–9) beginnt mit einer Eidgenossenschaft (*coniuratio*) aller Etrusker »außer denen von Arretium«, die, wie schon im vorangegangenen Konflikt, Sutrium belagern. In erster Linie am Krieg beteiligt sind dieses Mal nicht die Städte des Südens – Tarquinii erneuert ganz im Gegenteil den auf 40 Jahre geschlossenen Frieden im Jahre 308 v. Chr. um eine ebenso lange Periode –, sondern hauptsächlich sind die nördlichen Städte, mit Perusia an der Spitze, das Ziel einer römischen Heeresexpedition. Das Zentrum der etruskischen Macht verlagert sich unausweichlich immer stärker in das Innere des Landes nach Volsinii und nach Perusia. Und daß Perusia (das über die Niederlassung des volsinischen Kults von Nortia in Spello eng mit

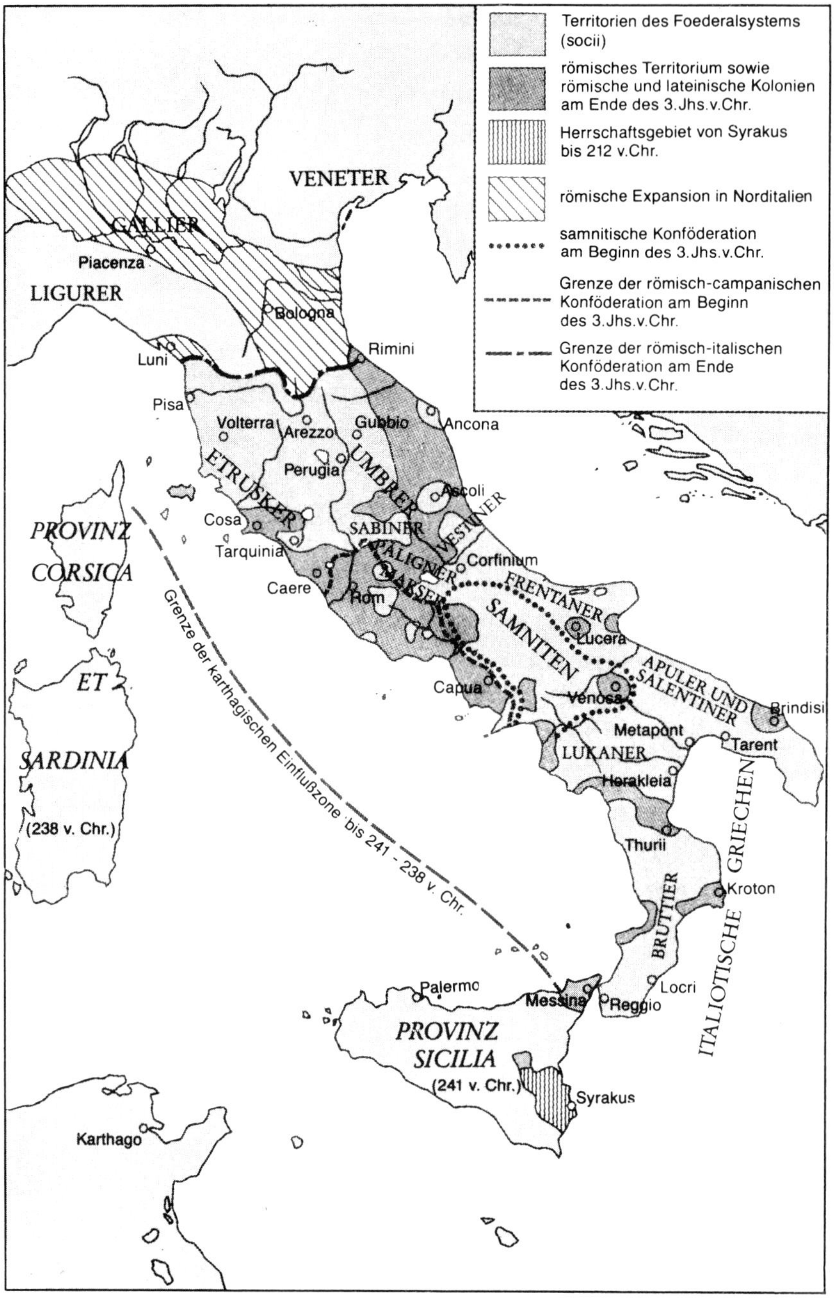

Abbildung 117: Karte Italiens mit der Situation nach den römischen Eroberungskriegen des 4.–3. Jahrhunderts v. Chr. (aus Pallottino).

Volsinii verbunden ist) wohl das eigentliche Ziel der Römer war, wird aus der Beteiligung der Umbrer an dem Kriegszug deutlich und aus dem Freundschaftsbündnis mit Ocriculum, das schon immer in enger Verbindung mit dem unteren Tibertal und mit Falerii gestanden hatte. Die mehr oder weniger fehlende Beteiligung der etruskischen Küstenstädte an den Kriegshandlungen, die eine neuerliche Rivalität zwischen Süd und Nord anzeigt, scheint neben dem eben erwähnten Separatfrieden Tarquiniis außerdem durch das etruskische Bündnis mit Agathokles, dem Tyrannen von Syrakus, gegen die Karthager im Jahre 307 v. Chr. bestätigt zu werden (Diod. XX, 61, 6–8); diesen Ereignissen war man gerade durch den dritten römisch-karthagischen Vertrag von 306 v. Chr. begegnet, der in Korsika eine Art neutrale Zone zwischen den beiden Mächten bestimmte. Das Schicksal der etruskischen Kolonie von Alalia war damit besiegelt: Wenige Jahre später wird die im Niedergang befindliche Stadt von römischen Produkten und lateinischen Inschriften überschwemmt.

Diesem ersten schweren Konflikt Roms mit den mitteletruskischen *poleis* folgt eine Reihe unklarer Ereignisse zwischen dem Jahr 302 v. Chr. und der verlustreichen Niederlage der Etrusker bei Sentinum 295 v. Chr. (Liv. X, 1–30). Auch diesmal liegt das Zentrum des Konflikts im Norden, hauptsächlich im Raum zwischen Volaterrae, Clusium, Perusia und Arretium. Die Wiederaufnahme der Kriegshandlungen zwischen Rom und den Samniten bietet den Etruskern die Möglichkeit, alle Völker Italiens, die Umbrer, Samniten und Gallier, gegen die latinische Großmacht zu vereinigen: Im Tal von Sentinum entscheidet sich das Schicksal der nördlichen italischen Halbinsel. Die im Jahre 295 v. Chr. geschlagene Schlacht bedeutet, jenseits aller dramatischen Ausschmückung und der Widersprüchlichkeit der verschiedenen Versionen der annalistischen Tradition, für die Etrusker den Anfang vom Ende. Ihre Verluste in dieser Schlacht, die dem fast zeitgenössischen griechischen Historiker Duris (bei Diod. XXI, 6, 1) zufolge 100 000 Tote betrugen, gegenüber 25 000 Gefallenen bei Livius (X, 32, 1), waren möglicherweise noch geringer als die der Samniten, Umbrer und Gallier. Doch auch wenn die Etrusker sicherlich Umbrer und vor allem Kelten als Manövriermasse benutzt haben mit dem Ziel, in den reichen römischen Gebieten Beute zu machen (Pol. II, 19, 1–4), ist doch deutlich, daß ab 294 v. Chr. eine Reihe von Kriegszügen gegen die einzelnen etruskischen *poleis* einsetzt, die die Etrusker endgültig in die Knie zwingen wird.

Abbildung 118: Tonsarkophag aus Tuscania. Von der Mitte des 2. Jahrhunderts v. Chr. an bemüht sich Tuscania darum, von Tarquinii unabhängig zu sein, indem es keine Sarkophage aus Nenfro mehr importiert und diese interessanten Terrakottaprodukte entwickelt, die vom späten 2. Jahrhundert v. Chr. an Individual-Porträts zeigen. Ende des 2. – Beginn des 1. Jahrhunderts v. Chr. (Rom, Museum der Villa Giulia).

Im Jahre 294 v. Chr. wird in der Tat die erste etruskische Stadt nach Veii, nämlich Rusellae, von den Römern erobert, unmittelbar nach Einfällen in das Gebiet von Volsinii, die auf etruskischer Seite 2800 Gefallene forderten (Liv. X, 37, 1–2). Die Einnahme von Rusellae sollte seine Bewohner zweitausend Gefangene und ebensoviele Tote kosten. Der mit Volsinii, Perusia und Arretium geschlossene Friedensvertrag, der eine Reparationszahlung von einer halben Million As vorsah, und der Sieg des Konsuls L. Postumius Megellus über Volsinii (Liv. X, 37, 3) zeigen deutlich, wer in der Schlacht von Sentinum die Verantwortung trug. Nach einem Zusammenstoß mit Falerii im Jahre 293 v. Chr. (Liv. X, 45–46) und einem Aufbäumen Volsiniis ungefähr 285 v. Chr. (Liv. *Per.* XI) wurde mit der Schlacht am Vadimonischen See gegen Etrusker und Gallier im Jahre 283 v. Chr. (Pol. II, 19, 7–20; 6) die Front am Tiber und die Vorherrschaft über das innere Etrurien endgültig durchbrochen. Die Koalition, die am Vadimonischen See gegen Rom kämpfte, scharte sich immer noch um Volsinii als zentrale Kraft, bestand aber auch aus anderen *poleis* (Arretium war in diesem

Krieg Verbündeter Roms: Pol. II, 19, 7), die Rom in der Zeit zwischen 282 und 273 v. Chr. unerbittlich eine nach der anderen unterwerfen sollte. Für das Jahr 281 v. Chr. wird in der Tat ein Triumph des Q. Marcius Philippus über die Etrusker überliefert, den J. Beloch in überzeugender Weise auf Tarquinii bezieht; im Jahre 280 v. Chr. gibt es einen Triumph des Ti. Coruncanius *de Vulsiniensibus et Vulcientibus*; im Jahre 273 v. Chr. wurde Caere unterworfen (Cass. Dio, Frag. 33). In wenig mehr als 20 Jahren hatte Rom, dessen Vormachtstellung und militärische Stärke nunmehr für die ganze italische Halbinsel von Bedeutung waren, die etruskische Macht von der politischen Landkarte der Halbinsel und aus der Geschichte getilgt (Abb. 117). Die Verlagerung des inneren Schwergewichts etruskischer Macht von Tarquinii auf die mittlere und nördliche Region nach dem Jahre 351 v. Chr., das Nachgeben Tarquiniis gegenüber dem starken imperialistischen Druck Roms in den Jahren zwischen 311 und 295 v. Chr. und schließlich das zu späte Erkennen der römischen Bedrohung durch die Städte des Südens, das sie 283 v. Chr. am Vadimonischen See und in den Kriegen des folgenden Jahrzehnts teuer bezahlen sollten, hatten dem Triumph der latinischen Stadt den Weg eröffnet.

Die Teilung innerhalb Etruriens hat ihre Wurzeln sicherlich in der unterschiedlichen wirtschaftlichen und sozialen Struktur des südlichen und des nördlichen Bereichs und in der sich daraus ergebenden unterschiedlichen politischen Ausrichtung. Letztere findet ihren Ausdruck in der Vorherrschaft über den Bund, die bis in die Jahre nach dem Krieg zwischen Rom und Tarquinii von 358–51 v. Chr. reicht und ungefähr ab 320 v. Chr. vermutlich in die Hände Volsiniis oder des noch weiter nördlich gelegenen Perusias übergeht.

Das Verhalten Roms gegenüber den beiden verschiedenen Bereichen ist deutlich differenziert. Im Norden und im Gebiet des Tiber ist der römische Sieg, wie W.V. Harris klar herausgearbeitet hat, mit klingender Münze bezahlt worden und hat zur Stärkung der herrschenden Oligarchie beigetragen: Das Eingreifen Roms in Arretium im Jahre 302 v. Chr. zur Beruhigung der sozialen Auseinandersetzungen, in denen die lokalen Oligarchen (Livius erwähnt Cilnii, Vorfahren des Maecenas) den niederen Schichten gegenüberstanden, ist ein ebenso klarer Beweis dafür wie das loyale Verhalten der gesamten Gegend während der Punischen Kriege, das allerdings durch die fast ständige Anwesenheit römischer Legionen in diesem Territorium kontrolliert wurde. Im Süden und im

Abbildung 119: Kopf der Athene (Nenfro) aus Bolsena. Zweite Hälfte des 3. Jahrhunderts v. Chr. (Vatikan, Museo Gregoriano Etrusco).

Küstengebiet stellt Rom in den Verträgen andere Bedingungen. In der Regel wird die Hälfte des Territoriums eingezogen, was für Caere ausdrücklich überliefert ist und für Vulci und Tarquinii leicht erschlossen werden kann. Auch Rusellae, die einzige von Rom erstürmte etruskische Stadt, muß einen beträchtlichen Teil ihres Gebiets eingebüßt haben: Bezeichnenderweise erlebt Vetulonia nach jahrhundertelangem Schweigen einen Wiederaufstieg, und die Münzserien mit der Aufschrift *Vatl* könnten mit einer ›Gründungsserie‹ gleichzusetzen sein, die dann auf die Zeit kurz nach 294 v. Chr. zu datieren wäre. Das möglicherweise Rusellae verlorengegangene Gebiet muß zum Teil das Territorium des wiedererstandenen Vetulonia gebildet haben und zum anderen das schon beträchtlich angewachsene römische Staatsgebiet dort vermehrt haben, wo in augusteischer Zeit die *colonia Julia Rusellanorum* gegründet werden sollte.

In den anderen drei Städten des Südens haben indes aufgrund der größeren Nähe zu Rom die harten territorialen Sanktionen ein direktes Eingreifen Roms zur Folge. Im 3. Jahrhundert v. Chr. hält sich dieses Eingreifen in einem gewissen Rahmen, aber im 2. Jahrhundert wird es sehr viel entschiedener sein, und zwar sicherlich aufgrund des Niedergangs jener ›Mittelklasse‹, die sich im 4. Jahrhundert v. Chr. herausgebildet hatte und am härtesten betroffen worden war von der Krise, die sich als Folge des wirtschaftlichen Drucks der Römer und des Punischen Kriegs ergeben hatte. Im Jahre 273 v. Chr., sieben Jahre nach der Niederlage Vulcis, wird Cosa als nördlichste latinische Kolonie an der tyrrhenischen Küste gleichzeitig mit Paestum im Süden gegründet. Im Gebiet von Caere werden hingegen ganze vier Kolonien römischer Bürger an der Küste angesiedelt (die offenbar die alte Seefahrertradition von Caere wiederaufnehmen sollen), nämlich Fregenae (245 v. Chr.), Alsium (247 v. Chr.), Pyrgi (264 v. Chr.?) und Castrum Novum (264 v. Chr.?). Im Gebiet von Tarquinii hat hingegen die Beschlagnahmung von Land keine römischen Koloniegründungen zur Folge. Ein anderes Charakteristikum des römischen Eingreifens ist der Bau eines Straßennetzes, das eine schnelle, direkte Kontrolle von der Hauptstadt aus ermöglichen soll. Leider ist die Datierung der meisten Straßenanlagen nicht gesichert, aber im allgemeinen nimmt man dafür das 2. Jahrhundert v. Chr. an, in dem, bezogen auf die drei Hauptverkehrsadern des südlichen Etrurien, nämlich die Aurelia, die Cassia und die Clodia, die entsprechenden Foren (Versammlungsplätze und Marktflecken in verstreut besiedelten Gebieten) entstehen: das Forum Aurelii im Gebiet von Vulci, das Forum Cassii im Gebiet von Tarquinii und das Forum Clodii in der Nähe von Caere.

2. Niedergang und Wiederaufbau

Das Bündnis Roms mit den *principes* Etruriens bleibt nicht ohne Folgen, die im äußersten Süden fast sofort spürbar sind. Schon zu Ende des 4. Jahrhunderts v. Chr., zwischen 310 und 304 v. Chr., fanden sich in den Heeren des Agathokles und der Karthager zahlreiche etruskische Söldner (Diod. XIX, 106, 2; XX, 11, 6 und 64, 1; XXI, 3); sie stammen vermutlich vor allem aus den südlichen *poleis*, in denen bereits im 4. Jahrhundert v. Chr. aufgrund der neuen politischen und wirtschaftlichen Struktur Prozesse der Verarmung und Ausgrenzung gesellschaftlicher Gruppen einsetzten. Mit der Eroberung durch Rom gewinnt im gesamten Süden die von der Sklaverei bestimmte Produktionsweise, die schon in der Zeit der Unabhängigkeit im 4. Jahrhundert v. Chr. eingesetzt hatte, die Oberhand, und es ergeben sich daraus unmittelbare Auswirkungen auf die nächstgelegenen Städte.

Volsinii, das im 4. Jahrhundert v. Chr. einem konservativen und oligarchischen Entwicklungsmodell zu folgen scheint, bekommt als erste Stadt die Folgen zu spüren, die sich aus dem Zusammenwirken der von der Sklaverei bestimmten Produktionsweise und der auf die Niederlage folgenden Rezession ergeben. Im Jahre 265 v. Chr. ersuchen die Oligarchen – Zonaras nennt sie bezeichnenderweise »die, die auf dem Lande wohnen« –, von den *servi* der Macht beraubt und von diesen verfolgt, Rom um sein Eingreifen. Die Römer erobern nach kurzer Belagerung die Stadt, zerstören sie und errichten sie in kurzer Entfernung an der Stelle des heutigen Bolsena neu (Zon. VIII, 7, 4–8; Johann. Ant. Frag. 50 m; Flor. I, 16, 21; *Vir. ill.* 36; Oros. II, 5, 3–5; Val. Max. IX, 1 *ext.* 2). Die Ereignisse in Volsinii sind von größtem Interesse, und um die Bedeutung dieser Revolte im Rahmen des allgemeineren Problems der etruskischen *servitus* zu verstehen, lohnt es sich, ausführlichere Betrachtungen anzustellen. Die lateinischen Quellen sind sehr kursorisch und berichten von einer immer größeren Freiheit der *servi*; die griechischen Autoren, die aufmerksamer und genauer sind,

Abbildung 120: Schwebende Terrakotta-Nike aus Falerii. Dies ist eine der letzten erhaltenen Arbeiten der Werkstätten von Falerii vor dessen Zerstörung im Jahre 241 v. Chr. Um die Mitte des 3. Jahrhunderts v. Chr.

sprechen von einem schrittweisen Emanzipationsprozeß der *oiketai*, angefangen von der vollkommenen Übernahme des Militärdienstes und der ›Verwaltung‹ (*dioikesis*) der Stadt (›plebejische‹ Magistraturen? die Ädilität?) über das *connubium* mit den Frauen aus den Häusern der *principes*, die Erringung des *ius honorum* und den Zugang zum Senat bis hin zur endgültigen Unterdrückung der früheren Herren. All diese Schritte haben sich nicht in kurzer Zeit vollzogen, wie die Quellen übereinstimmend unterstreichen. Am spätesten erfolgt die Eroberung der Magistraturen. Wir können vielleicht wagen, über den zeitlichen Ablauf (den Zonaras fest mit der römischen Eroberung verknüpft) Vermutungen anzustellen und die Übernahme des Militärdienstes und der ›Verwaltung‹ in den Zeitraum 295 und 280 v. Chr., die endgültige Übernahme der Macht in die Jahre unmittelbar vor und nach 280 v. Chr. sowie die abschließende Krise (die Unterdrückung der *principes*) in das Jahr 265 v. Chr. setzen. Das Eingreifen Roms, eine echte ›Polizeiaktion‹, endet nicht allein für die aufständischen *servi* tragisch, die getötet oder wieder ihren Herren übergeben werden, sondern für ganz Etrurien. Der unter der Führung des Konsuls M. Fulvius Flaccus errungene Sieg gipfelt nämlich in einer großen Plünderungsaktion, die nach dem Zeugnis des gegen die Römer eingestellten Griechen Metrodoros von Skepsis (bei Plin. *N.H.* XXXIV, 34) die ungeheure Beute von 2000 Bronzestatuen erbrachte. Der Konsul, der im Jahre 264 v. Chr. einen Triumph *de Vulsiniensibus* erringt, soll sich im Tempel des Vortumnus auf dem Aventin im Triumphgewand abbilden haben lassen (Fest., p. 288 L). Dieses Zeugnis sowie die Reste eines doppelten Weihgeschenks mit seinem Namen und die Spuren von Bronzestatuen im Heiligtum der Fortuna und der Mater Matuta in Rom zeigen, daß der Konsul den großen Gott von Volsinii, Vortumnus-Voltumna, nach Rom überführt oder »nach Rom gerufen« hat, indem er ihm dort einen Tempel errichtete und dafür offenbar das große Fanum in Volsinii plünderte, den einzigen Ort, wo er einen so reichen Schatz an Bronzestatuen finden konnte. Das Heiligtum des etruskischen Bundes war also zerstört, und der Bund war damit (wenn nicht bereits nach der Schlacht am Vadimonischen See) praktisch aufgelöst. Das gemeinsame kultische Herdfeuer der Etrusker existierte nach Jahrhunderten ruhmreicher Geschichte nicht mehr, und das alte Volsinii wurde mit einem Schlag ausradiert. Von ihm blieb nur der Name *Urbs Vetus* – Orvieto.

Die politische und wirtschaftliche ›Gleichschaltung‹ des Südens sollte

Abbildung 121: In Volaterrae hergestellte und gefundene Urne aus Alabaster. Zwischen dem Ende des 3. und dem Anfang des 2. Jahrhunderts v. Chr. beginnt man in Volaterrae mit Hilfe von griechischen Handwerkern aus Kleinasien verschiedene Aschenurnen zu produzieren mit dem Abbild des Verstorbenen beim Festmahl auf dem Deckel und mythischen Szenen auf den Seitenwänden, die auf das Drama des Todes anspielen. Zweites Viertel des 2. Jahrhunderts v. Chr. (Volterra, Museum).

sich ein Vierteljahrhundert später, unmittelbar nach dem 1. Punischen Krieg, vollenden. Die Falisker nehmen nach mehr als 50 Jahren Frieden 241 v. Chr. den Kampf gegen Rom wieder auf. Die Stadt wird nach einer kurzen Belagerung erobert, zerstört und »später« (Zon. VIII, 18; 220 v. Chr. im Zusammenhang mit dem Bau der Via Flaminia?) in der Ebene wiederaufgebaut. Das Schicksal der beiden Städte Falerii und Volsinii ist sehr ähnlich: Zerstörung, Überführung der Hauptgottheit nach Rom und Wiederaufbau an einem neuen Platz. Doch wird Falerii härter bestraft, indem die Hälfte seines Territoriums eingezogen wird. Dabei handelt es sich wahrscheinlich um das Gebiet, durch das später die Via Flaminia führen wird und das von größter strategischer und wirtschaftlicher Bedeutung ist.

Die Einführung von Produktionsweisen, die weitgehend auf der Sklaverei beruhen, ist im Süden wie auch anderswo mit einem Übergang zur Geldwirtschaft verbunden. Bezeichnenderweise werden dort, wo der Kontakt Etruriens mit der Außenwelt entscheidend ist, Münzserien geprägt, die in enger Verbindung mit dem römischen System stehen. Die »wirtschaftlichen Tore nach Etrurien«, also Tarquinii zum Meer hin, Volaterrae in Richtung auf die noch in keltischer Hand befindliche Poebene hin und Todi an der Grenze Volsiniis zu Umbrien, entwickeln umfangreiche Münzsysteme. In diesen Zusammenhang sind vielleicht weniger klar zu interpretierende Serien einzuordnen wie jene mit der Aufschrift *Thezle* (Vulci?) und dem Münzbild des Rades, die alle wie die vorangehenden Serien auf semilibraler oder etwas höherer Basis aufbauen. Die Chronologie all dieser Serien ist unsicher, aber sie gehören jedenfalls in das 3. Jahrhundert v. Chr. Wichtiger ist der klare Zusammenhang zwischen dem etruskischen und dem römischen Münzfluß, denn er ist ein Zeichen für eine feste Einbindung der etruskischen Währung in das von Rom kontrollierte System.

Der Punische Krieg markiert den Höhepunkt der Zerrüttung der italischen Halbinsel. Die Städte des Südens, wenn auch von den kriegerischen Ereignissen nicht so direkt berührt, sind doch in den allgemeinen Niedergang breiter Schichten der italischen Völker einbezogen. Vor allem scheint der Zerfall der ›Mittelklasse‹ in den Städten und auf dem Lande von Bedeutung, der an dem sprunghaften Rückgang der handwerklichen Tätigkeit und an deren schlechter Qualität abzulesen ist, sowie an der raschen Abnahme der Gräber und Grabausstattungen dieser Schicht und an der Entvölkerung der ländlichen Gebiete. In dem ausge-

Abbildung 122: Kopf einer in Volaterrae hergestellten Urne aus Siena. Wenn es sich um Produkte in besonderem Auftrag handelte, wie es bei den Sarkophagen aus Tuscania der Fall ist, die unter römischem Einfluß entstanden, dann sind die Verstorbenen auf den Dekkeln der Urnen aus Volaterrae mit individuellen Zügen ausgestattet und darin von der hohen Porträtkunst der späthellenistischen Zeit inspiriert (Siena, Museo Archeologico).

dehnten, früher von Tarquinii abhängigen Territorium werden alle kleineren Siedlungen verlassen, und das Land kehrt am Ende weitgehend in den Besitz der alten Oligarchie von Tarquinii zurück. In diesem früheren Herrschaftsgebiet Tarquiniis ragen nur sehr wenige unabhängige Zentren wie Blera, Ferentum und Tuscana hervor, wo es den Aristokratien gelingt, eine festere Kontrolle über das Land auszuüben und eine lokale Kultur zu entwickeln, die nach über 200 Jahren der Abhängigkeit von Tarquinii eine gewisse Selbständigkeit zeigt. In diesem Rahmen entstehen vermutlich auch die drei Foren des südlichen Etrurien und neue Straßen.

Aber noch wichtiger ist die Besiedlung der ehemals Vulci, Tarquinii und Caere zugehörenden Territorien mit Kolonien und Präfekturen. Im ehemaligen Gebiet Vulcis werden die Kolonien Saturnia (183 v. Chr.) und Heba (ungefähr 150 v. Chr.) sowie (zu einem unbekannten Zeitpunkt, aber sicher noch im 2. Jahrhundert v. Chr.) die Präfektur Statonia gegründet; das früher riesige Territorium von Vulci ist auf weniger als ein Zehntel seines Umfangs vermindert. Im beschlagnahmten Gebiet Tarquiniis entsteht neben Forum Cassii im Binnenland die Kolonie Graviscae (181 v. Chr.) an der Küste, auf dem Boden des für die Stadt nun nicht mehr notwendigen früheren Hafens. Der Küstenstreifen von Caere, der schon im 3. Jahrhundert v. Chr. von vier Kolonien besetzt war, wird nun zu einer Villenkolonie. Schon im Jahre 124 v. Chr. besaß M. Aemilius Porcina dort eine Villa, die wegen ihrer Pracht Gegenstand einer öffentlichen Anklage durch den Zensor L. Cassius war. Ebenfalls im Küstengebiet, aber weiter im Norden, haben die von M. Martelli Cristofani geleiteten Ausgrabungen in Populonia deutliche Anzeichen für eine Umstellung der Metallerzverarbeitung auf Sklavenarbeit ab dem 3. Jahrhundert v. Chr. zutage gebracht. Auch im nördlichen Etrurien bringt die Phase nach der kriegerischen Auseinandersetzung beachtliche Mißverhältnisse an den Tag. Im Jahre 196 v. Chr. verheert ein großer Sklavenaufstand Etrurien, bis der Praetor Acilius Glabrio an der Spitze einer Legion der Aufständischen Herr werden kann (Liv. XXXIII, 36, 1–3). Wenig später, im Jahre 186 v. Chr., geht von Etrurien eine starke Widerstandsbewegung aus, die sich hinter der Maske besonderer klassenübergreifender dionysischer Geheimkulte verbirgt, bis nach Rom ausbreitet und sich mit dem Widerstand der Hirtenvölker in Apulien verbinden. Die französischen Ausgrabungen in Bolsena haben zwei kleine Kultstätten eines geheimen dionysischen Hauskults freigelegt,

Abbildung 123: Detail einer Urne aus Perusia mit mythischen Darstellungen. Die in Perusia hergestellten Urnen richten sich nach dem Vorbild von Volaterrae, doch sie sind aus dem schwieriger zu bearbeitenden Travertin gefertigt und von Handwerkern hergestellt, die im allgemeinen weniger kunstvoll arbeiteten. Ende des 2. Jahrhunderts v. Chr. (Perugia, Museo Archeologico).

die zu Beginn des 2. Jahrhunderts aufgrund des Verbots der Bacchanalien zerstört worden waren. Dieser Gärungsprozeß muß wohl die Oligarchien des Nordens dazu veranlaßt haben, die in fast dem gesamten Territorium erhalten gebliebenen archaischen Strukturen der *servitus* wenigstens teilweise zu verändern. Die ausgedehnten, von Volaterrae, Perusia und Clusium kontrollierten Gebiete werden nun durch kleine Siedlungen bevölkert, die zum Teil richtige Städte ältesten Ursprungs sind (wie Saena [Siena] im Territorium von Volaterrae) oder kleine Höfe einzelner Familien, die sich über das gesamte bebaubare Land verteilen. Vor allem in den ausgedehnten Gebieten von Clusium und Perusia (mit den angrenzenden Städten der umbrischen Ebene, also Assisi, Spello, Foligno und Bettona, die wirtschaftlich von Perusia abhängen) hat dieses Phänomen, das vom Auftauchen gentiler Gräber und dekorierter, wenig kostbarer Urnen begleitet ist und den Aufstieg einer agrarischen ›Mittelschicht‹ bedeutet, auch eine politische und juristische Seite: Die überwiegende Mehrheit dieser wohlhabenden Bauern trägt Gentilnamen, die die Abstammung von Sklaven verraten, denn sie sind von in dieser Zeit üblichen Vor- oder Individualnamen abgeleitet wie z.B. Cae – Caius oder Tiphile – Diphilos. Die Oligarchien dieser beiden Städte haben anscheinend der Klasse der *servi* oder einem Teil von ihr die ersehnten politischen Rechte gewährt und ihr zugleich einen Anteil – wohl kaum die Gesamtheit – des Bodenertrags zugesprochen, so daß die *servi* unter anderem in der Lage waren, sich angemessene Grabbauten zu errichten und die Gräber mit einer gewissen Zahl von Beigaben auszustatten. Doch während diese Klasse, wie H. Rix herausgearbeitet hat, sich in Clusium nicht mit der Führungsschicht vermischt, vollzieht sich ihre Integration in Perusia sehr rasch; in Volaterrae und Cortona hingegen scheint der Prozeß der Befreiung der *servi-penestai* noch nicht einmal eingesetzt zu haben. In Arretium könnte das Modell der sozialen Eingliederung wiederum anders aussehen, sofern der großartige Theater- und Tempelkomplex in S. Cornelio, nahe bei der Stadt, tatsächlich dem Jupiter Libertas entsprechenden etruskischen Gott Tin Lut zuzuweisen ist. Die im nördlichen Etrurien ergriffenen Vorkehrungen erwiesen sich als geeignet, die zwischen 196 v. Chr. aufgetretenen sozialen Spannungen auszugleichen und dem Land ein ›modernes‹ Gesicht zu geben. Das Vermögen der *principes* hat, nach dem fortgesetzten Reichtum ihrer Grabstätten zu urteilen, offenbar keine besonderen Einbußen erlitten. Aber dazu haben mit Sicherheit auch die verbesserten Techniken der landwirtschaftlichen Nutzung beigetragen und vor allem die Verteilung dessen, was die großen Raubzüge des römischen Imperialismus erbrachten, wenn man den ›wirtschaftlichen Aufschwung‹ betrachtet, den man in ganz Italien und auch in einem guten Teil Etruriens von der Mitte des 2. Jahrhunderts v. Chr. an beobachten kann.

3. Wirtschaftliche und politische Integration

Um die Mitte des 2. Jahrhunderts v. Chr. nimmt Etrurien im Gesamtbild der italischen Halbinsel eine Ausnahmestellung ein. Ohne die totale Zerstörung erlitten zu haben, wie die Völker Lukaniens, Bruttiums und Apuliens, aber auch ohne sich an den fieberhaften Bereichungsaktionen zu beteiligen, durch die sich die *socii Latini* und die unabhängigen Städte Kampaniens wie Pompeji oder Teano auszeichneten, erfreuen sich die Etrusker in den wenigen noch bestehenden Zentren des Südens, auf dem Lande und in den Städten im Norden doch eines annehmbaren Wohlstands. Es ist allerdings ein eher provinzieller Wohlstand: Im Vergleich mit der latinischen Kolonie Cosa und ihren imposanten, Rom nachahmenden öffentlichen Bauten stehen die Etrusker kläglich da. Das hindert nicht, daß z.B. Volaterrae im kleinasiatischen Griechenland ausgebildete Künstler für die Produktion seiner Alabaster-Urnen nach Etrurien ruft (Abb. 121) oder daß fast jede Stadt sich ein modernes und anziehendes Aussehen zu geben sucht, z.B. mittels der figürlichen Dekorationen der Tempelgiebel und -dächer (Abb. 127). Doch zur unternehmenden Schicht italischer Kaufleute im Freihafen von Delos, die sich der Ausplünderung Kleinasiens verschrieben hat, zählen keine Etrusker. Der Großteil des etruskischen Reichtums stammt vom Boden und einer gut geführten Landwirtschaft her; aber einiges deutet auch auf eine wirtschaftliche Anpassung an die weiter entwickelten Zonen Italiens hin, so etwa die Existenz von Sklaven mit orientalischen und makedonischen Namen. Doch widersprechen diesen schwachen Indizien die teilweise Erhaltung der *servitus* und die Tatsache, daß Etrurien, abgesehen von der latinischen Kolonie Cosa, an dem äußerst intensiven Weinexport im gesamten Mittelmeerraum nicht beteiligt ist.

Die wirtschaftliche Eingliederung findet jedenfalls nur teilweise statt. Wenn Tiberius Gracchus auf dem Rückweg aus Spanien die Felder Etru-

riens »von Sklaven und Babaren« bevölkert sieht (Plut. *Tib. Gr.* 8, 9) und das zum Anlaß für seine Reformvorschläge nimmt, muß man dazu anmerken, daß die von ihm durchquerte Gegend das Küstengebiet war, wo sich gerade in diesen Jahren zwischen Populonia und Caere große, mit Sklaven bewirtschaftete Produktionseinheiten bildeten, Vorläufer der Entwicklung zur Landschaft der Maremmen. Es ist viel darüber gestritten worden, ob die Kolonisation unter den Gracchen auch etruskische Städte berührt habe. Die Texte (Lib. Col. 215, 3 L und 219, 1 L) verzeichnen Kolonien der Gracchen in Arretium und Tarquinii, und im letzteren Fall kann die in beeindruckendem Ausmaß belegte Überzahl lateinischer Gentilnamen zwischen dem 1. Jahrhundert v. Chr. und dem 1. Jahrhundert n. Chr. die Aussage der Quellen stützen. Der ›Wiederaufstieg‹ Tarquiniis manifestiert sich im plötzlichen Auftauchen einer neuen Gruppe bemalter Grabbauten und von Sarkophagen; unter den etwa zehn Familien befinden sich auch solche nicht lokalen Ursprungs (z.B. die Pumpu, denen die Tomba del Tifone gehört; Abb. 124). Doch auch diese Entwicklung muß mit Zustimmung der herrschenden Schichten erfolgt sein, innerhalb derer vier oder fünf Familien eine beeindruckende Kontinuität bis weit in die römische Zeit hinein zeigen. Es scheint mir wichtig, daran zu erinnern, daß viele der aufsteigenden Familien dieser Epoche dazu bestimmt waren, noch vor dem Bundesgenossenkrieg das römische Bürgerrecht und den Ritterstand zu erreichen, wie sowohl die Tomba Bruschi der Familie der Apuna zeigt, wo das in den Fresken dargestellte Gefolge von einem Mann zu Pferde angeführt wird, als auch die Biographien der *summi haruspices* aus vorsullanischer Zeit, die alle römische Bürger und Ritter sind.

Diese provinzielle und getrennte Ausrichtung von etruskischer Wirtschaft und Sozialstruktur erklärt den einzigartigen ›Marsch auf Rom‹ von Umbrern und Etruskern: Sie protestierten damit gegen die im Jahre 91 v. Chr. von Livius Drusus eingebrachten Vorschläge zur Verleihung des Bürgerrechts (was die lokale Macht der Adligen gefährdete) und einer Agrarreform (was deren Rechte auf dem von ihnen besetzten römischen Staatsgebiet [*ager publicus*] bedrohte). Und so erklärt sich auch die Gleichgültigkeit der Etrusker gegenüber dem Aufstand der

*

Abbildung 124: Detail der Tomba del Tifone in Tarquinii. Das Grab, das zu den wenigen ausgemalten Gräbern des 2. Jahrhunderts v. Chr. zählt, ist ein interessantes Beispiel für das asianische Pathos in der Malerei. Ungefähr Mitte des 2. Jahrhunderts v. Chr.

italischen Völker, an dem sie sich trotz der Aufforderung durch die Rebellen nicht beteiligten. Das Bündnis zwischen den etruskischen Oligarchien und der römischen Führungselite blieb weiterhin bestehen. Eine Änderung ergibt sich nach dem Bundesgenossenkrieg in den Auseinandersetzungen zwischen den Parteien des Marius und des Sulla, als vor allem die Etrusker des Nordens die Seite der Marianer wählten. Die Gründe für diese Entscheidung sind vielschichtig, aber an erster Stelle stehen zwischen den Marianern und den Etruskern der nördlichen Städte geknüpfte Klientelbindungen. Von den neun etruskischen Familien, die vor dem Bundesgenossenkrieg das Bürgerrecht erhalten haben und deren Angehörige die senatorische Laufbahn durchlaufen haben, stammen fünf aus dem Norden (die Carrinates aus Volaterrae; die Saenii aus Saena; die Perpernae, Vibii und Volcacii aus Perusia) und vier aus dem Süden (die Numisii aus Tarquinii; die Aburii, Tarquitii und Campatii aus Caere), aber nur die aus dem Norden erreichen im 1. Jahrhundert v. Chr. konsularischen Rang – die Perpernae sogar schon 130 v. Chr. –, während die Familien aus dem Süden lediglich in untergeordnete Ämter und häufig nicht einmal bis zur Praetur gelangen. Der größere Reichtum des Nordens hat dabei sicher eine Rolle gespielt. Doch ist auch eine gewisse ›Zurückhaltung‹ der südlichen Aristokratien nicht auszuschließen, die daran abzulesen ist, daß z.B. Caere zwar ganze drei seiner *gentes* im 2. Jahrhundert in den römischen Senat entsendet, daß aber die angesehensten Familien wie die Maclae, die Matunas und die Ursus weiter in der Stadt residieren. Man muß sich fragen, ob es für diese ›Zurückhaltung‹ des Südens nicht etwa politische und wirtschaftliche Gründe gibt: Ein großer Teil der aus dem späten 2. und aus dem 1. Jahrhundert v. Chr. bekannten Haruspizes stammt aus dem Süden; sie konnten Entscheidungen des römischen Staats beeinflussen und sich dabei doch aus dem gefährlichen Klima des Parteienkonflikts dieser Jahre heraushalten. Daneben deutet jedoch auch einiges auf eine gewisse Schwäche des Südens für die Spekulation hin, die allein dem Ritterstand möglich war; ein Beispiel ist der Fall des Fulcinius, eines Bankiers in den ersten Jahrzehnten des 1. Jahrhunderts v. Chr. und Abkömmlings der vornehmen Familie der Hulchnie aus Tarquinii, der allerdings einen großen Teil seiner Gewinne aus dem Bankgeschäft in den Kauf weiterer Ländereien investiert (Cic. *Caecin.* 10).

Doch neben diesen Klientelverbindungen mit Marius kann bei den tragischen Ereignissen der Jahre um 80 v. Chr. auch die Möglichkeit ei-

Abbildung 125: Votivstatuette eines Gottes (Dionysos-Fufluns?). Wie das Stück der folgenden Abbildung ist dies ein charakteristisches Beispiel des spätetruskischen Bronzehandwerks, das für den anspruchsvollen Gebrauch bestimmt war. 3. Jahrhundert v. Chr. (Paris, Bibliothèque Nationale).

ner internen gentilen Solidarität unter den Etruskern nicht ausgeschlossen werden. Unter den wichtigsten Anführern der Marianer befindet sich nämlich ein Mann aus Volaterrae namens C. Carrinates und einer aus Perusia namens M. Perperna. Der Vater des letzteren, Zensor im Jahre 86 v. Chr., gehört wahrscheinlich zu denen, die unmittelbar nach der Gewährung des Bürgerrechts die Eingliederung der Etrusker in die römischen Landtribus veranlaßt haben, was eine besondere Begünstigung bedeutete und auch die frühere territoriale Ausdehnung und damit die landwirtschaftliche Bedeutung der alten *poleis* berücksichtigte (z.B. wurden Tarquinii, aber auch Graviscae, Tuscana und Ferentum der Tribus Stellatina zugeteilt; die Tribus Sabatina von Vulci war dieselbe wie die von Heba, Saturnia und Bisentium).

Doch auch das Unbehagen italischer Produzenten, die nicht unmittelbar in den Prozeß kolonialer Ausbeutung eingegliedert und von der Konkurrenz der mit Sklavenarbeit betriebenen Produktion bedroht waren, könnte bei der Entscheidung für eine pro-marianische Haltung der Etrusker eine Rolle gespielt haben. Es ist kein Zufall, wenn Marius bei seiner Landung in Telamone im Jahre 87 v. Chr. ganze 6000 Etrusker rekrutieren konnte, die zum großen Teil kleine Landbesitzer gewesen sein sollen (App. *B.C.*, 306; Plut. *Mar.* 41).

All diese Elemente tragen am Ende dazu bei, Etrurien in das fatale Spiel der inneren Auseinandersetzungen zwischen Marius und Sulla hineinzuziehen, und der Krieg, der zwischen 83 und 82 v. Chr. im ganzen nördlichen Etrurien, in Clusium, Saturnia, Volaterrae, Populonia und Telamone mit Belagerungen und Verheerungen geführt wird, zeitigt blutige Folgen. Die Rache Sullas, Konfiskationen, Hinrichtungen und Entzug des Bürgerrechts, geht mit einer Reihe von Koloniegründungen einher, durch die viele seiner 120 000 Veteranen eine Heimat in den verwüsteten etruskischen Landen finden, in Faesulae, Arretium, Volaterrae, Clusium, wo sie die früheren Verhältnisse und das Gesicht der Städte verändern. Teile des Landbesitzes der Aristokratien – und wenige Städte wie Perusia – können vor der Plünderung gerettet werden, denn einige der angesehensten Familien wie die Caecina in Volaterrae oder die Cilnii in Arretium waren weder in das Gemetzel noch in die Konfiskationen einbezogen. Doch die Leere in den Senatorenlisten einer Stadt wie Clusium ist mit Sicherheit auf die gewaltsamen Akte des Sulla zurückzuführen.

Abbildung 126: Votivstatuette des doppelköpfigen Gottes Culsans aus Cortina. 3. Jahrhundert v. Chr. (Cortona, Museum).

Abbildung 127: Terrakottakopf aus Arretium, Teil einer Giebeldekoration. Dies ist eines der schönsten und bedeutsamsten Beispiele für hellenistisches Pathos im etruskischen Bereich, das von aretinischen Koroplastikern aufgenommen wurde, die offensichtlich dem Bronzehandwerk nahestanden. Drittes Viertel des 2. Jahrhunderts v. Chr. (Arezzo, Museum).

4. Restauration und Nostalgie

Der von Sulla gesetzte wirtschaftliche, soziale und politische Rahmen Etruriens sollte bis zum Abschluß der Bürgerkriege Ursache ständigen Aufruhrs sein. Bereits 78 v. Chr. befindet sich »ganz Etrurien« (Sall. *Hist.* I, 67; 69) mit dem früheren Marianer Perperna in einer glücklosen Revolte an der Seite des Lepidus; viele etruskische Flüchtlinge haben inzwischen Zuflucht bei Sertorius gefunden (der dem Anschlag eines Tarquitius aus Caere zum Opfer fallen wird), während andere unter der Führung eines vielleicht aus Clusium stammenden M. Unata Zutas im Tal des Wadi Milian in Tunesien eine Kolonie mit Namen Dardanium (›Troja‹?) gründen, wie in einem ungelenken Etruskisch geschriebene Grenzsteine belegen, die vermutlich auf Wunsch gewissenhafter Haruspizes aufgestellt wurden. Wenige Jahre später verschanzt sich Catilina im äußersten Norden Etruriens; ebenfalls im Jahre 61 v. Chr. zwingt der Praetor Octavius die *possessores Sullani* zur Rückgabe der mit Gewalt in ihren Besitz gelangten Ländereien (Cic. *ad Q.fr.* I, 1, 21). Der Bürgerkrieg zwischen Caesar und Pompeius läßt ganz Italien und also auch Etrurien unversehrt, doch der Waffengang zwischen Octavian und Antonius findet einen seiner Höhepunkte in Perusia. Die Belagerung und Eroberung dieser Stadt gehören zu den blutigsten Episoden des ganzen Krieges. Octavian wird ganz im Stile des etruskischen Aristokraten alter Schule die Anführer der Rebellion auf dem Caesar geweihten Altare opfern und wird in der auf nur drei Meilen im Umkreis um die Mauern reduzierten Stadt eine Kolonie seiner Veteranen errichten. Die politische Geographie Etruriens wird bleibend verändert: Die größeren etruskischen Städte wie Arretium, Volaterrae, Perusia, Pisae, Rusellae oder Saena und viele von den kleineren wie Lucus Feroniae, Castrum Novum, Graviscae, Lucca oder Sutrium sind Kolonien, in denen wir Veteranen der Bürgerkriege Seite an Seite mit denjenigen finden, die von der sullanischen Kolonisation übriggeblieben waren.

Die von den restlichen etruskischen Aristokraten in diesen Jahren verfolgte politische Linie ist im großen und ganzen klar, auch wenn sie natürlich nicht einheitlich ist. Die konservative Einstellung der Oligarchie in diesem Klima der Pein und Unsicherheit wird aus den wenigen Fragmenten der apokalyptischen *disciplina* der Haruspizes aus dieser Epoche sehr deutlich: Die ›Endzeit‹ Etruriens wird für entscheidende Jahre wie 88 oder 44 v. Chr. angekündigt; jede negative Voraussage schließt

Abbildung 128: Der ›Arringatore‹. Diese Großbronze, die im 16. Jahrhundert in einem vermutlichen Heiligtum auf dem Lande bei Cortona entdeckt wurde, stellt einen *princeps* von Cortona, den Avle Metelis, im Gestus eines Mannes dar, der zum Schweigen auffordert, um das Wort an die Menge zu richten. Das Werk ist stark von römischen Vorbildern beeinflußt, sei es in Hinsicht auf den Gestus wie in bezug auf die physiognomischen Einzelheiten des Porträts. Ende des 2. – Beginn des 1. Jahrhunderts v. Chr. (Florenz, Museo Archeologico).

mit Ermahnungen, man solle die etablierte Ordnung nicht stören und den republikanischen Staat nicht aufgeben. Die wenigen zweifelsfrei etruskischen Persönlichkeiten, die aus dieser Epoche bekannt sind, zeigen konservative Positionen wie Caecina aus Volaterrae, leidenschaftlicher Anhänger des Pompeius, oder der vielleicht aus Clusium stammende Tanusius Geminus, Verfasser einer Schrift, in der Caesar der Beteiligung an der ›monarchischen‹ Verschwörung der Jahre 66–65 v. Chr. beschuldigt wird, oder Silicius Corona aus Tuscana, der einzige Geschworene, der für den Freispruch der Caesarmörder votierte. Einziger Etrusker an der Seite Caesars ist Cesennio Lentone aus Tarquinii, und ebenfalls aus Tarquinii stammt der Haruspex des Diktators und Erbe der großen *principes* des 5. und 4. Jahrhunderts v. Chr., Spurinna.

Der ›augusteische Frieden‹ hingegen ist der große Augenblick für die verbleibenden Träger der etruskischen Oligarchie. In der Zeit zwischen Augustus und Nero wird diese Handvoll von Familien in den Senat aufgenommen und nach und nach mit dem Konsulat belohnt. Aus Volaterrae, Perusia, Tuscana, Ferentium und Tarquinii kommen nur Senatoren etruskischer Herkunft. Von sehr vielen Familien kennen wir die Gräber ihrer Ahnen, die bisweilen in das 4. oder bis in das 3. und 2. Jahrhundert zurückreichen. In anderen Städten wie Arretium und Volsinii finden wir in fast gleicher Zahl Senatoren etruskischer oder latinischer Herkunft; letztere sind Nachfahren sullanischer oder augusteischer Siedler, oder sie stammen, wie es in Volsinii vorkommt, aus umbro-sabinischen Randzonen. Aus anderen Städten schließlich wie Rusellae und Clusium kommen nur Senatoren, die von latinischen Siedlern abstammen, was von der Entvölkerung durch die tragischen Ereignisse des 1. Jahrhunderts v. Chr. zeugt. Doch gerade in jenen Jahren hatte sich eine ideale wirtschaftliche und soziale Mischung herausgebildet: Die Keramikwerkstätten von Arretium, die das gesamte Reich mit feinem Tischgeschirr beliefern (Abb. 129), sind auf der Basis von Sklavenarbeit organisiert, und die *Tusca ergastula* (die etruskischen Arbeitshäuser) werden zum Synonym für die ›Effizienz‹ dieser Produktionsweise, für die die Villa der Volcisii bei Lucus Feroniae ein außerordentlicher archäologischer Beleg ist.

Die wirtschaftliche und soziale Situation wird durch eine ebenso effiziente Ideologie im Zeichen der augusteischen Restauration gestützt, innerhalb derer die lokalen italischen Traditionen und insbesondere die etruskischen eine bevorzugte Stellung einnehmen. Augustus läßt ein neues Kultbild der Stadt Veii gießen und begründet den alten etruskischen Bund im Fanum Voltumnae von neuem, einschließlich der Abhaltung von Spielen und Festen und der Ernennung von *praetores* und *aediles Etruriae*. Die Ehrenämter sollten die Laufbahn von angesehenen Männern aus dem Senatoren- und dem Ritterstand zieren, gleich ob etruskischer oder latinischer Herkunft: *praetor Etruriae* ist ein Metellius aus Cortona (CIL XI, 1905), Nachfahre des durch den ›Arringatore‹ dargestellten Mannes (Abb. 128), aber ebenso bekleidet der Latiner Sex. Valerius Proculus aus dem umbrischen Bettona dieses Amt (CIL XI, 7979). Etrurien in augusteischer und julisch-claudischer Zeit ist voller eigenartiger Denkmäler, die den vergangenen Ruhm feiern. In Tarquinii wird dem Tarchon, dem Urvater des etruskischen Volkes, eine Statue geweiht, und auf Veranlassung des T. Vestricius Spurinna, einem entfernten Nachfahren der ruhmreichen *praetores* des 5. und 4. Jahrhunderts v. Chr. und zweimaligem Konsul, werden Standbilder jener alten *praetores* mit dem Elogium ihrer Taten errichtet (Abb. 130), während die Caesennii ihrerseits eine Liste der *summi haruspices* anfertigen ließen; in Caere wird der ›Thron des Claudius‹ gestaltet, ein einzigartiges Monument mit Darstellungen von Heroen und Göttern, die die einzelnen Städte des alten Bundes symbolisieren; in einer nicht näher zu bestimmenden etruskischen Stadt wird die ›Sedia Corsini‹ geschaffen, eine kuriose Marmornachbildung eines archaischen Bronzethrones mit geschwungener Rückenlehne. Etrurien ergeht sich in der nostalgischen Rückbesinnung auf seinen alten nationalen Ruhm. Hier und dort gibt es polemische Herkunftsmanifestationen von seiten römischer Kolonien, in Arretium eine Nachbildung des Augustusforums mit der Darstellung der Ursprünge Roms, in Faesolae die Kopie der Kapitolinischen Wölfin. Doch alles wird von der Huldigung an das Kaiserhaus überlagert. All diese frommen Erinnerungen an die Vergangenheit werden neben Monumente gestellt, die die Dynastie rühmen. Ihr Gründer Augustus, das sollten wir nicht vergessen, vertraut die Erziehung der geliebten Adoptivsöhne Gaius und Lucius Caesar dem großen Gelehrten und Etruskologen Verrius Flaccus an. Die Dynastie selbst sollte sogar den letzten großen Etruskologen der Antike in der Person des Kaisers Claudius stellen. Die Nostalgie mit ihrer ausdrücklichen Aufforderung zur Bewahrung des Althergebrachten war dem julisch-claudischen Kaiserhaus nicht weniger genehm und nützlich als den noch vorhandenen *principes* Etruriens.

Abbildung 129: Arretinische Schale unbekannter Herkunft. Die Keramik aus Arretium, die bald in ganz Italien nachgeahmt wird, ist die charakteristische und beliebteste feine römische Keramik zwischen der Mitte des 1. Jahrhunderts v. Chr. und der Mitte des 1. Jahrhunderts n. Chr. (Rom, Museum der Villa Giulia).

Als 68–69 n. Chr. der Schleier der *arcana imperii*, der Geheimnisse der Macht, der nur noch von den Spitzen der Schwerter gehalten wurde, endgültig fällt, darf Etrurien für den Zeitraum weniger dramatischer Monate einen seiner Söhne auf den kaiserlichen Thron schicken. Salvius Otho stammt aus Ferentum, wo man das Grab seiner Ahnen, einer vermögenden Familie dieser wenig bekannten, von Tarquinii gegründeten Landgemeinde, gefunden hat. Es bleibt ein kurzer Triumph des stolzen Geschlechts der *principes Etruriae*. Zur Zeit der Flavier werden 15 aus Etrurien stammende aristokratische Familien vertreten sein, von denen lediglich fünf lokalen Ursprungs sind, und in der Regierungszeit Trajans

Abbildung 130: Elogium des Aulus Spurinna aus Tarquinii. Den Text hat ein später Nachkomme in der Zeit zwischen der Regierungszeit des Tiberius und des Trajan auf Stein aufzeichnen lassen (Tarquinia, Museum).

und Hadrians werden sie allmählich erlöschen. Veii wird wieder verlassen; Caere ist ein Dorf geworden, in dessen Rat nur neun Ratsherren sitzen, die alle von Freigelassenen abstammen; Tarquinii, Vulci und Rusellae sind Provinzstädte von immer bescheidenerer Bedeutung; Populonia und Vetulonia sind halb verlassen; nur hie und da tritt aus einer etruskischen Stadt noch eine Person oder Familie von Rang hervor, wie die Rufii Festi von Volsinii, die bis weit in das 5. Jahrhundert n. Chr. hinein überlebt haben, oder die Vibii Galli aus Perusia, die Rom in der Mitte des 3. Jahrhunderts n. Chr. mit Trebonianus Gallus noch einmal für kurze Zeit einen Kaiser stellen sollten. Aber die Erinnerung an die frühere Größe lebt hartnäckig fort: Die Spiele des Fanum Voltumnae werden noch im 4. Jahrhundert veranstaltet, und die *disciplina* der Haruspizes, die wir sogar noch am Vorabend der Plünderung Roms durch die Goten Alarichs tätig finden, wird noch im 6. Jahrhundert n. Chr. weitergegeben. Ein letzter Blick auf die bereits entstandene Landschaft der Maremmen wird uns mit den Versen des Rutilius Namazianus überliefert, der im Jahre 416 n. Chr. auf dem Rückweg in das heimatliche Gallien die tyrrhenische Küste entlangsegelt (der Weg zu Lande ist nach der Plünderung der Goten längst zu unsicher geworden). Unter den entvölkerten Städten, den befestigten Villen und aufgegebenen Dörfern dieser wahrhaft romantischen Ruinenlandschaft, erwähnt er die Villa der

Caecina in Vada Volaterrana, wo er die Nacht des 6. November verbringt (Verse 465–66), und in Faleria am Golf von Follonica erlebt er ein ländlich-heidnisches Fest – hier besteht bereits die Doppelbedeutung des Wortes *pagani* als ›Bewohner des Dorfes‹ und ›Heiden‹ –, das zu Ehren der Auferstehung des Osiris veranstaltet wird (Verse 371–98). In diesen beiden Schilderungen ist das Bild Etruriens an der Schwelle zum Mittelalter enthalten. Doch während auch die Villen der spätantiken Grundbesitzer von den Ereignissen des hohen Mittelalters ausgelöscht werden sollten, wird jene ländliche Kultur mit ihren Festen und ihrem Aberglauben, aber auch mit ihrem alten, bäuerlichen Wissen die dunkle Zeit des Mittelalters überstehen, um sich fast unversehrt in die Gegenwart hinüberzuretten.

Epilog

Der bisweilen klar erkennbare und bisweilen dünne rote Faden, der die Darstellung von mehr als 1000 Jahren etruskischer Geschichte durchzogen hat, ist der Entstehung, der Wandlung und dem Ende einer Aristokratie gefolgt, die von der Fruchtbarkeit des Landes und der Milde des Klimas, vom Reichtum der Bergwerke Etruriens, aber auch von der Gewalttätigkeit der Synoikismen, der Piraterie und der Unterdrückung etruskischer und barbarischer Bauern profitiert und ihr Schicksal vollendet hat. Aber es wäre falsch, wollte man meinen, die Geschichte Etruriens oder jede andere Geschichte sei identisch mit der Geschichte seiner herrschenden Klassen, die mit ihrer Kultur und ihrer Ideologie eben diesen Eindruck von sich haben hinterlassen wollen; ebensowenig sind die etruskischen Eliten sich immer gleichgeblieben, wie wir gesehen haben, sondern sie haben sich im Verlauf der Jahrhunderte in ihrer Zusammensetzung, den Formen der Machtausübung und ihrer Ideologie tiefgreifend verändert.

Was sich am deutlichsten abzeichnet, ist die Geschichte der Produktionsweisen. Aber viele Einzelheiten dieser Geschichte sind noch zu klären, und es bleibt der zukünftigen historischen, archäologischen und sprachwissenschaftlichen Forschung überlassen, Licht in die noch im Dunkel liegenden Bereiche zu bringen und vor allem die Geschichte der unteren Klassen zu untersuchen. Ohne sie bleibt die Geschichte Etruriens unvollständig und kann allein so rekonstruiert werden, wie es eben die *principes* gewollt haben. Als letzten Beweis für ihre Anmaßung haben sie, so scheint es, einen verhüllenden Schleier über die Geschichte gelegt, um zukünftige Historiker zu täuschen.

Der ungeheuren Arroganz der Aristokraten zum Trotz kann man einige dieser Schleier durchdringen und die wirtschaftliche Basis der hochentwickelten tyrrhenischen Aristokratien in Grundzügen erkennen. Die archaische Gesellschaft, die sich kurz nach der Entstehung des Privatbesitzes an Grund und Boden zwischen dem 10. und 9. Jahrhundert v. Chr. auf Kosten der Zerstörung der dörflichen Wirtschaft in ›Großetrurien‹ herausgebildet hatte, hat bereits im 8. Jahrhundert v. Chr. in der *servitus* breiter bäuerlicher Schichten das ideale wirtschaftliche Instrument und damit die idealen gesellschaftlichen Produktionsverhältnisse gefunden. Darin unterscheidet sich das Etrurien des 7. und 6. Jahrhunderts v. Chr. nicht von vielen anderen archaischen Gesellschaften des griechischen und italischen Bereichs, wo die unfreiwillige, aber nicht von Sklaven geleistete Arbeit das vorherrschende Element der Produktion darstellt: Was den etruskischen Bereich (den nördlichen, wohlverstanden) besonders interessant machte, war die Reproduktionsfähigkeit dieses Systems bis weit in die hellenistische Zeit, während es doch im übrigen zivilisierten Mittelmeerraum und auch im südlichen Etrurien schon lange und sicher vom 4. Jahrhundert v. Chr. an verschwunden war.

Wir haben gesehen, daß die städtische Struktur, die sich als historische Notwendigkeit entwickelt hatte, zwar im Konflikt mit der auf das Land ausgerichteten Produktionsweise stand, sie jedoch nicht beseitigte, sondern in die oligarchischen Formen überleitete, die für das Etrurien des 5. Jahrhunderts v. Chr. typisch sind. Doch in den weiter entwickelten Städten des Südens rief diese ›oligarchische Entartung‹ den Protest der städtischen Handwerker und Händler hervor, die vom Rückgang der Nachfrage betroffen waren, den Ideologie und Rezession auferlegten: Gleichzeitig regte sich der Widerstand der enteigneten Kleinbauern und vor allem der *servi*, die in der Ideologie und den Asylmöglichkeiten der archaischen *emporia* Schutz fanden. Die folgenden sozialen Auseinandersetzungen führten im Süden zu einem wirtschaftlichen Wandel, der aus dem glänzenden Wiederaufstieg der alten *polis* im 4. Jahrhundert v. Chr. erkennbar wird, während der Norden der oligarchischen Struktur und den von den halbfreien Arbeitskräften der *servitus* geprägten Produktionsverhältnissen verhaftet bleibt. Der im südlichen Etrurien und auch in Rom geschehene wirtschaftliche Wandel ging von dem Bündnis zwischen Patriziern und Plebejern aus und davon, daß die Nachfrage der unteren Klassen nach Land befriedigt wurde – hauptsächlich zum Nachteil der kleineren Siedlungen in den von den Städten eroberten Gebieten. Diese gemäßigt ›demokratischen‹ Formen tragen, wie M.I. Finley herausgestellt hat, den Keim der Entwicklung zur klassischen Sklaverei in sich, die wir in Rom von der Mitte des 4. Jahrhunderts v. Chr. an, gleichzeitig mit dem Ausgleich zwischen Patriziern und Plebejern, voll ausgebildet finden. Das ist kein Zufall, denn diese Wirtschaftsform sollte das Problem des steigenden Bedarfs der Aristokratie an Arbeitskräften auf Dauer lösen.

Das Vordringen Roms nach Etrurien mit der Eroberung Veiis zu Beginn des 4. Jahrhunderts v. Chr. ist der Höhepunkt dieser neuen Entwicklung. Rom gibt sich als das ›neue Veii‹ und wird von den anderen etruskischen *poleis* als solches anerkannt. Das Bündnis mit Caere provoziert die Auseinandersetzung mit der führenden Stadt Tarquinii. Die Bedeutung dieses Krieges ist enorm – in der römischen politischen Sprachregelung bleibt dies der *tumultus Etruscus* schlechthin –, und das Ergebnis besiegelt die Präsenz Roms auf dem rechten, dem ›etruskischen‹ Tiberufer. Rom wird dort eine Politik einleiten, die in ihren Grundlinien, wenn auch in einer veränderten wirtschaftlichen und sozialen Situation, der jahrhundertelang von Veii vorgezeichneten Richtung folgen wird, nämlich Ausbreitung nach Kampanien auf der einen Seite und zum Tibertal hin auf der anderen. Die veränderten Produktionsverhältnisse bergen indes die hegemonialen Bestrebungen Roms in sich. Zwischen 295 und 280 v. Chr. unterwirft es ganz Etrurien und schließt ein unerschütterliches Bündnis mit den oligarchischen Schichten Etruriens, das gut 200 Jahre überdauern sollte.

Im Norden und im Binnenland bleiben die Territorien bis in die sullanische Zeit unangetastet, aber die wirtschaftlichen Strukturen leiden unter den zersetzenden Auswirkungen der Kriege, wie der Untergang von Volsinii und Falerii zeigt. Die Rückschläge des Punischen Krieges veranlassen die *principes* des Nordens dazu, eine vorsichtige Politik zur Eingliederung der *penestai* einzuleiten. Im Süden hingegen führen die Kriege gegen Rom und die Beschlagnahme der Hälfte des Landes zum Ruin des Kleinbauerntums, während die wirtschaftliche Macht eines guten Teils der *principes* bestehen bleibt: Der römischen Politik ist es zu verdanken, daß die Oligarchien des Südens einen Wiederaufstieg erleben. Doch der wirtschaftliche Druck der stark entwickelten, von Sklavenarbeit beherrschten Produktionsweise, wie sie in Latium und Kampanien vorherrscht, und das Engagement etruskischer Städte in den Bürgerkriegen zerstörten auch im Norden die Reste der archaischen Verhältnisse. Die sullanische Kolonisation markiert den Triumph der politischen und wirtschaftlichen Gleichschaltung Etruriens mit dem übrigen römischen Italien.

Durch die weitere Entwicklung dürfen wir uns nicht täuschen lassen. Die etruskische ›Nostalgie‹ ist das Produkt einer allgemeinen, nach rückwärts gewandten Ideologie und ist fest in der Hauptstadt selbst verankert, wie die Figur des Varro zeigt. Wir wissen davon nur deshalb, weil sie der gesamten Führungsschicht Roms und Etruriens dazu dient, jener im Laufe des 1. Jahrhunderts v. Chr. mühsam erreichten wirtschaftlichen und sozialen Gleichschaltung ein ideologisches Fundament zu geben. Die Etruskologie Varros, Verrius Flaccus' und auch Vergils ist, über die Lehre der *terra Etruriae* und der *terra Italiae*, ein notwendiger Schritt zur *tota-Italia*-Ideologie des Augustus. Daß einst »fast ganz Italien von den Etruskern beherrscht wurde«, wie Livius schreibt, ist nur eine Vorausdeutung auf die Herrschaft Roms. Und, wohlgemerkt, auf die von der Sklaverei bestimmten Produktionsverhältnisse.

Zeittafel

13. Jh.	Legendäre Wanderung der Lyder unter Führung des Tyrrhenos nach Italien
um 1200	Beginn der Indogermanischen Wanderung (Urnenfelderwanderung)
12.–11. Jh.	Ausgehende Bronzezeit: Protovillanovakultur
10.–6. Jh.	Eisenzeit: Villanovakultur
1. Hälfte 8. Jh.	Einwanderung der »Tyrrhener« aus Kleinasien
um 800	Gründung von Karthago
8. Jh.	Etruskische Seefahrten; Aufbau einer Thalassokratie im Bereich des Tyrrhenischen Meeres
seit etwa 750	Griechische Kolonisation in Unteritalien und Sizilien
8.–7. Jh.	Konsolidierung der etruskischen Gesellschaftsstruktur
um 700	Übernahme des westgriechischen Alphabets in Etrurien
7. Jh.	Orientalisierende Kultur; früheste etruskische Inschriften
seit 7. Jh.	Etruskische Präsenz in Latium und Kampanien
seit Ende 7. Jh.	Formation Roms durch etruskische Herrscher
Anfang 6. Jh.	Aufstieg Karthagos zur Vormacht der phönikischen Niederlassungen im westlichen Mittelmeer
6. Jh.	Höhepunkt der etruskischen Machtentfaltung
um 565	Gründung von Alalia auf Korsika durch aus Kleinasien geflohene Phokäer
seit 540	Koalition zwischen Etruskern und Karthagern; Seeschlacht von Alalia; die Phokäer verlassen Korsika
2. Hälfte 6. Jh.	Eroberung Kampaniens durch die Etrusker
Ende 6. Jh.	Etruskisierung der Poebene; Gründung etruskischer Städte nördlich des Apennin
525	Krieg und Niederlage der Etrusker gegen Cumae
510	Zerstörung von Sybaris durch Kroton
2. Hälfte 6. Jh.	Übergang von der monarchischen zur oligarchischen Staatsform in den etruskischen Poleis.
509	Traditionelles Datum für die Vertreibung der Tarquinier und Beginn der römischen Republik; Abschluß des ersten römisch-karthagischen Vertrages; Lars Porsenna aus Clusium erobert Rom

um 504	Niederlage des Arruns Porsenna gegen Latiner und Cumae in Caere
um 490	Karthagerfreundliche Tyrannis von Thefarie Velianas
480	Niederlage der Karthager bei Himera auf Sizilien
474	Sieg der Griechen in der Seeschlacht vor Cumae; danach: allmählicher Niedergang der etruskischen Thalassokratie
kurz nach 474	Die Etrusker verlieren Rom als letzten Stützpunkt in Latium
seit etwa 470	Krise in Etrurien
um 455	Rom greift erstmals auf das rechte Tiberufer aus
453 – 452	Beutezüge syrakusanischer Geschwader an den Küsten Etruriens
423	Eroberung Capuas durch die Samniten; Ende der etruskischen Vorherrschaft in Kampanien
415 – 413	Etruskische Kontingente unterstützen Athen bei der erfolglosen Belagerung von Syrakus
Ende 5. Jh.	Vordringen der Gallier in die Poebene; Zurückdrängung des etruskischen Einflusses
396	Eroberung und Zerstörung von Veii durch Rom
um 390	Gallischer Einfall in Mittelitalien; Eroberung Roms durch die Gallier
384	Beutezug der syrakusanischen Flotte im Gebiet von Caere; Plünderung von Pyrgi
um 380	Syrakus unter Dionysios I. Vormacht in der Adria
358 – 351	Kämpfe südetruskischer Städte, darunter Tarquinii und Caere, gegen Rom
311 – 307	Krieg zwischen Rom und etruskischen Städten; die Römer dringen bis nach Mitteletrurien vor
302 – 300	Rom greift in Arretium zugunsten der »Patrizier«-Familie der Cilnii ein
296	Koalition von Etruskern, Samniten, Umbrern und Galliern gegen Rom
295	Schlacht von Sentinum; Sieg der Römer über die gegnerische Koalition
294	Friede zwischen Rom und den führenden Städten Nordetruriens
284/83	Koalition zwischen Galliern und einem Teil der Etrusker gegen Rom; Niederlage der Verbündeten am Vadimonischen See
265/64	Eingreifen Roms in den Aufstand in Volsinii; Eroberung der Stadt
264 – 241	1. Punischer Krieg
218 – 201	2. Punischer Krieg
205	Etruskische Städte liefern Ausrüstung und Nahrungsmittel für die Afrika-Flotte Scipios
196	Großer Sklavenaufstand in Etrurien
186	*Senatusconsultum de Bachanalibus*
135	Reise des Ti. Gracchus durch Etrurien
91	Ausbruch des Bundesgenossenkrieges

90/89	*Lex Iulia* und *lex Plautia Papiria* gewähren allen Etruskern das römische Bürgerrecht
87–79	Bürgerkrieg zwischen Sullanern und Marianern; Etrurien wird Hauptoperationsgebiet der Popularen
42–40	Perusinischer Krieg
um 20 n. Chr.	Letzte etruskische Inschriften

Abkürzungsverzeichnis

Antike Autoren und Quellensammlungen

Aelian.	Aelianos
Var. Hist.	Varia Historia
App.	Appianos
B. C.	Bella civilia
Aristot.	Aristoteles
Oecon.	Oeconomica
Pol.	Politica
Athen.	Athenaios
Auson.	Ausonios
Ep.	Epistulae
Cass. Dio	Cassius Dio
Cens.	Censorinos
de d. nat.	De die natali
Cic.	Cicero
ad Q.fr.	Epistulae ad Quintum fratrem
Caecin.	Pro Caecina
Scaur.	Pro Scauro
CIE	Corpus Inscriptionum Etruscarum
CII	Corpus Inscriptionum Italicarum
CIL	Corpus Inscriptionum Latinarum
Diod.	Diodoros
Dion. Hal.	Dionysios von Halikarnassos
Ant. Rom.	Antiquitates Romanae
Fest.	Festus
FGrHist	Fragmente der griechischen Historiker (ed. F. Jacoby)
Flor.	Florus

Gell.	Gellius
Grom. Vet.	Gromatici veteres
Hom. h.	Homerische Hymnen
Hymn. Dion.	Hymnus auf Dionysos
Johann. Ant.	Johannes von Antiocheia (?)
Iustin.	Iustinus
Lib. Col.	Liber coloniarum
Liv.	Livius
Per.	Ab urbe condita librorum periochae
Lucil.	Lucilius
Lykophr.	Lykophron
Alex.	Alexandra
Martial.	Martialis
Oppian.	Oppianos von Korykos
Cyneg.	Cynegetica
Oros.	Orosius
Ov.	Ovid(ius)
Fast.	Fasti
Paul. Fest.	Pauli Diaconi epitoma Festi
Paus.	Pausanias
Pind.	Pindar
Pyth.	Pythien
Plat.	Platon
Rep.	De re publica (Politeia)
Plaut.	Plautus
Cist.	Cistellaria
Plin.	Plinius d. Ä.
N.H.	Naturalis historia
Plut.	Plutarchos
Cam.	Camillus
Mar.	Marius
Poplic.	Poplicola
Tib. Gr.	Tib. Gracchus
Pol.	Polybios
Poll.	Pollux
Polyaen.	Polyaenos
Prop.	Propertius
Sall.	Sallust(ius)
Hist.	Historia

Serv.	Servius
Aen.	Kommentar zu Vergil, Aeneis
Ecl.	Kommentar zu Vergil, Eclogae
Sil. It.	Silius Italicus
Stat.	Statius
Silv.	Silvae
Steph. Byz.	Stephanos (von Byzanz)
Strab.	Strabon
Tac.	Cornelius Tacitus
Ann.	Annales
Theophr.	Theophrast
Char.	Charakteres
Hist. Plant.	Historia plantarum
Thuk.	Thukydides
TLE^2	Testimonia Linguae Etruscae
Val. Max.	Valerius Maximus
Varr.	Varro
ll.	De lingua latina
Verr. Flacc.	Verrius Flaccus
Etr. rer.	Etruscarum rerum libri
epit. Fest.	De verborum significatu (bei Festus)
Vir. ill.	Auctor de viris illustribus
vita Verg.	Vergil-Vita (des Phokas)
Vetter	E. Vetter, Handbuch der italischen Dialekte
Zon.	Zonoras

Bibliographische Hinweise

Die im folgenden gegebenen bibliographischen Hinweise erheben keineswegs den Anspruch auf Vollständigkeit, sondern wollen vielmehr auf die wichtigsten neueren Arbeiten zu den jeweiligen Themen hinweisen, in denen der Leser wiederum ausführlichere Angaben zur betreffenden Literatur finden kann.

Vorwort

K.O. Müller – W. Deecke, *Die Etrusker*, Stuttgart 1877 (Reprint Graz 1965; dieses noch heute grundlegende Werk enthält das gesamte gelehrte Wissen des 19. Jahrhunderts); M. Pallottino, *Die Etrusker*, Frankfurt 1965 (Übersetzung der 5. Auflage von 1963; inzwischen liegt eine 7. Auflage, Mailand 1984 vor; eine organische und bahnbrechende Darstellung, die in ihrer ersten Auflage 1940 erschienen ist; sie ist gemeinsam mit den zahlreichen Einzelbeiträgen desselben Autors zu konsultieren, die in *Scritti Vari*, Rom 1979 gesammelt sind); J. Heurgon, *Die Etrusker*, Stuttgart 1971 (gute und lebendige historisch-antiquarische Rekonstruktion); A. Alföldi, *Das frühe Rom und die Latiner*, Darmstadt 1977 (archaische Geschichte der Etrusker in ihrer Beziehung zur Geschichte Roms und Latiums); H.H. Scullard, *The Etruscan Cities and Rome*, London 1967 (Geschichte der etruskischen Städte in ihren Beziehungen zu Rom); J. Heurgon, *Rome et la Méditerranée occidentale jusqu'aux guerres puniques*, Paris 1969 (Geschichte des Mittelmeerraums); von dem Sammelwerk *Popoli e civiltà dell'Italia antica*, Rom 1974–78, sind bisher sieben Bände erschienen, die zusammenfassende Beiträge sehr unterschiedlicher Qualität zu verschiedenen Aspekten der italischen und etruskischen Kultur enthalten.
Weiterhin sind zu empfehlen: G.A. Mansuelli, *Etrurien und die Anfänge Roms*, Baden-Baden 1963; L. Banti, *Die Welt der Etrusker*, Stuttgart 1960; F. Coarelli (Hrsg.), *Die Städte der Etrusker*, Freiburg 1974; R.M. Ogilvie, *Das frühe Rom und die Etrusker*, München 1983; K.-W. Weeber, *Geschichte der Etrusker*, Stuttgart 1979; M. Torelli, *Etruria (Guide Archeologiche Laterza 3)*, Rom–Bari 1980.
Zur Geschichte der etruskischen Kunst: P. Ducati, *Storia dell'arte etrusca*, Florenz 1927; G.Q. Giglioli, *L'arte etrusca*, Mailand 1935; M. Pallottino, *Civiltà artistica etrusco-italica*, Florenz 1971; R. Bianchi Bandinelli – A. Giuliano, *Etrusker und Italiker vor der römischen Herrschaft*, München 1974; R. Bianchi

Bandinelli – M. Torelli, *L'arte dell'antichità classica*, Bd. 2: *Etruria e Roma*, Turin 1976; M. Cristofani, *L'arte degli Etruschi*, Turin 1978. Zur Religion: A. Pfiffig, *Religio Etrusca*, Graz 1975. Zur Münzprägung: A. Sambon, *Les monnaies antiques de l'Italie*, Paris 1903–06; *Contributi introduttivi allo studio della monetazione etrusca*, in: »Atti V. Convegno del Centro Internazionale degli Studi Numismatici – Napoli 1975«, Rom 1976. Zu den Inschriften: G. Buonamici, *Epigrafia Etrusca*, Florenz 1932. Zur Sprache: *Le ricerche epigrafiche e linguistiche sull'etrusco*, Florenz 1973; *L'etrusco arcaico*, Florenz 1976 (zwei Sammelbände mit Arbeiten verschiedener Autoren).

Kapitel I

Zur Landschaft und ihrer landwirtschaftlichen Nutzung in der Antike gibt es keine ausführliche moderne Untersuchung. Zur Metallgewinnung und Metallverarbeitung: F.W. von Hase, in »Römische Mitteilungen« 79, 1972, 155ff.

Kapitel II

1. Allgemein dazu: M. Pallotino, *L'origine degli Etruschi*, Rom 1946; F. Altheim, *Der Ursprung der Etrusker*, Baden-Baden 1950; H. Hencken, *Tarquinia, Villanovans and Early Etruscans*, Cambridge/Mass. 1968; L. Aigner-Foresti, *Tesi, ipotesi e considerazioni sull'origine degli Etruschi* (Diss. Graz 1972), Wien 1974; N.K. Sandars, *The Sea Peoples*, London 1978. Zur Theorie der autochthonen Abstammung des Dionys von Halikarnassos: D. Musti, *Tendenze nella storiografia romana e greca su Roma arcaica* (»Quaderni Urbinati di Cultura Classica«, Bd. 10), Rom 1970.
2. Allgemein dazu: S. Puglisi, *La civiltà appenninica*, Florenz 1959; C.E. Oestenberg, *Luni sul Mignone e problemi della protostoria d'Italia*, Stockholm 1967; R. Perone, in: »La Parola del Passato«, 1969, 134ff.; T.W. Potter, *The Changing Landscape of South Etruria*, London 1979. Zu den mykenischen Importen: W. Taylour, *Mycenaean Pottery in Italy*, Cambridge 1958; M.L. Ferrarese Ceruti, in: »Rivista di Scienze Preistoriche«, 34, 1979, 243ff.; L. Vagnetti, in: »Temesa e il suo territorio« (»Atti del Colloquio di Perugia-Trevi 1981«), Perugia 1982, 167ff.
3. Allgemein dazu: H. Müller-Karpe, *Beiträge zur Chronologie der Urnenfelderzeit nördlich und südlich der Alpen*, Berlin 1959; A.M. Bietti Sestieri, in: »Proceedings of the Prehistoric Society«, 39, 1973, 383ff.; »Atti XXI Riunione Scientifica dell'Istituto di Preistoria e Protostoria 1977«, Florenz 1979; R. Peroni (Hrsg.), *Il Bronzo Finale in Italia*, (»AMP« 1), Bari 1980.
4. Neben den zu §1 und §3 genannten Werken noch zusätzlich: B. d'Agostino, in: »Enciclopedia d'Arte Antica«, Bd. 7, 1966, 1173ff. und in: »Enciclopedia d'Arte Antica«, Suppl. 1970, 1973, 922ff.; siehe die Stichworte Villanovian, civiltà; M. Pallottino, *Genti e culture dell'Italia preromana*, Rom 1981. Zur Begräbnisstätte von Osteria dell'Osa: A.M. Bietti Sestieri, *Ricerca su una communità del Lazio protostorico*, Rom 1979. Zur Villanovakultur in Pontecagnano: B.

d'Agostino, in: »Seconda Mostra della Preistoria e della Protostoria nel Salernitano«, Salerno 1974, 87ff. Zur ›Villanovakultur‹ in Capua: W. Johannowski, in: »Dialoghi di Archeologia« 1, 1967, 159ff.
5. Siehe die Literaturangaben zu §1 und §4 sowie G. Colonna, »Studi Etruschi« 41, 1981, 67ff.

Kapitel III

1–4. Allgemein dazu: M. Torelli, in: »Dialoghi di Archeologia« 8, 1974–75, 3ff.; G. Colonna, in: »Contributi introduttivi allo studio della monetazione etrusca« (»Atti V. Convegno del Centro Internazionale degli Studi Numismatici – Napoli 1975«), Rom 1976, 3ff. Zur Nekropole von Quattro Fontanili in Veii: »Notizie degli Scavi«, 1963, 77ff.; 1965, 87ff.; 1970, 178ff.; 1972, 195ff.; 1975, 63ff.; dazu die typologische und chronologische Analyse von J. Close-Brooks, in: »Notizie degli Scavi«, 1965, 53ff. und in: »Studi Etruschi« 35, 1968, 323ff.
5. Eine umfassende Untersuchung der Typologie des Austauschs im Verbreitungsgebiet der Villanovakultur fehlt bis heute; die besten und neuesten Beiträge konzentrieren sich auf die griechischen Importe aus geometrischer Zeit (D. Ridgway, in: »Studi Etruschi« 35, 1968, 311ff.) und auf die Funde der Villanovakultur im Osten (F.W. von Hase, in: »Die Aufnahme fremder Kultureinflüsse in Etrurien«, Mannheim 1980, 9ff.). Zu dem Grab mit den nuraghischen Bronzestatuetten in Vulci: M.T. Falconi Amorelli, in: »Archeologia Classica« 18, 1966, 1ff. Zu den Schlackenhalden von Populonia: A. Minto, in: »Notizie degli Scavi«, 1926, 372ff. Zu den etruskischen Fibeln auf Sardinien: F. Lo Schiavo, in: »Studi Etruschi« 46, 1978, 25ff. Zu den Beziehungen zwischen Sardinien und Vetulonia: G. Camporeale, *I commerci di Vetulonia in età orientalizzante*, Florenz 1969, 94ff. Zum nuraghischen Sardinien allgemein: J. Thimme (Hg.), *Kunst und Kultur Sardiniens...*, Karlsruhe 1980. Zu den Phönikern im italischen Raum: G. Garbini, in: »Studi Etruschi« 34, 1966, 111ff.; B. d'Agostino, in: »Mon. Ant. Lincei, Studi misc.«, 2, 1977, 44ff. Zur Nachahmung phönikischer Produkte in Italien: G. Buchner, in: »Contributions à l'étude de la société et de la colonisation eubéennes« (»Cahiers du Centre Jean Berard« 2), Neapel 1975, 59ff. Zur Präsenz der Griechen in der Zeit vor der Kolonisation und zur griechischen Kolonisation: »Dialoghi di Archeologia« 3, 1969, 3ff. (Aufsätze verschiedener Autoren); D. Ridgway, in: «Greeks, Celts and Romans«, London 1973, 5ff.; N. Coldstream, *Geometric Greece*, London 1977, 92ff. und 223ff. Zum griechischen Beitrag zur Technologie der Villanovazeit und der Etrusker: M. Torelli, in: »Il commercio greco nel Tirreno in età arcaica« (»Atti del seminario in memoria di M. Napoli – Salerno 1977«), Salerno 1981, 67ff.; siehe auch A. Mele, *Il commercio greco arcaico* (»Cahiers du Centre Jean Bérard« 4), Neapel 1979.

Kapitel IV

1. Allgemein dazu: M. Cristofani, in: »La Parola del Passato«, 1975, 132ff.; B. d'Agostino, in: »Mon. Ant. Lincei, Studi misc.« 2, 1977, 44ff.
2–3. Allgemein dazu: H. Rix, in: »Aufstieg und Niedergang der römischen

Welt«, Bd. I, 2, Berlin – New York 1972, 700ff.; G. Colonna, in: »Mélanges d'Archéologie et d'Histoire de l'École Française de Rome 77«, 1970, 637ff.; G. Colonna, in: »Studi Etruschi« 45, 1977, 175ff. Zur Namensgebung in Caere in archaischer Zeit: M. Cristofani, in: »Aspetti e problemi dell'Etruria interna« (»Atti VIII. Convegno Nazionale di Studi Etruschi ed Italici«), Florenz 1974, 308ff. Zur Namensgebung in Orvieto in archaischer Zeit: C. de Simone, in: »Annali della Fondazione Museo C. Faina« 1, 1980, 26ff. Zur gentilen Struktur der archaischen Zeit: L.R. Ménanger, in: »Studia et Documenta Historiae et Iuris« 46, 1980, 14ff.

4. Allgemein dazu: T. Frankfort, in: »Latomus« 18, 1959, 3ff.; J. Heurgon, in: »Latomus« 18, 1959, 713ff.; D. Lotze, *Metaxy eleutheron kai doulon*, Berlin 1959. Zu Lokroi: D. Musti, in: »Atti XVI. Convegno di Studi sulla Magna Grecia«, Neapel 1977, 23ff.

5. Allgemein dazu: M. Torelli, in: »Architecture et société« (»Atti Convegno Internazionale Roma« 1980), Rom 1985.

6. Eine umfassende Studie zur Ideologie des etruskischen Totenkults fehlt bisher. Zur Typologie der Gräber: F. Prayon, *Frühetruskische Grab- und Hausarchitektur*, Heidelberg 1975.

Kapitel V

1. Allgemein dazu: C. Ampolo, *La città antica*, Rom – Bari 1980.

2–3. Allgemein dazu: M. Torelli, in: »Dialoghi di Archeologia« 8, 1974–75, 3ff.; außerdem »Dialoghi di Archeologia« n.s.2, 1980, 3ff. (Aufsätze verschiedener Autoren, die lediglich Latium betreffen); M. Torelli, in: »Miscellanea Archaeologica Tobias Dohrn dedicata«, Rom 1982, 117ff.

4. Allgemein dazu: C. de Simone, *Die Griechischen Entlehnungen im Etruskischen*, Wiesbaden 1968–70; G. Colonna, in: »Archeologia Classica« 25–26, 1973–74, 132ff.; G. Colonna, in: »Scritti in onore di A. Neppi Modona«, Florenz 1975, 165ff.; G. Colonna, in: »Römische Mitteilungen« 82, 1975, 181ff.; G. Colonna, in: »Studi Etruschi« 17, 1979, 163ff. Zur Einführung des Ziegeldachs: M. Torelli, in: »Studi in onore di F. Magi«, Perugia 1979, 305ff. Zur Schrift: M. Cristofani, in: »Popoli e civiltà dell'Italia antica«, Bd. 6, Rom 1978, 403ff. Zur Hoplitentaktik: A. Snodgrass, *Early Greek Armour*, Edinburgh 1964; P.F. Stary, in: »Die Aufnahme fremder Kultureinflüsse in Etrurien«, Mannheim 1980, 25ff. Zur ›Thalassokratie‹ und dem etruskischen Handel in archaischer Zeit: J. Szilágyi, in: »Acta Antiqua Academiae Hungaricae» 1, 1953, 419ff.; S. Paglieri, in: »Studi Etruschi« 28, 1960, 209ff.; M. Gras, in: »Mélanges offerts à J. Heurgon«, Rom 1976, 341ff.; »Le ›bucchero nero‹ étrusque et sa diffusion en Gaule Méridionale«, Brüssel 1979 (Aufsätze verschiedener Autoren); F.W. von Hase, in »Kleine Schriften aus dem Vorgeschichtlichen Seminar Marburg« 5, 1979, 62ff.

5. Allgemein dazu: C. Ampolo, in: »Dialoghi di Archeologia« 9–10, 1976–77, 333ff.

Kapitel VI

1. Rom und Latium: »La Parola del Passato« 1977 (Aufsätze verschiedener Autoren). Zu Veii: J.B. Ward Perkins, in: »Papers of the British School at Rome« 16, 1961, 1ff.; L. Vagnetti, *Il deposito votivo di Campetti a Veio*, Florenz 1971. Caere: F. Prayon, *Frühetruskische Grab- und Hausarchitektur*, Heidelberg 1975. Orvieto: M. Bizarri, in: »Studi Etruschi« 30, 1962, 1ff. Tarquinii: M. Pallottino, in: »Mon. Ant. Lincei« 36, 1937, col. 1ff. Vulci: F. Messerschmidt, *Die Nekropolen von Vulci*, Berlin 1930; »La civiltà arcaica di Vulci e la sua espansione« (»Atti X. Convegno Nazionale di Studi Etruschi ed Italici«), Florenz 1977 (Beiträge verschiedener Autoren). Vetulonia: D. Levi, in: »Studi Etruschi« 5, 1931, 13ff. Rusellae: »Roselle – Gli scavi e la mostra«, Pisa 1975 (Beiträge verschiedener Autoren). Populonia: A. Minto, *Populonia*, Florenz 1943; A. de Agostino, in: »Notizie degli Scavi«, 1961, 63ff. Volaterrae: M. Cristofani, in: »Notizie degli Scavi«, Suppl. 1973. Clusium: R. Bianchi Bandinelli, in: »Mon. Ant. Lincei« 30, 1925, coll. 210ff. Perusia: C. Shaw, *Etruscan Perugia*, Baltimore 1939. Cortona: A. Neppi Modona, *Cortona etrusca e romana*, Florenz [2]1977. Arezzo: P. Bocci, in: »Studi Etruschi« 43, 1975, 47ff. Falerii: A. Cozza – A. Pasqui, in: »Forma Italiae« II, 2, Florenz 1981. Campania: J. Heurgon, *Recherches sur l'histoire, la religion et la civilisation de Capoue préromaine*, Paris 1946. Emilia: G.A. Mansuelli, in: »Studi Etruschi« 25, 1957, 31ff.; G.A. Mansuelli, *Guida alla città etrusca e al museo di Marzabotto*, Bologna [2]1979; N. Alfieri, *Spina. Museo archeologico di Ferrara*, Bologna 1979.
2. Zu Graviscae: M Torelli, in: »La Parola del Passato« 1977, 398ff. Zu Adria: G. Colonna, in: »Rivista Storica dell'Antichità« 5, 1974, 1ff. Zur *Asylia* in archaischer Zeit: D. van Berchem, in: »Museum Helveticum« 17, 1960, 21ff. Zu den ionischen Künstlern in Etrurien in archaischer Zeit: M. Cristofani, in: »Prospettiva« 7, 1976, 2ff.
3. Zu Servius Tullius, den Reformen und den archäologischen Zeugnissen: A. Momigliano, in: »Journal of Roman Studies« 53, 1963, 95ff.; M. Pallottino, in: »Comptes Rendus de l'Académie des Inscriptions et Belles-Lettres« 1977, 216ff.; J.C. Richards, *Les origines de la plèbe romaine*, Rom 1978.
4. Zu *Laris Velchinas*: M. Cristofani Martelli, in: »Scritti in onore di A. Neppi Modona, Florenz 1975, 205ff. Zu *Avile Acvilnas*: C. Ampolo, in: »La Parola del Passato« 1975, 410ff. Zu *Arath Spuriana*: M. Pallottino, in: »Studi Romani« 27, 1979, 1ff. Zu Lavinium: F. Castagnoli, in: »La Parola del Passato« 1958, 340ff. Zum *Comitium* in Rom: F. Coarelli, in: »La Parola del Passato« 1977, 166ff. Zum Fanum Voltumnae: G. Camporeale, in: »La Parola del Passato« 1958, 5ff. Zum etruskischen und zum ionischen Städtebund: F. Altheim, *Der Ursprung der Etrusker*, Baden-Baden 1950, 61ff. Zu Tarquinia: M. Torelli, *Elogia Tarquiniensia*, Florenz 1975. Zu Veii: M. Santangelo, in: »Bollettino d'Arte« 37, 1952, 147ff. Zu *Lucus Feroniae*: M. Torelli, in: *Gli Etruschi a Roma (Atti incontro in onore di M. Pallottino)*, Rom 1981, 71f. Zur *Ara Maxima Herculis*: E. Ferénczy, in: »Acta Antiqua Academiae Hungaricae« 15, 1967, 27ff.
5. Zur Tomba François: R.T. Ridley, in: »Klio« 57, 1975, 147ff. Zu den Tempeln von S. Omobono: F. Coarelli, in: »Dialoghi di Archeologia« 2, 1968, 55ff. Zu Pyrgi: M. Verzàr, in: »Mélanges d'Archeologie et d'Histoire de l'École Française de Rome« 92, 1980, 35ff.; *Die Göttin von Pyrgi*, Florenz 1981 (Beiträge ver-

schiedener Autoren). Zu Montetosto: M. Torelli, in: *Le délit religieux*, Rom 1981, 1ff. Zur Regia: F. Brown, in: »Rendiconti della Pontificia Accademia di Archeologia« 47, 1974–75, 15ff.

Kapitel VII

1. Es fehlt an zusammenfassenden Untersuchungen über diesen entscheidenden Moment der etruskischen Geschichte. Zu der Wirtschaft der Oligarchien: D. Musti, *Economia Greca*, Rom – Bari 1981, 47ff.
2. Neben der zu Kapitel VI.1 genannten Literatur siehe noch zu Veii: J.W. Ward Perkins, in: »Papers of the British School at Rome« 23, 1955, 44ff. sowie Beiträge verschiedener Autoren in »Papers of the British School at Rome« 36, 1968, 1ff.; L. Murray-Threipland – M. Torelli, in: »Papers of the British School at Rome« 38, 1970, 62ff. Zu Falerii: M.W. Frederiksen – J.B. Ward Perkins, in: »Papers of the British School at Rome« 25, 1957, 67ff. Zu Caere und Tarquinii: G. Colonna, in: »Studi Etruschi« 35, 1967, 3ff. Zu Volsinii: R. Bloch, *Recherches archéologiques en territoire volsinien*, Paris 1972. Zu Vetulonia und Rusellae: C. Curri, in: *Forma Italiae* VII, 4 – Vetulonia I, Florenz 1978. Zu Bologna: J. Starry-Rimpau, in: *Die Aufnahme fremder Kultureinflüsse in Italien*, Mannheim 1980, 75ff. Zu Marzabotto: G.A. Mansuelli, in: »Mélanges d'Archéologie et d'Histoire de l'École Française de Rome« 87, 1975, 7ff. Zu Spina: S. Aurigemma, *La necropoli di Spina*, Rom 1960–65. Zu Adria: G. Colonna, in: »Studi Etruschi« 42, 1974, 3ff. Zu Kampanien: M.W. Frederiksen, in: *Italy before the Romans*, London – New York – San Francisco 1979, 277ff.
3–4. Zur Inschrift von Satricum: *Lapis Satricanus*, Rom 1980 (Beiträge verschiedener Autoren). Zu den Kelteneinfällen: *I Galli e l'Italia*, Rom 1978. Zu den Wanderungen auf der italischen Halbinsel: J. Heurgon, *Trois études sur le ver sacrum*, Brüssel 1957. Zu Todi: *Todi-Verso il museo della città*, Todi 1982 (Beiträge verschiedener Autoren). Zu Samnium: *Sannio-Pentri e Frentani dal VI al I sec.a.C.*, Rom 1980.

Kapitel VIII

1. Vgl. die Bibliographie zu Kapitel VI.1 und VII.2. Zu Caere und Rom: M. Humbert, *Municipium et civitas sine suffragio*, Rom 1978. Zum Krieg zwischen Rom und Tarquinii: M. Torelli, *Elogia Tarquiniensia*, Florenz 1975. Zur politischen Struktur der etruskischen Republiken: M. Cristofani, in: *Popeli e civiltà dell'Italia antica*, Bd. 7, Rom 1978, 53ff.
2. Zur Keramik des 4. und 3. Jahrhunderts v. Chr.: *Roma medio-repubblicana*, Rom 1973 (Beiträge verschiedener Autoren). Zur Produktion von Volaterrae und Clusium: R. Harari, *Il gruppo Clusium*, Rom 1980. Zur Produktion von Tarquinii: G. Pianu, *Materiali del Museo archeologico nazionale di Tarquinia-Ceramiche etrusche a figure rosse*, Rom 1980. Zur Produktion von Caere und Falerii: M. Del Chiaro, *Etruscan Red-Figured Vase Painting at Caere*, Berkeley 1974; F. Schippa, *Officine ceramiche falische*, Bari 1980. Zur Werkstatt ›des petites estampilles‹: J.P. Morel, in: »Mélanges d'Archéologie et d'Histoire de l'École Fran-

çaise de Rome« 81, 1969, 59 ff. Zu den ›gallischen‹ Helmen: F. Coarelli, in: *Mélanges offerts à J. Heurgon*, Bd. 1, Rom 1976, 157 ff. Zu gentilizischen Gräbern und Gräbern der ›Mittelschicht‹: M. Cristofani, in: »Memorie dell'Accademia dei Lincei« s. 8, 14, 4, 1969, 213 ff.; M. Torelli, in: »Dialoghi di Archeologia« 4–5, 1970–71, 431 ff.
3. Allgemein dazu: M. Torelli, *Typology and Structure of Roman Historical Reliefs*, Ann Arbor 1985. Zu *Lasa*: A. Rallo, *Lasa-Iconografia e esegesi*, Florenz 1974. Zu den Weihgeschenken: A.M. Comella, in: »Mélanges d'Archeologie et d'Histoire de l'École Française de Rome« 93, 1981, 717 ff.

Kapitel IX

1–2. Allgemein dazu: W.V. Harris, *Rome in Etruria and Umbria*, Oxford 1971. Zur Weihung des Fulvius Flaccus: M. Torelli, in: »Quaderni dell'Istituto di Topografia Antica dell'Università di Roma« 5, 1968, 71 ff. Zu Populonia: M. Cristofani Martelli, in: *L'Etruria mineraria* (Atti XII. Convegno Nazionale di Studi Etruschi ed Italici), Florenz 1985. Zu den sozialen Veränderungen: H. Rix, *Das etruskische Cognomen*, Wiesbaden 1963; M. Torelli, in: »Dialoghi di Archeologia« 8, 1974–75, 3 ff.; H. Rix, in: *Caratteri dell'ellenismo nelle urne etrusche*, Florenz 1977, 64 ff.; M. Cristofani, in: *Caratteri dell'ellenismo nelle urne etrusche*, Florenz 1977, 74 ff.
3–4. Allgemein dazu: M. Torelli, in: »Dialoghi di Archeologia« 3, 1969, 285 ff.; M. Torelli, in: »Rivista di Filologia e di Istruzione Classica« 99, 1971, 489 ff.; M. Torelli, *Elogia Tarquiniensia*, Florenz 1975. Zur von der Sklaverei bestimmten Produktionsweise in Etrurien: M. Torelli, in: *Hellenismus in Mittelitalien*, Göttingen 1976, 87 ff.; A. Carandini – S. Settis, *Schiavi e padroni nell'Etruria romana*, Bari 1979. Zu den Etruskern in Tunesien: J. Heurgon, in: »Comptes Rendus de l'Académie des Inscriptions et Belles-Lettres« 1969, 526 ff. Zum Weiterleben in der Spätantike: M. Torelli, in: *Mélanges offerts à J. Heurgon*, Bd. 2, Rom 1976, 1001 ff.

Register